ふと浮かぶ記憶と思考の心理学

無意図的な心的活動の基礎と臨床

関口貴裕・森田泰介・雨宮有里 編著
Takahiro Sekiguchi, Taisuke Morita & Yuri Amemiya

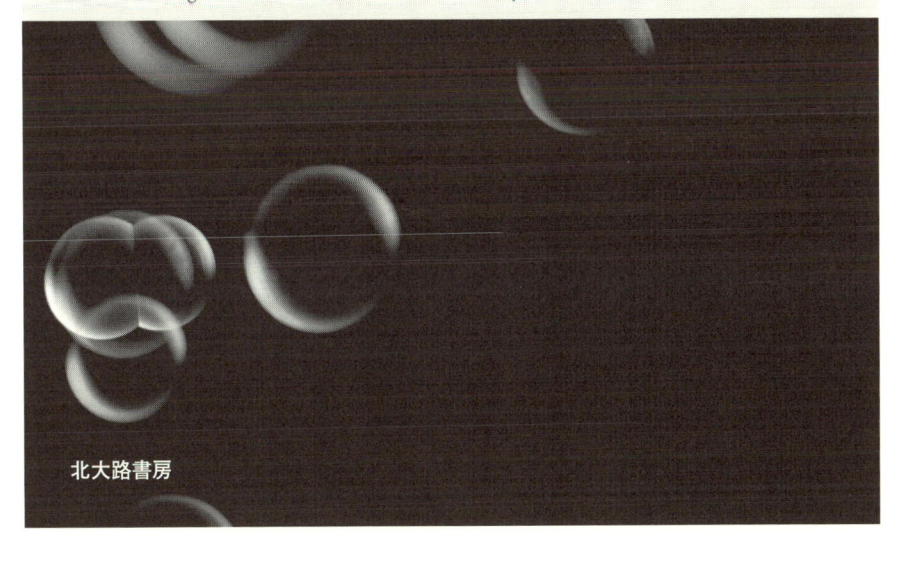

北大路書房

はじめに

　本書は,「突然,遠い昔の出来事のことを思い出した」「ふと,夕方に大事な約束があることに気づいた」「悩んでいた問題の答えが急にひらめいた」「気がつけば,あの人のことばかり考えている」「どうしても,嫌な出来事のことが頭から離れない」のように,過去の出来事や未来の予定,自分にとっての懸念事項などが,自らの意図と無関係に意識に上るという現象について,それに関する認知心理学・臨床心理学などの研究をまとめた我が国で最初の書籍である。

　従来の心理学(特に認知心理学などの基礎領域)の研究は,実験参加者に何らかの課題を課し,そのパフォーマンスを調べることで当該課題の遂行に関係した心の働きを検討してきた。こうした研究は大きな成果を上げてきたが,それにより明らかになるのは,課題を遂行しようとして行う「意図的な心的活動」の性質のみである。一方,日常での心の働きは意図的なものばかりではなく,上にあげた例のように「意図しない」「意図に反する」心的活動も数多くある。そして,こうした無意図的な心的活動は誰しもが日常的に経験していることでありながら,従来の心理学では十分な研究が行われてこなかった。

　これに対し近年,欧米では,こうした無意図的な心の働きを積極的に検討する試みが増えている。1つは自伝的記憶(autobiographical memory)の無意図的想起(不随意記憶,involuntary memory)の研究であり,過去の出来事などがふと頭に浮かぶ現象について,その性質や機能,メカニズムを検討するものである。この領域ではすでに"Involuntary memory"(Mace, 2007)"Involuntary autobiographical memories"(Berntsen, 2009)という書籍が刊行されており,記憶研究における一つの研究領域として認められつつある。もう1つは,マインドワンダリング(mind wandering)の研究であり,単純作業の最中などに生じる課題と無関係な思考を検討するものである。この領域では,たとえば,こうした無意図的な思考が,目覚めている時の30〜50％の時間で行われていることなど,様々な興味深い知見が見出されている。一方で,こうした「何かがふと意識に上る」という現象は,問題解決の研究では「洞察(insight,ひらめき)」として古くから検討の対象となってきたし,臨床心理学では,ネガティブな事柄が頭にこびりつく「反すう(rumination)」が抑うつの持続・悪化に大きな影響力を持つことや,PTSDの主症状としてトラウマ体験が侵入想起される「フラッシュバック(flashback)」があることなどが指摘されている。

こうした状況から編者らは，様々な研究領域にわたってバラバラに行われてきたこれらの研究を「ふと浮かぶ記憶と思考」という観点からまとめることで，認知心理学から臨床心理学にわたる，これまでにない心理学の潮流をつくることができるのではないかと考えた。そこでまず，2011〜13年の日本心理学会大会において3回にわたり「ふと浮かぶ記憶へのアプローチ」という，本書と同じ趣旨のワークショップを開催し，この領域の様々な研究を紹介してきた。そして，そこでの手応えから，「ふと浮かぶ記憶と思考」の研究を一冊の書籍としてまとめることの重要性を確信し，本書の出版を着想した次第である。

　本書の各章では，無意図的想起（自伝的記憶や未来の予定，その計画）やマインドワンダリング，洞察問題解決，思考抑制の皮肉過程，反すう，侵入想起といった，何らかの記憶や思考が「ふと浮かぶ」「頭から離れない」といった現象を研究している我が国の一線級の研究者たちに，それぞれの領域における最新の知見やそのメカニズムに関する考察を紹介してもらった。また，「ふと浮かぶ記憶と思考」に関する神経科学や計算論モデルからの説明や，意志それ自体の意味に関する論考，臨床的問題や心の健康への応用まで，幅広いトピックの内容を取り上げた。これにより，「ふと浮かぶ記憶と思考」を体系的に学ぼうとする人や，その研究を始めようと思う人に多くの情報を提供し，ひいては，それにより無意図的な心の働きに光をあてた新しい心理学の流れを創ることができればと考えている。

　振り返れば，本書の作成に際しては，様々な場面で「ふと浮かぶ記憶と思考」に助けられた。重要な編集作業を失念していたことに，ハッと気づかされたり，机に向かっているときにはなかなか進まない執筆作業も，帰宅の道々では次から次へと書くべきことが頭に浮かんできた。一方で，執筆の遅れのことが頭から離れずに，そのプレッシャーに苦しめられもした。無意図的な心の働きの不思議さとそれについて研究することの重要性をあらためて感じている。本書の対象は，心理学を専門とする大学生，大学院生，および心理学やその隣接領域の研究者であるが，非専門家の方も含め，多くの人に「ふと浮かぶ記憶と思考」について考える面白さを感じてもらえれば，編者としてこれ以上の喜びはない。

　最後に，北大路書房編集部の奥野浩之氏には，この一風変わった本の出版を快くお引き受けいただき，企画段階から刊行にいたるまで様々な面で助けていただいた。そのご尽力に心から感謝申し上げたい。

2014年3月
編者一同

目次

はじめに　i

1章　ふと浮かぶ記憶・思考とは何か　　　　　（森田泰介）　1

1節　はじめに　1
2節　ふと浮かぶ記憶とは　2
　1. ふと浮かぶ記憶の特徴／2. ふと浮かぶ記憶を指す用語／
　3. 無意図的想起研究の流れ
3節　ふと浮かぶ思考とは　7
　1. ふと浮かぶ思考の特徴／2. ふと浮かぶ思考に該当する現象
4節　本書の構成　8
5節　おわりに　10

2章　意図的想起と無意図的想起 ── 自伝的記憶　　　（雨宮有里）　11

1節　はじめに　11
　1. 自伝的記憶とは／2. 自伝的記憶の意義／3. 自伝的記憶の想起形態
2節　無意図的想起の研究方法　14
　1. 事例研究法／2. サーベイ法／3. 日誌法／4. 実験的方法
3節　無意図的想起の検索過程　20
　1. 自伝的記憶のモデルと検索過程／2. 無意図的想起の検索過程に関する説明
4節　おわりに　24

3章　ふと浮かぶ過去 ── 自伝的記憶の無意図的想起　　（神谷俊次）　25

1節　はじめに　25
2節　想起状況　26
　1. 自伝的記憶の無意図的想起の3形態／2. 想起者の心理状態／
　3. 無意図的想起の契機
3節　想起内容　28
　1. 想起内容の分類／2. 特定性／3. 出来事に伴う感情／
　4. 無意図的想起状況とエピソードとの相互作用
4節　無意図的想起の役割　32
　1. 無意図的想起の役割の実証的解明／2. 無意図的想起の機能観

5節　無意図的想起と想起者特性　36
　　　1. 無意図的想起の生起頻度の個人差／2. 認知的能力とパーソナリティ
　6節　おわりに　38

4章　匂いと記憶 ── プルースト現象　　　　　　　　　　　　（山本晃輔）　39

　1節　ふと浮かぶ記憶・思考研究からみたプルースト現象　39
　　　1. プルースト現象とは／2. ふと浮かぶ記憶・思考における手がかりの存在
　2節　嗅覚と記憶に関する従来の研究　41
　　　1. 匂いの記憶の独自性／2. 匂いの想起手がかりとしての有効性
　3節　嗅覚刺激による意図的に想起された自伝的記憶の研究　43
　　　1. 自伝的記憶の特性／2. 想起メカニズムと規定要因
　4節　嗅覚刺激による無意図的に想起された自伝的記憶の研究　46
　　　1. 匂いによって無意図的に想起された自伝的記憶の特性／
　　　2. 無意図的想起を誘発する匂い手がかりの特徴／
　　　3. 意図的想起と無意図的想起による違い
　5節　嗅覚とふと浮かぶ記憶・思考研究の現在と未来　49
　　　1. 匂いによる無意図的想起の機能／2. マインドワンダリング／
　　　3. 未来事象の思考／4. 個人差
　6節　おわりに　51

5章　ふと浮かぶ未来の予定の記憶　　　　　　　　　　　　　（森田泰介）　53

　1節　はじめに　53
　2節　未来の予定の記憶　54
　　　1. 過去の記憶と未来の記憶／2. 展望的記憶課題の種類／
　　　3. 展望的記憶課題の遂行過程／4. 自発的想起／5. 準備的活動
　3節　未来の予定の無意図的想起　60
　　　1. 未来の予定の無意図的想起の定義／2. 予定の無意図的想起の規定因／
　　　3. 予定の無意図的想起の機能
　4節　予定の想起の無意図性と自発性　64
　　　1. 2種類の想起意図／2. 自発的想起と無意図的想起の異同
　5節　おわりに　66

6章　ひらめきと問題解決 ── 洞察問題解決　　　　　　　　　（清河幸子）　67

　1節　はじめに　67
　2節　洞察の特徴を探る研究の概観　67

1. 洞察とは／2. 洞察を捉えるための課題／3. 洞察問題解決の特徴
3節　洞察問題解決の説明理論：ひらめきはいかにして起こるのか　71
4節　洞察を促すものと邪魔するもの　73
　　1. 洞察を促すもの／2. 洞察を邪魔するもの
5節　おわりに　78

7章　さまよう思考 ── マインドワンダリング　　　　（関口貴裕）　79

1節　はじめに　79
2節　マインドワンダリングの測定法　80
　　1. 思考サンプリング法／2. 思考サンプリング法の問題／
　　3. 行動指標と生理指標
3節　マインドワンダリングの現象的特徴　85
　　1. いつ，どのような時に生起するのか／2. 何を考えるのか／
　　3. どのような人で起こりやすいのか／
　　4. 他の活動にどのような影響を与えるか
4節　マインドワンダリング生起のメカニズム　89
　　1.「現在の関心事」仮説／2. 実行制御の失敗仮説／
　　3. 切り離し仮説／4. メタ覚知仮説／5. モデルの評価
5節　マインドワンダリングの適応的意義　92
6節　おわりに　93

8章　未来の出来事の思考 ── エピソード的未来思考　　　　（伊藤友一）　95

1節　エピソード的未来思考　95
　　1. はじめに／2. 日常生活における未来思考とその意義
2節　エピソード的未来思考研究──エピソード記憶の重要性　96
　　1. 神経心理学的研究／2. 認知心理学的研究／3. 脳機能画像研究
3節　エピソード的未来思考のプロセス　99
　　1. 構築的エピソードシミュレーション仮説／
　　2. 枠組みを構築する段階と表象を精緻化する段階／3. まとめ
4節　エピソード的未来思考を促進させる要因　104
　　1. 時間的距離の近さによる詳細なイメージ構築の促進／
　　2. 既知の文脈による詳細なイメージ構築の促進／
　　3. 目標によるエピソード的未来思考の促進／
　　4. 熟知文脈や個人的目標を手がかりとした未来思考に共通する認知処理
5節　エピソード的未来思考が他の認知活動に及ぼす影響　106
　　1. 解釈水準理論／2. ふと浮かぶ思考との関連

6節　おわりに　108

9章　考えたくないことが心に浮かぶ
──思考抑制の意図せざる影響　　　（及川　晴）109

1節　思考を抑制することの難しさ　109
2節　シロクマについては考えないでください　109
3節　思考抑制の意図せざる影響　111
4節　考えない方法について考える　112
　1. 代替思考／2. ストレスを避ける／3. 考えすぎない／
　4. 思考と向き合う／5. 開示することの効用
5節　これから考えるべきこと　116

10章　ふと浮かぶ記憶・思考の計算論モデル　　　（月元　敬）119

1節　ふと思い浮かぶ現象への理論的アプローチ　119
　1. 理論に対する誤解／2. ふと思い浮かぶことの「本質」は何か?
2節　グローバル・ワークスペース理論　123
　1. 劇場のメタファ／2. C-U-C型問題解決としての想起・思考
3節　計算論モデルIDA　127
　1. 記憶システム／2. 認知サイクル
4節　おわりに　131

11章　ふと浮かぶ記憶・思考の神経機構　　　（関口貴裕）133

1節　はじめに　133
2節　無意図的想起と脳の働き　133
　1. 自伝的記憶想起の神経機構／
　2. 実験室で記銘した刺激に対する無意図的想起／
　3. 自伝的記憶の無意図的想起／
　4. 極めて優れた自伝的記憶をもつ人たちの過剰な無意図的想起
3節　マインドワンダリングの神経基盤　140
　1. 脳のデフォルトモード・ネットワーク／
　2. マインドワンダリング生起のダイナミクス／
　3. マインドワンダリングと実行制御
4節　ひらめき（洞察）をうむ脳　144
　1. アハ体験と前帯状皮質／2. 洞察にいたる脳の働き／
　3. 洞察を生起させやすい脳の状態──おわりに

12章　ふと浮かぶ思考と自由意志の感覚　　　　　　　　　　　（及川昌典）　147

1節　はじめに　147
2節　心に浮かぶ世界　147
3節　己を知ることの功罪　148
4節　われ思うかのように感じる仕組み　149
　1. 思ったとおりに行動する（思考と行動の一貫性）／
　2. 思ったときに行動する（思考の直前性）／
　3. 他に思い浮かばない（他の原因の不在）
5節　意志とは何か？　155

13章　ふと浮かぶ思考と抑うつ　　　　　　　　　　　　　　　（服部陽介）　159

1節　抑うつと「ふと浮かぶ思考」　159
　1. 抑うつとは／2. 抑うつと「ふと浮かぶ思考」
2節　抑うつと反すう　162
　1. 反すうとは／2. 反すうと抑うつ
3節　反すうの起源を探る　166
　1. 実行機能の障害／2. 思考抑制／
　3. 反すうに関するメタ認知的信念
4節　反すうとどう向き合うか　169
　1. 実行機能を向上させる／
　2. 思考抑制を行わないようにする／3. メタ認知的信念を修正する
5節　展望とまとめ　171

14章　ふと浮かぶ記憶とPTSD　　　　　　　　　　　　　　　（越智啓太）　173

1節　PTSD（心的外傷後ストレス障害）とは何か　173
2節　PTSDの症状　174
　1. 侵入想起／2. 回避・麻痺／3. 高い覚醒状態
3節　PTSDの諸症状が生起するメカニズム　174
　1. PTSDにおける恐怖条件づけ／
　2. オペラント行動としての回避反応／3. 侵入想起のメカニズム／
　4. 侵入想起の制御過程がもたらす逆説的な効果
4節　侵入想起過程の実験研究　177
5節　侵入想起される記憶は本物か　178
　1. 侵入想起はトラウマ体験のコピーであるという説／2. ナウ・プリント仮説／

  3. 通常記憶仮説とフラッシュバルブメモリーの変容／
  4. 侵入想起のデフォルメ化現象／5. フォールストラウマ記憶とその侵入想起
 6節 トラウマ記憶は抑圧されるのか？ 182
  1. トラウマ記憶の抑圧仮説／2. トラウマ記憶は抑制されないという仮説／
  3. トラウマ記憶の想起不全の臨床報告

15章　ふと浮かぶ記憶・思考とのつきあい方　　（杉山　崇）　185

 1節 はじめに 185
 2節 正体不明の存在への4つの態度 185
 3節 無意識的な意図を信じる人間性アプローチ 186
 4節 力動論から見た無意識的な意図 187
  1. S. Freud の精神分析と無意識的な意図の統制／
  2. 精神分析の推奨する「意識＞無意識」の関係／
  3. C. Jung の集合的無意識と補償／
  4. 無意識的な意図の神格化とつきあい方
 5節 無意識的な意図と意識のメカニズム 190
  1. 無意識的な意図は存在するのか？／2. 意識，無意識的な意図とは？／
  3. 心の映画／皮質の劇場／4. WM と延長意識／
  5. WM 実行系と制御システム／6. 中核意識と情動の役割／
  7. 中核意識と情動の性質／8. 無意識の意図とはなにか？
 6節 認知行動療法（CBT）における無意識的な意図とのつきあい方 195
  1. CBT の特徴と第二世代初期／2. CBT の第二世代後期／
  3. 第三世代 CBT
 7節 まとめ 198

1章 ふと浮かぶ記憶・思考とは何か

森田泰介

1節 はじめに

「『静夜思』　　静かなる夜の思い
牀前看月光　　床前に月光を看る
疑是地上霜　　疑うらくは是れ地上の霜かと
挙頭望山月　　頭を挙げて山月を望み
低頭思故郷　　頭を低れて故郷を思う」（吉川・三好，1952, p.111）

　静かな夜，山に美しい月が出ているのを目にして，故郷のことをふと思い出したという体験が五言絶句に詠まれている。このような体験，すなわち思い出そう・考えようとしていないのに記憶や思考がふと頭に浮かぶことは，詩仙李白（701-762）のみならず私たちもしばしば経験するものである。生花店の店先で目にした花から，別れた恋人がその花を好きだったことをふと思い出し，あのまま2人がうまくいっていたら今頃どうなっていたのだろうと考えることもある。軽い揺れを感じただけで，大震災のときの惨状をふと思い出し，足がすくんでしまうこともある。空をゆっくりと流れる白い雲をぼんやり眺めているとき，提出期限間近の書類があったことをふと思い出し，大急ぎでコンピュータに向かうこともある。
　このようなふと浮かぶ記憶・思考が私たちにとってどれほど身近な現象であるかは，ふと浮かぶ記憶・思考以外の記憶・思考の経験頻度について考えてみれば自明となるだろう。たとえば1分前から現在までの間に，何かを思い出そう・考えようと決意し，その決意に基づいて何かについて想起・思考したということがどれほどあるだろうか。1分の間にあなたの意識を流れ過ぎていった無数の情報のうち，意図的にもたらされたものはかなり少ないはずである。
　ふと浮かぶ記憶・思考は，私たちにとって身近なものであるだけでなく，重要なものでもある。思い出そう，考えようとせずとも過去や未来に関する情報が自動的に意

識に上ることにより，私たちは眼前の状況のみに縛られることなく，幅広い時間的地平のなかで生きることができる（Berntsen, 2009）。たとえば苦しい状況にあっても，自分の拠り所になるような過去の体験や，希望を感じさせる未来のイメージがふと頭に浮かんでくることにより，現在の状況に呑み込まれ圧倒されることなく，長期的に見て適切な行動をとれるようになるだろう（Smallwood et al., 2013）。

　この身近で重要な現象は，どのようなとき，どのような場所で起こるのだろうか。どのような人がこの現象を経験しやすいのだろうか。私たちの心的活動においてこの現象はどのような役割を果たしているのだろうか。この現象を支えているのはどのようなメカニズムだろうか。これを思うままに制御することはできるのだろうか，できるのならばどのようにして制御すればいいのだろうか。このはかない現象をどのようにして科学的に調べればいいのだろうか。不思議な現象に対峙したとき，様々な疑問がふと頭に浮かんでくる。

　これらの疑問への回答や回答のためのヒントは本書の次章以降で呈示される。それに先立つ本章では，ふと浮かぶ記憶・思考とはどのようなものかについて整理しておく。まず，ふと浮かぶ記憶の基本的な特徴や，ふと浮かぶ記憶に言及する際に用いられる様々な名称，これまでの研究の流れについて見ていく。次に，ふと浮かぶ思考の基本的な特徴や，ふと浮かぶ思考に含まれる多様な現象について述べたあと，最後に，本書全体の構成について紹介する。

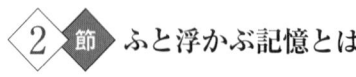

2節　ふと浮かぶ記憶とは

1. ふと浮かぶ記憶の特徴

　本章でいうふと浮かぶ記憶とは，無意図的に意識にもたらされた記憶情報，または記憶情報が無意図的に意識にもたらされる過程のことを指す。

　ある記憶がふと浮かんだものであるかどうかを決定づける特徴には，以下の2つのものがある。第1の特徴は無意図性（involuntariness）であり，当該の記憶情報を意識にもたらそうとする意図が存在しないことが主観的に経験されていることを指す。ある記憶情報について思い出そうという意図があり，その意図が主観的に経験されている状態で記憶情報が意識に入力された場合（例：就職面接で過去の成功体験について尋ねられ，あらかじめ用意していた成功体験に関する情報を想起しようとして想起した場合），その想起はふと浮かんだものであるとは見なされない。

　第2の特徴は意識性（awareness）であり，入力された記憶情報が意識の対象となり，

しかも想起意識（awareness of remembering）が経験されることである。ここで想起意識とは，意識内に情報がもたらされた際に経験される，その情報が自己の記憶情報の再現によるものであるとの意識のことである。認知システムにより記憶情報が利用されていることが行動から明らかではあるものの，その記憶情報に意識的なアクセスがなされていない場合（例：バイクに乗り慣れた人が一瞬で右手・左手・左足を駆使してシフトアップの動作を行う場合），それはふと浮かんだ記憶であるとはいえない。また，何らかの情報が意識内に入力されているが，その情報が自己の記憶に基づくものであることが意識されていない場合（例：良いアイデアを今ひらめいたと本人は信じているが，実際には前に他者から聞いたアイデアを思い浮かべているだけの場合）も，そこでの記憶情報はふと浮かんだ記憶と呼ぶことができない。

　これらの2つの特徴の関係について，Berntsen（2009）は表1-1のようにまとめている。想起（意図的・無意図的）と想起意識（意識・無意識）の組み合わせにより4つの独立したカテゴリが構成されており，意図的で意識的なものは随意記憶（voluntary memory），無意図的で意識的なものは不随意記憶（involuntary memory＝ふと浮かぶ記憶），無意図的で無意識的なものは潜在記憶にあたることが示されている。また，意図的で無意識的なものは存在しないことも明示されている。

表1-1　随意記憶・不随意記憶・潜在記憶の関係（Berntsen, 2009, Table 1.1 を改変）

想起	想起意識	
	意識	無意識
意図的	随意記憶	-
無意図的	不随意記憶	潜在記憶

2. ふと浮かぶ記憶を指す用語

　ふと浮かぶ記憶に関する研究では，様々な用語でふと浮かぶ記憶が呼称されている。ふと浮かぶ記憶の中心的な研究者の1人である Berntsen（1996, 1998, 2009）は，ふと浮かぶ記憶に言及する際に，involuntary memory, involuntary autobiographical memory, involuntary conscious memory, involuntary episodic memory という用語群を用いている。いずれの用語にも「involuntary」という語が含まれていることから，これらの用語は意志・意図に従わない側面，思うように制御できないという側面を強調したものであると考えられる。このうち，involuntary memory は，ふと浮かぶ記憶現象全般を指す用語として複数の研究者により頻繁に用いられているもので，Berntsen に次ぐ中心的な研究者の1人である Mace もその著書（Mace, 2007）のタイトルに採用している。Involuntary autobiographical memory は，Berntsen

(1996, 1998, 2009) がその初期の研究から現在に至るまで頻繁に用いている用語であり，「autobiographical」という語を追加することにより，過去の事象の記憶がふと浮かぶ現象を言及対象にしていることを明示している。involuntary conscious memory は，involuntary memory と同義に用いられる用語であり，そこで経験される想起に意識が伴うことを強調するために「conscious」という語が追加されたものである（Berntsen, 2009）。involuntary episodic memory は Berntsen ら（2013）により用いられている用語で，想起意識を伴う記憶であることが明示されているものであると捉えられる。

　本邦では，ふと浮かぶ記憶は不随意記憶と呼称されることが多い（e.g., 神谷，2003, 2007）。また，記憶がふと浮かぶこと自体を指す呼称として，無意図的想起（involuntary remembering; 小谷津・鈴木・大村，1992）が用いられることもあり，これは想起に意図が随伴しないことを含意した用語となっている。同様の現象に言及する際に様々な用語が用いられているのがふと浮かぶ記憶の研究の現状であるが，本章，および本書の各章では，想起意図（intention to remember）を伴わない想起であるという側面を強調するために，ふと浮かぶ記憶を指す際に無意図的想起を呼称として使用する。

3. 無意図的想起研究の流れ

(1) Ebbinghaus の慧眼

　記憶に関する理論的研究の歴史は長い。たとえばギリシア哲学の最盛期に活躍した心理学の祖アリストテレス（384B.C.-322B.C.）は，記憶と想起とが別物であることや，想起は単なる再生ではなく，連想（association）によってなされることを提案している（今田，1962）。

　それに比して，記憶に関する系統的・科学的研究の歴史は短い（科学的な記憶研究の歴史については Bower, 2000; 太田，2011 を参照）。その嚆矢はドイツの心理学者 Ebbinghaus（1885）による「記憶について」である。Ebbinghaus（1885）が行った記憶実験は彼自身を実験参加者とし，無意味綴り（例：QEH）を暗唱することを求めるもので，記銘時から想起時までの時間が経過するほど忘却がなされやすくなることを明らかにしたものであった。

　この Ebbinghaus（1885）は無意図的想起研究にとって非常に重要な提案を行っている。彼は記憶の現れ方の形態として，次の3種類のものがあることを提案している。第1の形態は，想起に向けた意志の作用により記憶が意識に戻る場合である。これは想起意識があり，想起意図を伴うものであり，現代の用語でいえば自伝的記憶（autobiographical memory）やエピソード記憶（episodic memory）の意図的想起と呼べるものである。第2の形態は，想起に向けた意志の作用なしに記憶が意識に戻る

場合である。これは想起意識があるが，想起意図を伴わないもので，本書のメインテーマであるふと浮かぶ記憶，無意図的想起のことである。第3の形態は，記憶が意識に戻ることはないが，その記憶による促進効果が示される場合である。これは想起意識がない記憶の検索やプライミング（priming）現象（レビューとして，太田，1991）のことを指すものであり，潜在記憶の検索に言及したものであると見なせる。

記憶の科学的研究の最初期にあって，Ebbinghaus（1885）は想起意図を伴わないことと想起意識を伴わないことを適切に区別し，記憶の現れ方を3種類に分類していた。にもかかわらず，次に述べるように，これ以後の心理学では想起意図を伴わないことと想起意識を伴わないことがしばしば混同または同一視され，第2の形態の想起は無視されつづけることになるのである。

(2) 100年の不遇

Ebbinghaus（1885）による先駆的研究が発表されて以降，記憶に関する科学的研究はゲシュタルト心理学や行動主義心理学においてなされるようになった（Bower, 2000）。特に1950年代後半から1960年代前半にかけて起こった認知革命の結果成立した認知心理学では，記憶の認知メカニズムに関する研究が極めて盛んに行われるようになった。また，1970年代後半から日常的な記憶現象（everyday memory）への関心が高まり（Neisser, 1978），それは現代まで続いている（Cohen & Conway, 2007; 井上・佐藤，2002）。日常的な記憶現象に関する研究をまとめた初期の代表的な書籍の1つである"Memory observed: Remembering in natural context"（Neisser, 1982）では，その後圧倒的な隆盛を誇ることになる自伝的記憶や目撃証言（eyewitness testimony）の研究と並んで，小説家Salamanによる無意図的想起に関する考察が紹介されていた。

しかしながら，残念なことに無意図的想起は記憶研究の検討対象から外れており，長期間にわたり無視された状態に置かれてきた（Berntsen, 2009）。Berntsen（2009）によれば無意図的想起が認知心理学者から無視されることになった理由は，無意図的想起が潜在記憶の検索と類似していたことにある。すなわち，無意図的想起と潜在記憶の検索とは，いずれも想起意図が伴わないという点で共通しているものである。そのため，両者はしばしば同一のカテゴリに属するものと捉えられやすかった。たとえばSchacter（1987）は，潜在記憶とは，先行経験が，その経験に関する意識的または意図的な回想を必要としない課題において遂行を促進する場合に現れるものであり，これと対照的な概念である顕在記憶（explicit memory）とは，過去経験の意識的回想（conscious recollection）が必要とされる場合に現れるものであると述べている。彼の定義においては，潜在記憶は無意識的な，「または」無意図的な情報の検索であるということになり，無意識的で無意図的な記憶検索だけでなく，意識的で無意

図的な記憶検索（無意図的想起）をも潜在記憶として含めるものになっている。その結果，無意図的想起は独立した研究テーマとして捉えられることなく，1990年代に入るまで認知心理学者から等閑視されることになってしまったのである（議論の詳細や他の理由については，Berntsen, 2009を参照）。

ただし，Ebbinghaus(1885)によってその存在が指摘されたあと，100年以上にわたって無意図的想起が完全に心理学的検討の対象にならなかったというわけでもない。たとえば，心的外傷後ストレス障害（post-traumatic stress disorder, PTSD）の主要な症状であるネガティブ事象の侵入想起（intrusive remembering；14章参照）は臨床心理学における重要な研究テーマであり続けている（e.g., Brewin, 1998）。

(3) 黎明

1990年代に入ると，無意図的想起に関する実証的な研究の萌芽が見られるようになる。たとえば小谷津ら（1992）は旋律の無意図的想起がどのような状況において経験されるのかを日誌法（diary method；2章参照）により検討している。また，Berntsen（1996）も日誌法を用いて，自伝的記憶の無意図的想起が気分（mood）に及ぼす影響や，想起時の気分と無意図的想起内容の感情価（emotional valence）との関連性などを検討している。これらの研究は，日常場面における無意図的想起の事例を数多く収集し，その実態を把握しようとするものであり，研究の初期の段階においてはこのような試みは不可欠なものであるといえる。その後，2000年代中盤にかけての初期の研究（雨宮・関口，2006; Ball & Little, 2006; Berntsen, 1998, 2001; Berntsen & Hall, 2004; Berntsen & Rubin, 2002; 神谷，2003; Kvavilashvili & Mandler, 2004; Mace, 2004, 2005; Schlagman et al., 2006）により，無意図的想起という現象を実証的に検討することが可能であること，無意図的想起が潜在記憶の検索とは異なる独立したテーマとして捉えられること，非常に一般的な現象であること，我々の心的活動全般において重要な役割を担っている可能性があることが示されてきた。

そして2007年には無意図的想起研究の里程標となる書籍（Mace, 2007）が出版される。Mace（2007）による"Involuntary memory"は無意図的想起のみをテーマとした世界初の書籍であり，Berntsen（1996）以降の10年間における研究の発展がまとめられたものである。そこでは無意図的想起研究の理論的・方法論的基盤が整備されるとともに今後検討していくべき様々なトピックが取り上げられており，無意図的想起に対する多くの研究者の関心を呼び起こすものとなった。

Mace（2007）以後から現在に至る数年は，無意図的想起に対する爆発的な関心の高まりが見られている時期である。たとえば人間の記憶や意識に関する研究雑誌"Consciousness and Cognition" "Memory" "Memory & Cognition" では毎号のように無意図的想起を扱った論文が掲載されている。本邦でも，代表的な心理学雑誌である

『心理学研究』誌や『認知心理学研究』誌に複数の論文が掲載されている（雨宮ら，2011；神谷，2007；中島ら，2012；山本，2008）。また，無意図的想起を主要なテーマとして扱った書籍（Berntsen, 2009; 森田，2012）も相次いで出版されている。さらに人間の記憶に関する教科書でも最近のものであれば（e.g., Radvansky, 2011），無意図的想起が独立したテーマとして解説されているし，2011 年に York 大学で開かれた記憶に関する国際的カンファレンス "5th International Conference on Memory" では，10 件を優に超える無意図的想起についての研究発表がなされている。そして日本心理学会大会でも，無意図的想起に関するワークショップやシンポジウムが連続で開催されている。長い不遇の時代を越えて，無意図的想起に関する研究は独立した重要な研究分野として認められ，著しい発展を見せている最も活気のある研究分野の 1 つになっているといえるだろう。

3節 ふと浮かぶ思考とは

1. ふと浮かぶ思考の特徴

　前節で見たように，ふと浮かぶ「記憶」に関する研究は Ebbinghaus（1885）によってその存在が指摘された後も長期間に渡って心理学の検討対象から外され続けてきた。一方，ふと浮かぶ「思考」に関する研究に目を向けると，そこでは，後述のように様々な研究テーマのもとで豊かな知見の蓄積がなされてきていることに気づく。なお，本章でいう，ふと浮かぶ思考，とは，無意図的に意識にもたらされた思考（thought），または思考内容が無意図的に意識にもたらされる過程のことである。
　ある思考がふと浮かんだものかどうかを決定づける特徴は，やはり無意図性と意識性であり，これらは上述した無意図的想起の特徴とほぼ同様のものである。ふと浮かぶ思考の無意図性とは，当該の情報を意識にもたらそうとする意図が存在しないことが，思考がふと浮かんだときに主観的に経験されていることである。従って，当該の情報を意識にもたらそうとする意図が存在する場合（例：楽しい出来事について空想しようと決意し，リゾートの浜辺で日光浴をしている自身の姿を思い浮かべる場合），そこでの思考はふと浮かぶ思考と呼ぶことはできない。
　一方，ふと浮かぶ思考の意識性とは，入力された情報が意識の対象となることである。ふと浮かぶ思考と無意図的想起の間には，意識性において相違点が存在する。それは想起の意識を伴うかどうかという点であり，ふと浮かぶ思考では，「何かを考えている」「何かを思いついた」という意識はもつが，「何かを思い出した」という意識

は持たないことが多い。ただし、ふと浮かぶ思考に関する研究で測定される思考の内容には、想起意識を伴うものも存在する（例：後述のマインドワンダリングでは、子どものころの思い出について空想することもある）。このため、実際にはふと浮かぶ思考と無意図的想起とはそれほど明確に区分されるものではない。むしろ、無意図的想起はふと浮かぶ思考の特殊事例であり、ふと浮かぶ思考のうち想起意識を伴うものが無意図的想起であると捉えるのが両者の関係を適切に把握することに繋がると考えられる。

2. ふと浮かぶ思考に該当する現象

ふと浮かぶ思考とは、考えようとしていないのに、何らかの情報が意識にもたらされることであり、これに含まれる現象は多岐にわたる。本書で扱うトピックのなかでは、なかなか解けない問題の解決法がまったく予期せぬタイミングでふと浮かぶという現象（6章参照）や、何らかの課題を行おうとしているときに、それとは無関係な事柄が頭に浮かぶマインドワンダリング現象（mind wandering；7章参照）、抑うつ（depression）状態にあるときにネガティブな事象が繰り返し頭に浮かんでくる現象（13章参照）などがこれに含まれる。

また、考えようとする意図があるどころか、考えないようにしようとする意図があるにもかかわらず浮かんでくる思考（9章参照）も、考えようとする意図が主観的に経験されていないという点で無意図的な思考であるため、ふと浮かぶ思考に含まれる。

なお、ふと浮かぶ記憶・思考と同様に興味深く、しかもそれらと混同されやすい現象として潜在記憶（Graf & Schacter, 1985）の検索があげられる。潜在記憶とは、学習時のエピソードの意識的想起が求められない課題（例：単語完成課題, word completion task）で測定される記憶のことをいう（藤田, 2001）。潜在記憶課題（implicit memory task）では、記憶を利用しようとする意図がないにもかかわらず、特定の情報（例：単語）が回答として頭に浮かぶ。しかし、課題で求められた回答を意識にもたらそうとする意図が存在している（Mandler, 1994）ため、そこで浮かんだ情報はふと浮かぶ思考には含まれない。

4節 本書の構成

本書は、ふと浮かぶ記憶・思考に関する研究の最新の知見をまとめたものである。以降の章は4つの部分から構成されている。

まず、2章から5章では、ふと浮かぶ記憶に関する研究について述べる。2章（雨宮）

では，自伝的記憶の無意図的想起の研究法と，それらを用いて検討されてきた無意図的想起の検索過程について論じる。3章（神谷）では，自伝的記憶の無意図的想起が有する特徴と機能，自伝的記憶の無意図的想起を経験しやすい個人の特徴を紹介する。4章（山本）では，無意図的想起のなかでも，匂いによる無意図的想起や，無意図的想起をもたらす手がかりに焦点を当てる。5章（森田）では，未来に実行する予定の記憶（展望的記憶，prospective memory）の無意図的想起の性質について検討する。

続いて，6章から9章では，ふと浮かぶ思考に関する研究について述べる。6章（清河）では，解決しようと取り組んでいる問題の答えがひらめく現象（洞察，insight）に関する考察を行う。7章（関口）では，現在遂行中の課題とは無関係な内容の情報についてふと考えてしまう現象（マインドワンダリング）の特徴や生起メカニズム，心的活動における機能を明らかにする。8章（伊藤）では，マインドワンダリングにおいてしばしばふと頭に浮かんでくる，未来の出来事についての思考（エピソード的未来思考，episodic future thinking）に関する知見，なかでも未来に関するイメージの構築過程に関する最新の知見を提示する。9章（及川（晴））では，ある事象について考えないようにしようと努力するほど，その思考内容が頭に浮かんでくるという思考抑制の逆説的効果（paradoxical effects on thought suppression）について，そのメカニズムを説明し，対処方法を考える。

10章から12章では，ふと浮かぶ記憶・思考現象を支える基礎的なメカニズムに関する神経科学的・理論的検討を行う。10章（月元）では，無意図的想起やマインドワンダリングをもたらす認知・神経メカニズムとはいかなるものかについてグローバル・ワークスペース理論（Global Workspace Theory, Baars, 1988, 1997）に依拠しながら考察する。11章（関口）では，無意図的想起やマインドワンダリング，創造的問題解決（creative problem solving）における洞察がどのような神経メカニズムにより実現されているのかに関する近年の研究を紹介する。12章（及川（昌））では，そもそも記憶・思考が「ふと浮かぶ」という現象をどのように捉えるべきか，私たちの心に浮かぶ世界がどのようにして構築されているのか，ある記憶を自分の意志で想起したという感覚はどこからやってくるのかについて，自由意志（free will），意図，意識を鍵概念に探究する。

13章から15章では，人々を苦しめるネガティブな記憶・思考が浮かぶ現象に焦点を当てる。13章（服部）では，ネガティブな思考が繰り返される現象（反すう，rumination）が抑うつとどのように関連するのか，なぜ反すうが頻繁に生じるのかを明らかにする。14章（越智）では，ふと浮かぶネガティブな記憶のなかでも，PTSDの症状の1つとしてのトラウマ体験（traumatic experience）のフラッシュバック（flashback）を取り上げ，その特徴や生起メカニズムを解説する。最後に15章（杉山）

では，私たちが精神的な健康を維持・促進するために，ふと浮かぶネガティブな記憶・思考にどのように向き合うべきかについて臨床心理学の立場から提案する。

5節 おわりに

　前節で紹介した章はいずれも，記憶や思考がふと意識に浮かぶという重要かつ未解明な点の多い現象の解明に挑みつづけている研究者たちがその知るところを解説したものであり，本書は多様なアプローチからのホットな知見が持ち寄られた刺激的なものとなっている。読書中にはしばしばマインドワンダリングが経験され，それは特に退屈な作業の最中や，疲労を感じている時において顕著だという（7章参照）。本書をご覧になっているときに，もしマインドワンダリングを経験されたとしたら，まずは十分な休息をお取りいただくようお願いしたい。

2章 意図的想起と無意図的想起——自伝的記憶

雨宮有里

1節 はじめに

1. 自伝的記憶とは

「高校時代の思い出は？」と聞かれたら，あなたは何と答えるだろうか。「部活で毎週のように映画の上映会をしたこと」や「風邪をひいて受験に失敗したこと」など，私たちは過去に経験したことに関する様々な記憶をもっている。こうした過去の自己に関わる記憶の総体を自伝的記憶（autobiographical memory）という。

自伝的記憶と似た概念に，出来事の記憶であるエピソード記憶（episodic memory）がある。しかしながら，エピソード記憶が時間と場所の情報を伴うもの（例：先週の日曜日，デートで葛西臨海水族館に行った）であるのに対し，自伝的記憶はそれに加えて，時間と場所の情報が曖昧で概括的なもの（例：昔はよく水族館に行った）や自己スキーマ（self-schema, 自分はどのような人間か）なども含む。そのため，エピソード記憶よりも自伝的記憶のほうが，含まれる記憶情報の範囲が広いといえる（佐藤，2008a）。

本章では，まず，この自伝的記憶の意義について述べる。次に，自伝的記憶の2つの想起形態―思い出そうとして出来事を思い出す意図的想起と，出来事がふと意識に浮かぶ無意図的想起―について説明し，その上で後者の無意図的想起の研究方法を紹介する。そして最後に，無意図的想起の検索過程について考察する。

2. 自伝的記憶の意義

自伝的記憶は，単なる記憶現象ではなく，我々の生活や人生に様々な影響を与えている。その例として，ある日突然，出来事を覚える力を失ってしまったジェレミさんの事例を紹介しよう（NHK スペシャル「驚異の小宇宙 人体Ⅱ 脳と心，第3集，人生をつむぐ臓器〜記憶〜」，初回放送 1993年12月より）。

ジェレミさんは，脳梗塞の発作で倒れ，それ以降の出来事を覚えられなくなってし

まった青年である。記憶能力を失って以来，ジェレミさんの生活には様々な困難が生じるようになった。たとえば，買い物や食事などの日常的な行動も忘れてしまうので，そのことを書き留めておかないと同じことを繰り返してしまうのである。当然，初めて会った人や，その人との共通体験も覚えておけないので，新しい人間関係を築くこともできない。そればかりか，発作以前に築いた人間関係の維持修復も難しくなった。ジェレミさんの母親は彼が大学に進学する直前に父親と離婚をし，家を出て行った。それは，これまでの母親との楽しかった思い出をすべてくつがえす苦い記憶としてジェレミさんの心に残った。そして，その直後に記憶能力を失ってしまったため，母親との苦い記憶を書きかえることができなくなってしまったのである。

　このように記憶能力を失ったジェレミさんは，脳梗塞で倒れてからの人生や，周囲の人との関係に関する記憶を保てなくなった。これは自伝的記憶の障害として捉えることができ，このことから記憶の能力が，単に日常生活の中で行ったことを覚えておくだけでなく（例：牛乳は午前中に買ってきた），自伝的記憶として，自分がどのような人間であるか，どのように生きてきたかを自己認識し，それを踏まえて他者と関わるための機能をもつことがわかる。実際，自伝的記憶には，我々の生活や人生に対する様々な機能があることが指摘されており，たとえば，Pillemer（2003）はその機能として，自己（self）機能や社会的（social）機能，方向づけ（directive）機能をあげている（総説として佐藤，2008b）。

　自己機能とは，自伝的記憶が自己の一貫性を支えたり，望ましい自己像を維持するのに役立ったりしているというものである。たとえば，大学祭の準備をしている時に，高校の文化祭の準備で頑張っていた自分を思い出し，「そういえば自分は昔からイベントが好きだった」と一貫性のある自己を見出すなどがあげられる。次に，社会的機能とは，自伝的記憶が対人関係やコミュニケーションにプラスの影響を与えることを指す。たとえば，部下が仕事で失敗して落ち込んでいる時に，自分の同じような失敗を思い出して語ることで，相手を励ますなどがこれにあたる。最後に，方向づけ機能とは，自伝的記憶が様々な判断や行動を決定するのに役立つことを指す。この例としては，出かける際に傘を持っていくか迷ったときに，以前，傘を持たずに出かけてずぶぬれになったことを思い出し，傘を持っていくと決めることなどがあげられる。このように，自伝的記憶はその様々な機能を通じて，我々の生活や人生に影響を与えているのである。

3. 自伝的記憶の想起形態

　「思い出す」という言葉から我々が連想するのは，たとえば，学校のテストで学習内容を思い出そうとしたり，学会などで顔見知りの人の名前を思い出そうとしたりす

る場面だろう。すなわち，今知りたいと思う情報を記憶の中から「思い出そうとして」思い出す場面のことと思われる。これと同様に，自伝的記憶も過去の出来事を思い出そうとして思い出す場合があり，これを自伝的記憶の意図的想起（voluntary remembering）という。意図的想起の例としては，たとえば，面接などで「高校時代に頑張ったことは？」と問われ，当時の出来事をあれこれと考えることなどがあげられる。

一方で，日常生活の中では，思い出そうとしていないのに過去の出来事が勝手に思い出されることもある。たとえば，昔夢中で聴いた音楽を偶然耳にしたとき，当時の出来事がふと思い出される場合などがこれにあたる。このように思い出そうという意図がない状態で，過去の体験が意識に上る想起形態を無意図的想起（involuntary remembering，または不随意記憶，involuntary memory）という。

自伝的記憶の研究では，主に前者の意図的想起について長年，検討が行われ，その性質やメカニズムについて様々なことがわかってきた（Berntsen & Rubin, 2012）。一方，後者の無意図的想起は，存在自体は古くから指摘されてきたものの（Ebbinghaus, 1885），その生起をコントロールできないため研究が困難であり，長く心理学の研究対象として無視されてきた。しかし，無意図的想起は意図的想起と同様，日常的な想起形態であり（Berntsen, 1996），意図的想起だけを対象に研究を行うことは，その一側面のみを取り上げて自伝的記憶全般について論じることになりかねない。また，無意図的想起は心的外傷後ストレス障害（post-traumatic stress disorder, PTSD）の中核症状であるフラッシュバック（flashback, 14章参照）といくつかの類似点（例：思い出そうとしていないのに意識に上る。何らかの想起の手がかりがある）がある（雨宮, 2011）。そのため，無意図的想起のメカニズムの解明は，PTSDの症状の理解を深め，その治療に役立つ可能性もある。これらを受け，ここ20年ほど，無意図的想起についての研究も活発に行われるようになってきた（Berntsen, 2009）。その心理学としての最初の研究はBerntsen（1996）であろう。Berntsen（1996）は，後述する日誌法（diary method）を用いて日常生活で生じる無意図的想起のデータを収集し，その想起状況，想起内容などの特徴を明らかにした。無意図的想起研究のさきがけとなったこの論文は，2011年に"Applied Cognitive Psychology"誌によって，同誌に掲載された論文の中で，この25年を代表する論文の1つに選出されている。

では，この研究が困難な無意図的想起はどのような方法で検討されているのだろうか。次節では，Berntsen（2009）にならい，無意図的想起の研究方法を事例研究法，サーベイ法，日誌法，実験的方法の4つに分類し，それぞれの方法の利点・欠点ならびに適する研究テーマを紹介する（表2-1）。なお，それぞれの方法論で具体的にどのような知見が得られているかについては，3章を参照してほしい。

2節 無意図的想起の研究方法

1. 事例研究法

(1) 事例研究法の概要

事例研究法（sampling method）とはごく少数の事例に関する綿密な調査や面接，観察などをとおして，個性記述や仮説の発想など種々の目的の具現を図る研究法である。そのデータは，研究者が無意図的想起の定義に該当するものを観察や文献研究などを通じて収集したものである。無意図的想起に関する事例研究の例としては，科学や芸術の分野で大きな業績を残した人の無意図的想起の例（Salaman, 1970）や，臨床事例の報告（Breuer & Freud, 1893-5）などがあげられる。たとえば，Salaman（1970）は過去の芸術家や科学者に関する記述を収集し，トルストイやプルースト，ダーウィンらの作品や研究にインスピレーションを与えたものとして無意図的想起を紹介している。

表2-1 無意図的想起の研究法と利点・欠点，適する研究対象

研究法	利点	欠点	適する研究対象
事例研究法	・個別事例の理解や文脈，現象相互の関係性を検討可能	・理論構築を行うことが難しい	・無意図的想起の特殊な事例
サーベイ法	・多くの調査参加者を対象にデータを収集可能 ・母集団から代表性のあるサンプルを抽出しやすい	・データに報告のバイアスが影響しやすい	・記憶に残りやすい無意図的想起の性質
日誌法	・生態学的妥当性（高） ・報告のバイアスが生じる危険性はサーベイ法よりも低い	・要因の操作や統制が困難 ・多数のデータが得られにくい	・想起の文脈が重要なテーマ（例：機能や想起状況の検討）
実験的方法	・要因の操作や諸変数の統制が可能 ・因果関係の推定が可能	・生態学的妥当性（低）	・要因の操作や統制を必要とする内容（例：意図・無意図的想起の比較，検索過程など）

(2) 事例研究法の利点・欠点と適する研究テーマ

事例研究法の利点として，量的研究では解明が難しい個別事例の理解や現象相互の関係性を検討できることがあげられる。そのため，無意図的想起の特殊な事例の検討に適しているといえる。一方，事例研究法の欠点として，事例が必ずしも母集団全体

を代表しないため，そこで得られた知見のみでは，無意図的想起一般の性質に関する理論構築を促すには不十分なことがあげられる。また，特定の変数（例：想起状況）を選択的に取り上げ，その操作を通じて，無意図的想起のある側面に対する因果関係を明らかにする研究は不向きである。

2. サーベイ法

(1) サーベイ法の概要

　サーベイ法（survey method）とは，無意図的想起がどのようなものかを参加者に説明した上で，自らが過去に経験した無意図的想起の事例を思い出して，その特徴などを報告させる方法である。より具体的には，面接によるインタビュー（Berntsen & Rubin, 2002, 2008; Rubin & Berntsen, 2009）や質問紙（Morita & Kawaguchi, 2010; Verwoerd & Wessel, 2007）などが測定に用いられる。

　サーベイ法の研究例として，たとえば，BerntsenとRubin（2002）は，1241名の調査参加者を対象に面接を通じ無意図的想起の性質についてのデータを収集している。その結果，無意図的想起にも意図的想起と同じくバンプ（bump）現象（青年期から成人期初期の出来事が相対的によく思い出される現象；Rubin & Schulkind, 1997）が生じることが見出された。また，質問紙を使った研究では，無意図的想起質問紙（Involuntary Memory Questionnaire; Verwoerd & Wessel, 2007）やマインドポッピング質問紙（Mind Popping Questionnaire; Kvavilashvili & Mandler, 2004），無意図的想起経験質問紙（Involuntary Memory Experience Questionnaire; Morita & Kawaguchi, 2010）など，無意図的想起の性質を調べる様々な質問紙が開発されている。これらは主に無意図的に想起された出来事の性質を調べるものであり，感情価（快・不快）や感情の強さ，想起頻度，経験頻度などを問う質問項目から構成されている。表2-2に示すように，それぞれの質問紙は，対象とする無意図的想起やその調査内容が異なる。したがって，まず自らが検討したい現象を明確にした上で，質問紙を選ぶ必要があるだろう。

　なお，サーベイ法のように，参加者に自らの無意図的想起の経験を報告させる手法で重要なことは，その研究で対象とする無意図的想起がどのようなものかを参加者に十分理解させることである。なぜならば，何を無意図的想起とするかの基準が参加者により異なると，そこで得られたデータを同一の現象を反映したものとして扱うことが難しくなるためである。参加者への説明の例として，BerntsenとRubin（2002）は無意図的想起を「私達は，時々，思い出そうとしていないのに過去の出来事がふと心に浮かぶ経験をすることがある。この記憶は音や匂い，ラジオから流れる音楽のように，何か思い出す手がかりがある場合もあるし，何も手がかりがなく思い出す場合

表 2-2 無意図的想起の質問紙と測定内容

質問紙	測定対象と質問項目
Involuntary Memory Questionnaire (IMQ)	・対象：特定のエピソードの無意図的想起 ・質問項目：想起内容，想起頻度，感情価，感情強度，経験した時間帯，持続時間，その時の活動
Mind Popping Questionnaire (MPQ)	・対象：ふと浮かぶ記憶・音楽・イメージ ・質問項目：想起経験の有無，想起頻度，想起内容
Involuntary Memory Experience Questionnaire (IMEQ)	・対象：未来事象と過去事象の無意図的想起 ・質問項目：想起頻度

もある。また，その記憶はとても昔の経験も最近の経験もある」と説明している。このように，何を無意図的想起とするかの基準を明確に示すことは，たとえば，無意図的想起とフラッシュバックのように類似する現象のデータを比較する際（Berntsen & Rubin, 2008）には特に重要になる。

(2) サーベイ法の利点・欠点と適する研究テーマ

サーベイ法の利点として，多くの参加者を対象にデータを収集可能な点がある。前述の事例研究法のように，少数事例から収集されたデータには個人差が多く含まれるため，結果を一般化することは難しい。これに対してサーベイ法では，無作為抽出などにより母集団から代表性のある多くのサンプルを抽出しやすい。そのため，一般化可能な知見を得やすく，また，結果の再現性も高い。

一方，サーベイ法の欠点として，報告された無意図的想起の例が偏ったものになりやすいことがあげられる。無意図的想起はそれに意識を向けなければ気づかないような経験であり（神谷, 2003），それが起こったそのときに記録しないと忘れてしまうことが多い。そのため，回想的な報告を用いるサーベイ法では「無意図的想起のうち回答時点で覚えているもの」だけが報告され，結果が偏ったものになる可能性がある。ただし，この報告のバイアスは「無意図的想起のうちよく覚えているもの」を研究対象とする場合には逆に有利に働く。たとえば，人生を振り返って特に鮮明に覚えている無意図的想起やトラウマ的出来事の侵入想起（intrusive remembering）の検討などには適しているだろう。

3. 日誌法

(1) 日誌法の概要

日誌法とは，参加者が無意図的想起を報告するための報告用紙（日誌）を持ち歩き，日常生活の中で無意図的想起が生起したらそれを書き留める方法である。この方法は Berntsen (1996) が用いて以来，無意図的想起研究で最も多く使用されている方

```
【想起した時の状況】
  想起日時：　年　月　日　時　分
  想起場所：
  想起時の活動：
  想起時の感情
    感情の種類：
    不快－快：不快 1－2－3－4－5 快
    想起契機：
【想起したエピソード】
  出来事が生起した時期：
  想起内容：
  出来事の種類
    感情の種類：
    出来事の種類：特定／概括
  当時の感情
    感情の種類：
    感情の強さ：弱い 1－2－3－4－5 強い
    不快－快：不快 1－2－3－4－5 快
  想起頻度：少ない 1－2－3－4－5 多い
  重要度：重要でない 1－2－3－4－5 重要
  現在の気持ち：
```

図2-1　日誌法の記録用紙（神谷，2003を一部改変）

法である（Berntsen & Hall, 2004; Schlagman et al., 2009; Watson et al., 2013）。以下，神谷（2003）を参考に日誌法の手続きを説明する。

　この方法では，まずサーベイ法と同様に，無意図的想起がどのようなものかを参加者に教示する。その上で，生活の中で無意図的想起が生起したら，回想的な記録を避け，すぐにそれに関する記録を行うように求める。日誌には，想起した状況や想起エピソードの特徴などについてたずねる質問が各ページに印刷されており，それぞれの無意図的想起の特徴を，研究目的にそった統一した形で記録できるようになっている。説明を受けた参加者は，指定された期間，日誌（図2-1）を常に携帯し，無意図的想起が生起したらその特徴を質問に答える形で記録する。

　日誌法には「1週間」のように期間を決めて記録する方法（Finnbogadóttir & Berntsen, 2013; Schlagman et al., 2009）と，特に期間を定めず予定の記録数（例：50個）が集まった時点で終了する方法がある（Berntsen, 1996; 神谷，2007）。また，近年では，紙の日誌のかわりに電子機器を携帯し，それにより無意図的想起を記録する方法も用いられている（Rubin et al., 2008）。なお，研究によっては「無意図的想起を記録しなければ」と思うことが無意図的想起の生起に影響を与えることを避けるため，1日の記録数を制限することもある（Berntsen, 1996; Berntsen & Hall, 2004;

Johannessen & Berntsen, 2010)。

(2) 日誌法の利点・欠点と適する研究テーマ

　日誌法の利点として，無意図的想起が生起したらすぐに記録するので，サーベイ法に比べて，報告のバイアスが生じにくいことがあげられる。また，日常場面でデータを収集するため，研究としての生態学的妥当性（ecological validity）が高い。したがって，生活場面の文脈と切り離すことが難しい無意図的想起の機能の検討や想起状況の検討などに向いている。

　一方，日誌法にもいくつかの欠点を指摘できる。まず，日誌法は生活の中でデータを収集するため，想起手がかりや文脈など，想起内容に影響を与える変数の有無やその様態が参加者によって異なる。このため無意図的想起にどのような要因がどのように影響するかの検討には，後述の実験法ほどには向いていない。また，日誌の記録は参加者の労力を要するため，多数の参加者からデータを得ることが難しい。さらに，無意図的想起が起こっても，その想起に気がつかない，日誌の記録を忘れる，日誌の記録ができない状況にあるなどの理由で，すべての無意図的想起が記録されない可能性もある（3章参照）。そのため，無意図的想起の生起頻度の検討などにはあまり向かないと考えられる。

4. 実験的方法

(1) 実験的方法の概要

　実験的方法（experimental method）とは，実験室などにおいて何らかの課題を課し，それを通じて過去の出来事を無意図的に想起させる方法である。これには，1) あらかじめ無意図的想起について説明し課題中に報告を求める方法（El Haj et al., 2012; Schlagman & Kvavilashvili, 2008）と，2) 課題後に無意図的想起について説明し報告を求める方法（雨宮・関口，2004; 雨宮ら，2012; 中島ら，2012）の2つがある。

　まず，1) の例として SchlagmanとKvavilashvili（2008）の研究を紹介する。この研究は実験室実験であり，はじめに参加者に自伝的記憶の無意図的想起について説明を行い，その上で，ビジランス（vigilance）課題（画面に呈示された特定の傾きの線分を検出する課題）に従事することを求める。課題中は，さらに想起手がかりとなる文章（例：浜辺でくつろいでいるとき）が線分の背景に呈示されるが，これは無視するように教示する。そして，課題中に自身の過去の出来事が無意図的に想起されたら，素早くマウスをクリックすることでそれを知らせ，さらに，その内容を報告させる。SchlagmanとKvavilashvili（2008）は，この方法により，無意図的想起の方が意図的想起に比べ，手がかり呈示からの想起時間が短いことや，特定性（specificity）の高い出来事を想起しやすいことを見出している。

2章　意図的想起と無意図的想起—自伝的記憶

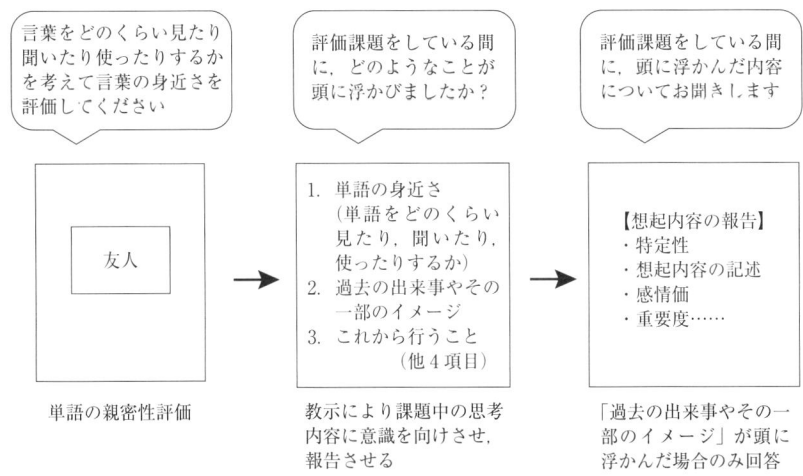

図2-2　課題後に無意図的想起について説明し報告を求める方法（雨宮ら，2012）

次に，2）の例として雨宮ら（2012）の研究を紹介する（図2-2）。この研究は質問紙を用いた集団実験であり，参加者には課題前に無意図的想起についての説明は与えない。かわりに，成人の認知機能の調査という偽の教示を与え，想起手がかりとなる単語1語（例：友人）の親密性（familiarity）評価課題を行わせる。そして，その直後に教示により課題中の思考内容に意識を向けさせ，頭に浮かんでいたことをすべて選択肢から選ばせる。その上で，回答の中に過去の出来事の無意図的想起が含まれていた場合は，その内容や特定性，感情価，重要度などを報告させるというものである。

(2) 実験的方法の利点・欠点と適する研究テーマ

実験法の利点として，無意図的想起の生起やその性質に影響する要因を積極的に操作可能なことがあげられる。これにより，無意図的想起のある側面に対する因果関係の推定が可能となり，また結果の再現性も高くなる。したがって，特定の変数の効果（例：想起意図の有無が想起内容や検索過程に与える効果）を検討したい場合に適している。一方，実験的方法の欠点として，生態学的妥当性の低さがあげられる。この方法では，日常生活で想起に影響を与える文脈や気分などの諸変数を統制しているため，文脈情報と切り離せない無意図的想起の機能面の検討などは難しいといえる。

また，上記1）の方法と2）の方法にも，それぞれ特有の利点と欠点がある。まず1）の方法は，同じ参加者から何度も繰り返しデータを収集できる点が優れており，また，想起手がかりが呈示されてから出来事を想起するまでの反応時間を測定できるという利点もある。一方で，あらかじめ無意図的想起を報告するよう求めることで参加者に

記憶想起の構えが形成され，無意図的想起が生起しやすくなったり，半意図的に出来事を想起してしまったりする可能性がある。これに対し 2) の方法は，無意図的想起の報告について課題前に参加者に伝えないため，記憶想起の構えが形成されず，純粋に無意図的な想起の性質を検討することができる。一方で，1人の参加者から一度しか（一つの想起手がかりからしか）データを取らないため，想起頻度を従属変数とした検討などは難しいことや，特定の想起手がかりの影響が結果に反映されやすいという欠点がある。

 無意図的想起の検索過程

ここまで，自伝的記憶の無意図的想起の4つの研究方法について説明してきた。これらの方法を使い具体的にどのような研究が行われているかについては3章や4章が詳しいが，ここでは，最後にそれらの知見を解釈する上で重要な自伝的記憶の無意図的想起のメカニズム，すなわち無意図的想起の検索過程（retrieval process）について，現時点で考えられていることを紹介する。

1. 自伝的記憶のモデルと検索過程

自伝的記憶が想起手がかりの入力を経て，どのように検索されるかについては，Conwayの自己・記憶システム（Self-Memory System；Conway & Pleydell-Pearce, 2000; Conway, 2005）の枠組みで考えられることが多い。以下，Conway（2005）をもとにこのモデルの概略を説明する。

このモデルでは，自己の過去に関わる様々な情報（自伝的記憶知識ベース，autobiographical memory knowledge base）が，抽象度の異なる複数の階層を形成する形で貯蔵されていると考える（図2-3）。このうち最も抽象的な情報はライフストーリー（life story）であり，ここには，これまでの人生の様々な出来事とそれらに対する評価，自己イメージなどが一貫性をもちながら概括的に表現されている。そして，その下には，仕事や対人関係といった人生における複数のテーマ（theme）が配置されており，さらにその下には，人生の時期（lifetime period，例：X大学で働いていた時期，Yさんと親しかった時期）の情報が貯蔵されている。そして，この人生の時期の下には，その時期に経験した様々な出来事が一般的出来事（general events）の情報（特定の時間・場所の出来事や何度か繰り返し経験した出来事の知識）として貯蔵されている。このライフストーリーから一般的出来事までの情報は，いずれも感覚・知覚情報を含まない概念的なものであるため自伝的知識（autobiographical

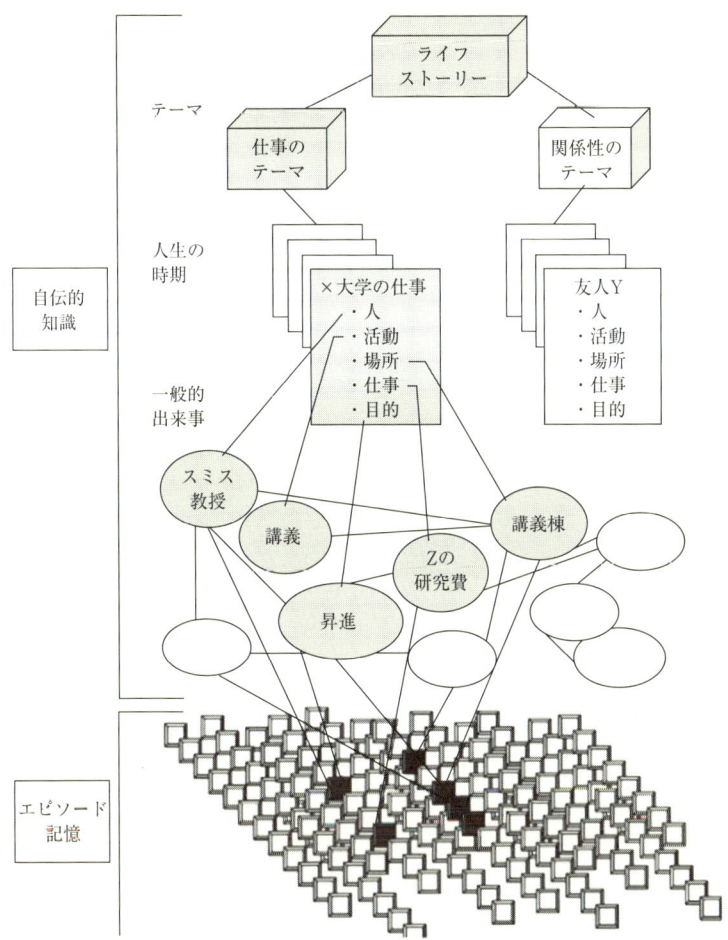

図2-3 自己・記憶システムにおける自伝的記憶の知識構造（Conway, 2005を改変）

knowledge）と呼ばれる。一方，一般的出来事のさらに下の階層には，それぞれの出来事で経験した感覚・知覚情報や感情などの要約が「エピソード記憶」（episodic memory）として貯蔵されており，この層の情報が最も具体的で詳しい内容を表現している。

　では，特定の出来事の記憶はどのような形で検索されるのであろうか。このモデルでは上述のように，個々の出来事の記憶が1つにまとまって貯蔵されているとは仮定しない。出来事を検索する際には，想起時の状況・目的に応じて，様々な形で自己に

関する情報が活性化し，その活性化のパターンが出来事の記憶として意識に上る。そして，この活性化のパターンは，その時点におけるアクティブな目標（goal）と自己イメージのセットである作動自己（working self）の影響をうけており，たとえば，作動自己における自己イメージと一致した自伝的知識やエピソード記憶が活性化しやすくなる。

そして，この検索には，生成的検索（generative retrieval）と直接的検索（direct retrieval）の2つの様式が仮定されている。まず，生成的検索とは目標に合致した情報に向けて行われる意図的な検索であり，過去の出来事を想起する場合は，たとえば，人生の時期のように，抽象的な情報の階層から具体的な情報の階層へと検索が進む（例：「海」→海でおぼれたことがあったな，小学生の時だ，伊豆の家族旅行だったな，あの時は怖かったな，父が助けにきてくれた）。しかしながら，この検索は認知資源を必要とするため，認知資源の不足や時間の制約により検索が途中で終わることもある。次に，直接的検索とは，想起手がかりによって，最下層にあるエピソード記憶の情報が直接活性化し，それにより出来事の細部の情報から意識に上る形の検索である。これらを踏まえConwayは，無意図的想起を，外界に存在する想起手がかり（例：匂い，4章参照）からの直接的検索により生起するものと考えている。では，無意図的想起のメカニズムは，本当に直接的検索を反映したものといえるのであろうか。この問題について検討した研究を次に紹介する。

2. 無意図的想起の検索過程に関する説明

無意図的想起の検索過程については，意図的想起と無意図的想起での想起された出来事の特定性の比較を通じて検討されている。想起された出来事の特定性とは，時間や場所，誰と何をしたかなど，ある出来事に固有の情報が想起内容にどのくらい多く含まれているかのことであり，この特定性の高低により出来事は特定エピソード（specific episode）と概括エピソード（general episode）に区分される。たとえば「夏休みに恋人と大阪の水族館でジンベイザメを見て感動した」のように，時間的・空間的な広がりが狭く，エピソードを一時点に特定できる想起内容は，特定性が高い特定エピソードである。一方，「昔はよく水族館に行ったものだ」のように複数の類似したエピソードが要約され，出来事が一時点に特定できない想起内容は，特定性の低い概括エピソードといえる。これについて上述の自己・記憶システム（Conway, 2005）で考えると，特定エピソードの想起は最下層のエピソード記憶の情報までが検索されたケースであり，概括エピソードの想起は，より抽象度の高い情報までしか検索が行われなかったことを反映すると考えられる。

BerntsenとHall（2004）は，日誌法で得られた，無意図的想起のほうが意図的想

起よりも特定エピソードの想起率が高いという結果をもとに,「意図的想起では生成的検索が行われるが,無意図的想起は,エピソード記憶から出来事が直接的に検索される」と説明している。この説明は,Conway (2005) の考えと一致する。

一方,Schlagman と Kvavilashvili (2008) は,前節で述べた実験的方法による研究において,無意図的想起では,常に特定エピソードのみが想起されるわけではなく,少ないながらも概括エピソード (例：小学校の校庭で遊んでいるイメージ) が頭に浮かぶこともあることを示している。この現象と,無意図的想起のほうが意図的想起よりも特定エピソードの想起が多いという結果の両方を説明するために,Schlagman と Kvavilashvili (2008) は,意図的想起と無意図的想起の違いは,検索の様式ではなく,検索の効率にあると考えている。この説明では,自伝的記憶の想起では,想起意図の有無にかかわらず,常に抽象的な階層から検索が開始し,エピソード記憶へと検索が向かうが (すなわち生成的検索),このうち,検索が意図的制御を必要としないくらい効率よく行われたものが無意図的想起であると考える。このため,無意図的想起のほうが意図的想起よりもエピソード記憶にたどりつく確率が高く,結果として特定エピソードの割合が多くなる。しかしながら,無意図的想起でも何らかの理由でエピソード記憶まで検索がたどりつかないことがあり,そうした場合には,概括エピソードが想起されるのである。

これらの説明は,どちらも無意図的想起のほうが意図的想起よりも特定エピソードが多く想起されるという知見を前提としている。だが,想起手がかりの種類や無意図的想起の報告方法を変えた研究では,意図的想起のほうが無意図的想起よりも特定エピソードが多く想起されたり,意図的想起と無意図的想起とで特定エピソードの割合が変わらなかったりという結果も得られている (雨宮ら,2011, 2012)。これらの結果から雨宮ら (2011) は,無意図的想起は初めに活性化された情報 (手がかりによって特定的な情報の場合もあれば,概括的なものの場合もある) がそのまま記憶に上り,それ以上の検索が行われないが,意図的想起の場合は,そこからさらに目的 (特定エピソードを想起する) に合致した情報まで検索が行われるという,これまでと異なる考えを提唱している。

これらの考えのうち無意図的想起の検索過程の説明としてどれが正しいかについては,現在のところ明確でない。様々な結果を包括的に説明できるモデルの構築が今後の課題といえるだろう。

4節 おわりに

　かつて，Neisser（1978）は「もしXが非常に興味深い，または社会的に意味のある記憶の一側面だとしたらXは心理学者がいまだかつて研究したことのないテーマである」という言葉で，生態学的妥当性を欠いた記憶研究を痛烈に批判した。無意図的想起は我々が日常的に経験する現象であり，その理論的な重要性についてはEbbinghaus（1885）も言及している。また，無意図的想起についての検討は，すでに述べたように臨床的に重要な現象の解明の糸口となる可能性があり，その意味では，Neisserの批判にも耐えうるテーマだといえる。本章では，主に無意図的想起研究の枠組みと，研究方法，検索過程について説明を行った。続く3章では，ここで紹介した方法により検討されてきた内容と無意図的想起の機能，個人特性について紹介する。

3章 ふと浮かぶ過去――自伝的記憶の無意図的想起

神谷俊次

1節 はじめに

　本章では，2章に引き続き，ふと思い浮かぶ過去の個人的経験の記憶について見ていく。まず，日常生活の中でふと思い出される自伝的記憶（autobiographical memory）の例をあげよう。

> 麦茶を飲もうと冷蔵庫の容器に手を掛けたとき，「子どものころ，麦茶だと思って飲んだものが麺つゆだった」ことが想起され，今，手にしている容器の中身が麦茶かどうかを確かめた。

　たいていの人がこのような経験をもっているであろう。過去の自伝的記憶がふとよみがえることによって，以前と同じ過ちを繰り返さないように，人々の思考や行動を方向づけているのである。このように，自伝的記憶の無意図的想起（involuntary remembering，不随意記憶）は，社会的適応を促す役割を果たしていると見なすことができる（Cornoldi et al., 2007）。しかしながら，日常生活の中で，ふと想起される自伝的記憶は，必ずしも，想起された状況で人々の思考や行動を方向づける役割を果たしているものばかりではない。むしろ，なぜ昔のこんな記憶が今よみがえってきたのだろうかと想起者自身が不思議に思うことも少なくない。本章では，2章で説明されている日誌法（diary method）によって自伝的記憶の無意図的想起現象を検討した研究をもとにして，どのような状況で自伝的記憶がふと思い浮かぶのか。また，想起された出来事にはどのような特徴があるのか。さらに，そのような記憶がどのような役割を果たしているのかについて見ていく。その後，自伝的記憶を無意図的に想起しやすい人々の特徴を考え，最後に，自伝的記憶の無意図的想起の今後の研究方向について論じる。

2節 想起状況

1. 自伝的記憶の無意図的想起の3形態

　Mace（2007, 2010）は，自伝的記憶の偶発的な想起には3つの形態があると主張している。第1は，直接的な無意図的想起（direct involuntary remembering）であり，環境内の様々な手がかりによって過去の記憶が引き出される形態である。一般に，自伝的記憶の無意図的想起という場合は，この形態を指すことが多い。第2は，連鎖的な無意図的想起（chained involuntary remembering）である。無意図的あるいは意図的に想起された出来事から，その出来事と何らかの関連のある別の自伝的記憶が無意図的に想起される形態である（Mace, 2006; Mace et al., 2013）。たとえば，テレビで放映されていたある観光地の風景を見て，その場所を友だちと訪れた記憶がよみがえり，さらに，その友だちにまつわるほかのエピソードがふとよみがえってくるといったものである。第3は，トラウマ的な無意図的想起（traumatic involuntary remembering）である。過去のトラウマ的経験に関する記憶が，日常生活に支障がでるほど侵入的に繰り返しよみがえってくる形態である（14章参照）。

　連鎖的な無意図的想起に関する知見はまだ十分に蓄積されていない。また，トラウマ的記憶の侵入想起については14章で詳しく扱われている。そこで，本章では，直接的な無意図的想起の形態を中心に見ていくことにする。

2. 想起者の心理状態

　記憶や思考が「ふと浮かぶ」現象は，注意を必要とする活動に取り組んでいる状況では生じにくい。たとえば，Berntsen（1998）は，日誌法で収集した無意図的想起が注意を集中した状態で生じやすいのか，あるいは散漫な状態で生じやすいのかを分析した。無意図的想起のおよそ3分の2は，研究参加者が「たいくつである」，「何もしていなかった」，「あることに取り組んでいたけれども，そのこととは関係ないことを考えていた（例：授業中に週末の旅行について考えていた）」といったような注意が拡散した状態で生じていた。同様に，Schlagmanら（2007）は，無意図的想起が生じたときに研究参加者が行っていた活動を，注意を必要とする活動か否かによって分類した。その結果，無意図的想起の6割は，「歩いている」「食べている」「シャワーを浴びている」といった注意を必要としない状況で生起しており，「会議中」「読書中」「勉強中」といった注意を必要とする状況では無意図的想起は生じにくいことが明らかにされた。神谷（2010）は，無意図的想起が生じたときの研究参加者の感情状態を

快，中立，不快の3カテゴリに分類した場合，快感情状態が16.9%，中立感情状態が62.5%，不快感情状態が20.6%であり，全体としては，快あるいは不快な気分のときよりも，中立的な気分のときに無意図的想起が生起しやすいことを明らかにしている。同様に，神谷（2003）の研究でも無意図的想起の6割が穏やかな中立的な感情状態で生じていた。

これらの研究結果から，無意図的想起は，何かに注意を集中することなく，ぼーっとした穏やかな気分にあるときに生じやすいといえよう。このことは，会議中や勉強中であっても，ふと気を抜いたときに無意図的想起が起きる可能性を示唆している。

3. 無意図的想起の契機

注意を必要とするような活動に従事していないときに，ふと無意図的想起が生じるといっても，記憶がよみがえってくるきっかけがないわけではない。日誌法によって収集された無意図的想起の手がかりを調べた研究から，想起者の置かれた環境内にある外的手がかり（external cue）が無意図的想起を引き起こしやすいことが明らかにされている（4章参照）。

無意図的想起の手がかりは，外的手がかり・内的手がかりといった分類のほかにも，言語的手がかり（書かれた言葉，誰かが言ったこと，内的思考）・非言語的手がかり（事物，人物，場所）による分類，さらに，言語・思考・行為・感覚・状態による分類などが試みられている（Ball et al., 2007）。

神谷（2010, 2012, in press）は，環境内の外的手がかりは，想起者の感覚器官で受容されることを踏まえ，表3-1に示されているような各種の知覚特性および思考によって無意図的想起の契機を分類している。「視覚（visual）」手がかりは，「新聞の折込み広告に入っていた自動車のチラシを見た」といったように，環境内の様々な視覚情報（モノ，画像，文字）を見ることをきっかけとするものである。「聴覚（auditory）」手がかりは，他者との会話や偶然聞こえてきた話し声，音楽や環境音などの聴覚情報をきっかけとするものである。「体性感覚（somatic）」手がかりは，腰をかがめる，あくびをするといったような動作をしたときの運動感覚や，何かが首もとに触れたといった皮膚感覚(触覚)を引き金とするものである。「味覚（gustatory）」手がかりは「焼いたかぼちゃを食べた」といったような食べ物の味によって引き起こされるものである。「嗅覚（olfactory）」手がかりは「バスの隣に座った人の香水の匂いを嗅いだ」といったような香りや匂いをきっかけとするものである。「思考（thought）」手がかりは「その日に予定されていたアルバイトについて考えていた」といったように，何かについて考えていることをきっかけとするものである。

表3-1の神谷（2010）の研究では，典型的な日誌法が用いられており，研究参加者

表 3-1　無意図的想起の手がかり（%）

手がかり	神谷（2010）	神谷（2012）	Kamiya（in press）
視覚	60.5	70.9	88.9
聴覚	18.2	12.7	1.5
体性感覚	12.6	11.2	4.6
味覚	0.9	0.0	0.0
嗅覚	3.2	0.7	2.7
思考	4.6	4.5	2.3

は普段の生活を営むなかで気づいた無意図的想起現象を専用の記録用紙に書き留めることが求められていた。また，神谷（2012）の研究では，無意図的想起現象はすぐに書き留めないと忘れてしまうことを考慮して，自由に携帯電話のメール送信ができる時間帯を無意図的想起現象の記録期間として即時報告する方法が用いられた。さらに，Kamiya（in press）では，統制されたフィールドインタビュー法（controlled field interview）と呼ばれるデータ収集法が用いられた。研究参加者は，あらかじめ決められた日常生活空間を歩き，その間に生じた無意図的想起現象を同伴している研究者に報告することが求められた。この方法は，研究参加者の無意図的想起現象を記録する負担を軽減するとともに，確実に無意図的想起を記録できる利点がある。無意図的想起の収集状況や収集方法の違いにもかかわらず，表 3-1 から明らかなように，どの研究においても思考手がかりが無意図的想起の引き金になることは全体の 5% 未満と少なかった。無意図的想起を引き起こす有力な手がかりは，環境内にある視聴覚的刺激であるといえよう。

3節　想起内容

1. 想起内容の分類

　Berntsen（1998）は，無意図的あるいは意図的に想起された出来事について，それまでに考えたり誰かに話したりした程度（リハーサルの程度）を研究参加者に評定させた。図 3-1 は，想起された出来事の割合をリハーサル評定値（1：まったく考えたり話したりしたことがない 〜 5：しばしば考えたり話したりした）別に示したものである。意図的想起条件の評定値の平均が 3.18 であるのに対して，無意図的想起条件の平均は 1.95 であり，無意図的想起によって思い出された出来事は過去にリハーサルされている程度が低かった。とくに顕著な差異は，リハーサル評定値 1 の割合で，無意図的想起条件では，全体の 45% の出来事が，それまでまったく考えたり話した

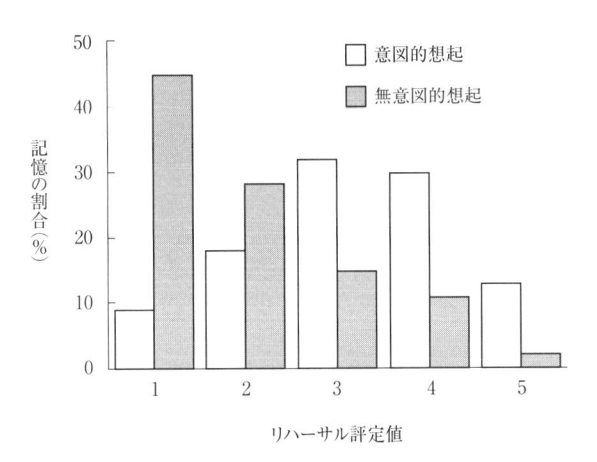

図 3-1 意図的想起および無意図的想起による出来事のリハーサル評定値

こともないと判断されていた。

　直接的な無意図的想起においては，過去に繰り返し想起されている程度が高いわけでもなく，さらに想起者にとってそれほど重要度も高くない出来事がしばしば想起される（神谷，2010, 2012）。つまり，個人が経験したちょっとした出来事がふとよみがえってくるという特徴がある。

　では，具体的にはどのような内容の記憶がよみがえってくるのであろうか。自伝的記憶の意図的想起研究においては，「親密な関係」「余暇活動」「誕生」「死」「病気や事故」といったカテゴリによってエピソードが分類されることが多い（Holmes & Conway, 1999）。これに対し，無意図的想起においては，思い出される出来事が多様であるため，分類は容易ではない。Schlagman ら（2006）は，無意図的想起によって思い出された出来事の内容分析を試みている。出来事の内容にふさわしいカテゴリラベルを付与していき，最終的にカテゴリの重複を整理するといった手順で分類が行われ，「ほかの人」「事故」「ストレスのたまること」「休日」「会話」「余暇活動」などの 17 カテゴリに集約された。この分類結果は，無意図的想起によって引き出される出来事の内容が多岐にわたる証左といえよう。トラウマ的記憶の無意図的想起では，強いショックやストレスを引き起こすような外傷体験が想起されるが（14 章参照），直接的な無意図的想起においては，個人がそれまでに経験したあらゆるエピソードがよみがえってくると考えても差し支えないであろう。

2. 特定性

 2章で述べられているように、一般に自伝的記憶は時間やテーマといった複数の次元で体制化された階層的構造をもつと考えられている。どのレベルの記憶が想起されるのかは想起手がかりに依存すると考えられる。意識的に過去を振り返ったとき、「中学生のころは……だった」とか「高校2年生の短期留学は……だった」といったように、ある程度の時間幅をもった期間に起こったいくつかの出来事が統合された形でよみがえってくることがある。一方、「中学3年生の学期末テストでひどい成績をとったとき、教師に呼び出されて職員室の片隅で説教された」といったように、時間幅がきわめて狭い出来事がよみがえってくることもある。このような違いは、自伝的記憶の特定性（specificity）と呼ばれ（神谷, 2002 参照）、時間的・空間的な広がりが狭く、エピソードを一時点に特定することができる「特定エピソード（specific episode）」と、複数の類似したエピソードが積み重なり要約され、出来事を時空間的に一時点に特定できない「概括エピソード（general episode）」に区分される。

 無意図的に想起される自伝的記憶の特定性については、多くの研究があり（Ball & Little, 2006; 神谷, 2010, 2012; Schlagman et al., 2007）、ほぼ一貫して、特定エピソードと概括エピソードの割合がおよそ8対2となることが報告されており、圧倒的に特定エピソードが想起されやすいことが明らかにされている。無意図的想起における特定エピソードの割合は、自伝的記憶の意図的想起の結果と比較しても高いことが指摘されている（Berntsen, 1998; Berntsen & Hall, 2004; Schlagman et al., 2009; Schlagman & Kvavilashvili, 2008; Watson et al., 2013）。これらのことから、日常生活における無意図的想起においては、環境内の外的手がかりによって、階層構造をなす自伝的記憶の下層にある個別的でより具体的な出来事が自動的に引き出されると考えられる（2章参照）。

3. 出来事に伴う感情

 自伝的記憶は何らかの感情を伴うことが多く、出来事の快 - 不快や感情の強さが自伝的記憶の意図的想起の研究において検討されてきた（神谷, 2002）。同様に、無意図的想起研究においてもエピソードに伴う感情に注意が向けられている。

(1) 出来事の快 - 不快

 Berntsen（1998）は、無意図的に想起された出来事を、快、中立、不快に分類すると、およそ5：3：2の割合で快エピソードが想起されやすいことを報告している。そのほかにも、不快エピソードよりも快エピソードがふと想起されやすいという報告がある（Berntsen, 1996; Berntsen & Rubin, 2002）。しかしながら、必ずしも快エピソー

ドが多く想起されるとは限らないという報告もある（Berntsen & Hall, 2004; Brewin et al., 1996; 神谷, 2010）。

　本章の冒頭であげた冷蔵庫の飲み物が麦茶であることを確認する事例は，不快感情を伴うエピソードであるが，後述するように，無意図的に想起された記憶がどのような機能をもつかによっても出来事の快 - 不快は異なるものと思われる。たとえば，想起者の行動を方向づける働きをするエピソードは，不快感情を伴うものが多い（神谷, 2010; Rasmussen & Berntsen, 2009b）。また，無意図的想起を引き起こす外的手がかりのもつ感情的性質によっても，想起される出来事の快 - 不快が異なることは容易に想像できるであろう。そのために，無意図的に想起される出来事の感情的性質に一貫性のある法則が認められないものと思われる。

(2) 出来事の感情の強さ

　出来事の感情的性質には，快 - 不快のほかに感情の強さがある。快 - 不快にかかわらず，強い感情が喚起された出来事は，感情が喚起されなかった出来事に比べ記憶されやすいという法則がある（神谷, 2002）。無意図的想起においても，このような感情強度バイアスが認められるのであろうか。

　BerntsenとHall（2004）は，想起された出来事の感情の強さを研究参加者に評定することを求めた。意図的想起と無意図的想起で出来事の感情の強さに違いは認められないものの，強い感情を伴う出来事が弱い感情を伴う出来事よりも多かった（Berntsen, 2009）。出来事に伴う感情の強さの程度が高いほど無意図的に想起されやすいと考えられる（Berntsen & Rubin, 2008; 神谷, 2012）。

4. 無意図的想起状況とエピソードとの相互作用

(1) 文脈一致効果

　想起されたエピソードによって，その場に適した行動が導かれるためには，想起状況にふさわしい内容の無意図的想起が必要である。つまり，無意図的想起現象において，想起文脈と想起内容との間に関連性が認められることが期待される。

　神谷（2010）は，無意図的想起として思い出された出来事の内容とそれを引き起こしたきっかけとの関係を分析してエピソードを3種類に分類した。第1のタイプは，本章の冒頭の麦茶の例のように，想起された出来事と想起状況が内容的に一致あるいは類似している事例であり，このようなケースが全体の13.2％であった。第2のタイプは，想起された出来事と想起状況の間に内容的類似性は認められないが，想起手がかりがエピソードのなかに要素として含まれている。たとえば，「バイト先の電話業務中に髪の毛を触っていて枝毛を見つけた」とき，「小学校時代，友達が休み時間に集まってきて私の枝毛を探して遊んでいたこと」が思い出されたといったような例で

ある。このようなケースが57.4%であった。第3のタイプは，出来事と想起状況の間に内容的な類似性が認められず，かつ，無意図的想起を引き起こした手がかりがエピソードのなかに含まれていない事例である。たとえば，「窓の外の消えかかっている夕日を見ていた」とき，「保育園のころ，朝顔の花をつぶして色水を作って遊んだこと」が思い出されたといったケースである。このタイプが29.4%であった。つまり，想起状況と想起された内容が文脈的類似性をもたないケースが8割以上を占めていた。

無意図的想起を引き起こした手がかりと想起された出来事の関連性はそれほど強くないという他の研究結果（神谷，2003; Schlagman et al., 2007）も踏まえると，無意図的想起現象では，想起された状況と文脈的に関わりのないエピソードが想起されることが多いといえよう。

(2) 気分一致効果

Berntsen（1996）は無意図的想起が起きたときの気分状態と想起された出来事の快 - 不快の関係を調べ，気分一致効果（mood congruency effect）を確認している。すなわち，想起時の気分と一致する感情的性質をもつ出来事が想起されやすかった。同様に，神谷（2004）は，無意図的想起が起きたときの研究参加者の気分状態を快，中立，不快に分け，それぞれの気分状態で想起された出来事の感情的性質を分析した（表3-2）。中立状態を基準とすると，心地よい気分状態では，快エピソードが多く，不快な気分状態では，不快エピソードが多くなっており，気分一致効果が認められた。

気分状態は，文脈の一種と見なすことができる。しかし，気分そのものが無意図的想起を引き起こすというよりも，気分以外の手がかりによって引き出される出来事が，そのときの気分状態と一致する方向にバイアスがかかると考えるのが妥当であろう。

表3-2 無意図的想起における気分一致効果（%）

気分状態	エピソードの感情的性質			
	快	中立	不快	全体
快	41 (68.3)	15 (25.0)	4 (6.7)	60 (100.0)
中立	89 (40.6)	70 (32.0)	60 (27.4)	219 (100.0)
不快	11 (15.5)	10 (14.1)	50 (70.4)	71 (100.0)

4節 無意図的想起の役割

2章で述べられているように，意図的に想起される自伝的記憶に関しては3種類の主要な機能が指摘されている。つまり，自伝的記憶の想起が，その後の行動を適切に導く方向づけ（directive）機能，他者との人間関係を構築・維持する社会（social）機能，

自己の概念化を維持・促進する自己（self）機能の3つである。

無意図的想起においても，意図的想起と同様に，基本的にはこれらの3つの機能があると考えられている（神谷，2008; Mace, 2010）。しかし，自伝的記憶が無意図的に想起される事態では，出来事を想起しようとする意図が働いていないため，想起者自身もある出来事がふと思い浮かんだことに対して「なぜ，この出来事が，今，思い出されたのだろうか」と不思議に思うことも少なくない。したがって，あるエピソードが無意図的想起によって自動的によみがえってくることには，どのような意味があるのかが問題となる。

1. 無意図的想起の役割の実証的解明

無意図的想起現象の実証的な研究に困難が伴う上に，無意図的に想起された記憶の役割を明らかにするためのデータを日常生活場面で収集することが難しいこともあり，無意図的想起の機能を実証的に検討した研究は少ない。

無意図的想起の機能を解明する1つの方法は，ふと自伝的記憶がよみがえってきたとき，想起者が何を考え，どのような行動をとったのかを調べることである（神谷，2003, 2007; Mace & Atkinson, 2009; Rasmussen & Berntsen, 2011）。たとえば，神谷（2007）は，日誌法で無意図的想起が生起した状況やエピソードの内容，想起による思考や行動への影響などを記録することを研究参加者に求めた。無意図的想起がその場の思考や行動に与えた影響について分析が行われ，「方向づけ」「他者」「自己」の3つの機能が確認されている。これらの機能は，意図的想起で確認されている3つの機能である「方向づけ」「社会」「自己」にほぼ対応する。無意図的想起における「自己」機能は，過去の自分自身の存在や自分自身の心理的特徴を認識する役割が記述されたエピソードである。「他者」機能は，過去に出会った自分と関わりのあった人物を認識するエピソードである。想起の影響としては，「○○さんのことが懐かしく思い出された」といった内容が典型的な記述例である。「方向づけ」機能は，想起されたエピソードによって，そのときの行動が方向づけられたり調整されたりする役割が記述されたエピソードである。たとえば，「包丁をすべらせてヒヤッとしたとき，以前に指を切ったことを思い出して慎重に包丁を扱った」といった事例である。想起されたエピソードが思考や行動を方向づける機能をもつ事例は，全体の16.6%であった。一方，自分自身の特徴を確認したり，自分について考えたりするエピソードは，全体の47.6%であった。また，自分以外の人物を含めて自分と関わりのあった人物の存在やその人物の特徴を認識させるエピソードは，全体の35.6%であった。他者機能は，ある人物のことを自分自身との関係で再想起することであり，そこには，自己を確認する機能も含まれることになる。このように考えると，日常生活の中で生じる無意図的

想起現象は,過去の自分自身や過去に関わりをもった他者のことを再認識する役割を果していると考えられる。

RasmussenとBerntsen(2011)は,研究参加者自身が自伝的記憶の意図的想起や無意図的想起の役割をどのように認識しているかを調べている。研究参加者は,自伝的記憶を想起したとき,表3-3に示されている記憶の役割を記述した選択肢の中から当てはまるものを複数選択した。意図的想起では,「問題解決」や「他者と分かち合う」がより多く選択されたのに対して,無意図的想起では,「空想する」や「退屈感」「理由はない」といった選択肢が多く選ばれた。しかし,全体としては,どちらの記憶においても,方向づけ,社会,自己という3機能が認識されているといえよう。

無意図的想起現象の機能の解明は,まだ十分とはいえないが,これまでの研究から,意図的想起と同様に,方向づけ,社会,自己の3機能があると見なしてよいであろう。ただし,無意図的想起をどのような環境下で収集するかによって3つの機能のいずれが優位になるのかは異なってくると考えられる。無意図的想起は何もすることがなく1人で穏やかにしているときに生じやすいが,他者と会話をしているとき,相手の話から似たような自分自身の経験がふとよみがえってくることは多い。さらに,無意図的想起現象に気づきやすいのは,出来事の想起によって行動が方向づけられるときである。しかしながら,会話中やある種の問題解決事態では,そのとき進行している活動に取り組み続けることが必要である。そのため,日誌法で無意図的想起現象を記録する場合,社会的場面や問題解決場面の事例は記録される可能性が低くなる。無意図的想起現象の記録期間に,社会的相互作用場面や問題解決場面が含まれている程度によっても3つの機能の割合が異なると考えられる。

表3-3 無意図的想起と意図的想起の認識された機能の割合(%)
(Rasmussen & Berntsen, 2011)

機能	無意図的想起	意図的想起
問題解決	12.5	52.2
意思決定	25.0	26.1
目標の設定・達成	12.5	4.3
感情の制御	12.5	13.0
アイデンティティ	16.7	4.3
信念や価値観	8.3	21.7
他者と分かち合う	25.0	69.6
ある人物のことを考える	50.0	30.4
ある人物に関心を向ける	12.5	13.0
退屈感	29.2	4.3
空想する	66.7	26.1
自分の楽しみ	16.7	4.3
理由はない	29.2	0.0
その他	25.0	8.7

2. 無意図的想起の機能観

　MaceとAtkinson（2009）は，無意図的に想起された記憶には2つの機能があると論じている。1つは適応（adaptive）機能であり，過去に経験した危険を人々に思い出させて適切な行動をとらせるように働く。もう1つはアイデンティティ（identity）機能であり，自己に関わる情報を思い出させることによって，人々の自己概念の確立や維持を促している。同様の見解が，RasmussenとBerntsen（2009a）によっても展開されている。

　また，Berntsen（2012）は，無意図的想起の3つの役割を指摘している。第1に，無意図的想起には，過去から現在へ知識を伝達する役割がある。つまり，想起された出来事を，その記憶がよみがえった現在の状況で再現する役割である。第2に，無意図的想起には，過去の特定の出来事を選択的かつ自動的にリハーサルさせる役割がある。出来事の選択的なリハーサルを通じて，一貫性のあるまとまりをもった概括的エピソードが形成されて自伝的知識の構造化が進むと考えられる。第3に，無意図的想起には，人々が時間的な広がりのある世界に生きることを促す役割がある。無意図的想起が起こったとき，人々が過去の経験を踏まえてその後の計画を立てることを可能にする。日常生活の中で生じる無意図的想起においては，過去の自分自身や過去に関わりをもった他者のことを想起することで，過去，現在，未来について自動的に思いをめぐらせる機能を果たしていると考えられる（Berntsen & Jacobsen, 2008; 神谷, 2007）。

　これまで見てきた無意図的想起に関する知見を総合すると，無意図的想起には，人々が過去の経験を自動的に思い出し，その場で適切な行動をとることを可能にする機能があるといえる。さらに，そのようなエピソードを繰り返し想起することが，安定した教訓となって，過ちを繰り返さない適応的な行動を人々がとることを可能にするともいえる。また，無意図的想起により，自分や自分と関わりのあった他者について考える機会が提供される。このとき，現在の視点から過去を振り返ったり，将来を予測したりする（8章参照）。過去から現在，さらに未来へと時間的な広がりのあるなかでの思考を通じて，自己の連続性や他者の連続性を認識することになる。さらに，特定エピソードを繰り返し想起することにより，自分自身や自分にとって重要な他者の概念化が進み，安定した自己スキーマや他者スキーマが形成されるのであろう。なお，自分や他者のエピソードを想起したとき，それが社会的状況の中であれば，自分の中だけの思考にとどまらず，そのエピソードをその場にいる人たちと共有することにもなり，人間関係の構築や維持，深化に結びつくのであろう。

5節 無意図的想起と想起者特性

　日常生活において，自伝的記憶が重要な機能を果たしていることは間違いない。しかしながら，自分自身の過去を思い出すことが重要であると考える程度や過去を思い出すことを楽しむ程度には個人差がある（Cornoldi et al., 2007）。自伝的記憶の無意図的想起に関しても，その現象をよく自覚している人とほとんど自覚していない人がいる。

1. 無意図的想起の生起頻度の個人差

　神谷（2007）の日誌法研究では，研究参加者は50個の無意図的想起現象を各自のペースで記録することが求められた。記録完了までに要した期間は4か月から24か月とかなりの個人差が見られた。さらに，無意図的想起現象を一定期間記録することが求められた研究においても，記録数には数倍の個人差が認められている（Mace et al., 2011; Schlagman et al., 2007）。

　ただし，典型的な日誌法研究のデータを根拠として，無意図的想起の頻度に個人差があると断言することには，以下の3つの理由から問題がある。第1に，研究参加者が注意を必要とする活動に従事している程度が統制されていないこと。第2に，日誌の記録は研究参加者にとってかなりの負担であるため，生起したすべての無意図的想起現象が記録されない可能性があること。第3に，無意図的想起現象は，注意を向けていないと気づかないことがあるために，記録されない可能性があることである。これらの問題点に対処するために，Kamiya（in press）は，大学のキャンパス内の指定されたコースを研究参加者に歩いてもらい，その間に生起した無意図的想起を口頭で報告することを求めた。このような統制されたフィールドインタビューにおいても，無意図的想起の報告数にかなりの個人差が見られた。これらの結果から，無意図的想起に気づきやすいかどうかに個人差があるだけでなく，無意図的想起の生起頻度そのものにも個人差があることが示唆される。

2. 認知的能力とパーソナリティ

　無意図的想起の個人差にはどのような要因が関わっているのであろうか。先述したように，無意図的想起は特定の活動に注意を集中していない状況で生じやすい。このことは，進行中の活動から注意が逸れ，心がさまよっている状態（mind wandering）で，無意図的想起が生じやすいことを示唆する（7章参照）。心のさまよいやすさは，認知的能力と関連しているという報告がある（Kane et al., 2007; Kane & McVay, 2012;

Unsworth et al., 2012)。たとえば,Unsworth ら(2012)は,ワーキングメモリ(working memory)や注意統制力などの認知的能力と日誌法によって記録された日常生活における様々な失敗(everyday cognitive failures)との関係を分析し,認知的能力が低いほど,日常生活における失敗が多いことを明らかにしている。また,Kamiya (in press)は,無意図的想起の頻度と質問紙で測定された認知的失敗との間に正の相関が見られることを報告している。さらに,Finnbogadóttir と Berntsen (2013) は,注意統制力と無意図的想起との関係を分析し,注意統制力が低いほど無意図的想起における不快エピソードの割合が高く,快エピソードの割合が低くなることを明らかにしている。この結果は,注意が逸れやすい人ほど,不快な無意図的想起を経験しやすいことを示唆する。しかしながら,無意図的想起の生起頻度と実際の様々な認知的能力との関連を調べた研究はまだそれほど多くなく,今後の研究が待たれる。

　認知機能の低下した状態が無意図的想起に関わっているとすれば,認知機能を阻害するパーソナリティ特性も無意図的想起と関連している可能性が考えられる。たとえば,意図的想起の研究において,Williams ら(2007)は,抑うつ傾向の強い人は,そうでない人に比べ,特定エピソードの想起が少ないことを明らかにしている。Watson ら(2013)は,無意図的想起においても,抑うつ者と非抑うつ者の特定エピソードの割合が異なるかどうかを検討した。その結果,10 個の無意図的想起現象を記録するのに抑うつ者は,非抑うつの 2 倍の日数を要したものの,両群のエピソードの特定性の割合に差異は認められなかった。

　また,Finnbogadóttir と Berntsen (2011) は,心配性特性の高い人と低い人で無意図的に想起された出来事の特徴を比較している。心配性の人は,想起されたエピソードが自分自身のライフストーリー(life story)やアイデンティティといったような自己との関わりが低いと見なしていた。山本(2013)は,無意図的に想起されたエピソードの特徴をアイデンティティ確立の程度の観点から分析した。その結果,アイデンティティの確立の程度が高い群は,低い群に比べ,エピソードの重要度,感情喚起度,想起頻度が高いことを明らかにしている。

　これらの研究結果は,無意図的に想起された出来事に対する認識がパーソナリティ特性によって異なることを示唆するものである。しかし,自伝的記憶の無意図的想起は,意図的想起に比べ,その想起内容と個人のライフストーリーやアイデンティティとの関連が弱いとの指摘もある (Johannessen & Berntsen, 2010; Rubin et al., 2008)。

　パーソナリティと無意図的想起の関係に関しては,まだ研究の蓄積が十分ではなく,さらに,既存の研究のなかには,分析の対象となっているエピソード数が少ないといった限界を抱えた研究もある。日常生活の中で生起する無意図的想起の頻度を考慮すると,より大規模な研究が期待される。さらに,多様なパーソナリティの観点に基づい

た無意図的想起の分析も必要であろう。

6節 おわりに

　日常生活における無意図的想起は，日誌法研究において1日に3～5回程度生起していると推定されている（Berntsen, 1996, 2001; Kvavilashvili & Mandler, 2004; Mace, 2004, 2005）。ただし，無意図的想起現象の記録の仕方を日誌法ではなく，デジタルカウンターを用いた簡便な方法にした場合には，さらに多くの無意図的想起が生起していると推定されている（Finnbogadóttir & Berntsen, 2013; Rasmussen & Berntsen, 2011）。

　無意図的想起それ自体は，日常生活を営むなかでふとよみがえり，ときに，そのとき進行していた活動を妨げることにもなる。しかし，Mace（2010）が指摘しているように，無意図的想起は，意図的な思考を促す役割をもっている。無意図的想起によって，将来取り組むべきことを思い出したり考えたりすることは有意味なことである（5章参照）。無意図的想起は，人々の日常的記憶行動をサポートしていると考えることもできるであろう。

　無意図的想起は日常生活における認知的活動を妨害するものであるのか，あるいは，むしろ促進するものであるかについて，認知的能力と無意図的想起との関係を明らかにしながら検討していくことが必要であろう。

4章 匂いと記憶——プルースト現象

山本晃輔

1節 ふと浮かぶ記憶・思考研究からみたプルースト現象

1. プルースト現象とは

　日常，土や田んぼの匂いを嗅いで懐かしい生まれ故郷での生活が思い出されたり，街中で漂ってくるカレーの匂いを嗅いで，子どものころに母親がカレーライスを作ってくれたことが思い出されたりすることがあるだろう。匂いとの遭遇時にそれに関連した過去の出来事の記憶がありありと想起される現象は，作家マルセル・プルースト（Proust, 1913）によって極めて印象的に記述されたことから，一般的にプルースト現象（Proust phenomenon）と呼ばれている。プルースト現象は〈思い出そう〉という意図を伴わない想起，すなわち無意図的想起（involuntary remembering）事態である。自伝的記憶（autobiographical memory）の階層構造モデル（自己・記憶システム，2章参照）を提示したConwayとPleydell-Pearce（2000）が，プルースト現象は無意図的に想起される自伝的記憶現象の代表例であると述べているように，これまでもふと浮かぶ記憶・思考に関する研究論文では，その例としてこの現象が頻繁に取り上げられてきた。

　本章では，ふと浮かぶ記憶・思考研究の観点から，従来のプルースト現象に関する認知心理学的研究を概観する。1節では，無意図的想起を喚起させる手がかりについての知見を紹介し，無意図的想起研究における匂い手がかりの位置づけを明確にする。2節では，嗅覚と記憶に関する従来の研究を紹介し，それらの関係性について考える。3節では，嗅覚刺激を手がかりとして意図的に想起される自伝的記憶研究についてまとめ，その独自性やメカニズムについて解説する。4節では，嗅覚刺激を手がかりとした無意図的想起研究に焦点をあて，その特徴を省察していく。5節では，嗅覚によるふと浮かぶ記憶・思考研究の近年の動向や今後の課題について議論し，最後に6節で総括を行う。

2. ふと浮かぶ記憶・思考における手がかりの存在

　無図的想起について記述する際に，よく「ふと浮かぶ」や「ふと思い出す」という表現が用いられる。このような表現には，何の契機も脈絡もなく無図的想起が突如として生起される，というニュアンスが含まれているようにも解釈できる。しかしながら，これまでの研究によると，想起者自身が手がかりを明確に同定できないケースはごくわずかであり，ほとんどの場合に明らかな手がかりが存在することが一貫して報告されている (e.g., Berntsen, 1996, 2001; Berntsen & Hall, 2004; 神谷, 2003, 2007; Mace, 2004)。以下では，無図的想起を喚起させやすい手がかりとはどのようなものか，その特徴について検討した研究を紹介することをとおして，嗅覚手がかりと無図的想起の関係性を探っていく。

(1) 外的手がかりと内的手がかり

　日誌法（diary method；2章参照）を用いた無図的想起研究の大半では，契機となった手がかりの内容を参加者に記述させ，それらをいくつかのカテゴリに分類し，手がかりの特徴を検討している（3章参照）。代表的なカテゴリの1つに，外的手がかり（external cue）と内的手がかり（internal cue）がある。外的手がかりとは，想起者の外部に存在する想起状況内の事物や人物などを示す。それに対して内的手がかりとは，想起者の内部に存在する思考や感情，心的イメージなどである。これらに外的手がかりと内的手がかりが混在する混合手がかりを加えて3つのカテゴリが設定される。この分類を採用した従来の研究結果は表4-1のようにまとめられる。表4-1によれば，研究によって詳細な違いはあるものの，おおよそ共通した特徴が見られる。第1の特徴は，既述のように，大半のケースで手がかりが同定されていることである。これらの結果は表4-1に示した以外の研究においても追認されている (e.g., Kvavilashvili & Mandler, 2004)。第2の特徴は，全体的に内的手がかりよりも外的手がかりが利用されるケースが多いことである。すなわち，どちらかといえば想起状況内における事物などの外的刺激が無図的想起のトリガーとなりやすいことが示されている。

表4-1　日誌法を用いた無図想起研究における各手がかりの比率（Berntsen, 2009 をもとに作成）

研究	外的手がかり	内的手がかり	混合手がかり	手がかりなし	総ケース数
Berntsen (1996)	37	24	32	7	695
Berntsen (2001, study2)	44	15	31	11	600
Berntsen (2001, study4)	43	26	20	10	700
Berntsen & Hall (2004)	46	23	17	14	758
Mace (2004)	44	33	13	10	811
Schlagman et al., (2007)	55	22	-	23	224

(2) 感覚知覚的手がかり

　プルースト現象で見られるような嗅覚刺激や視覚刺激，聴覚刺激などを含む感覚知覚的手がかり（sensory/perceptual cue）は，上記の分類での外的手がかりに分類される。Mace（2004）は感覚知覚的手がかりに注目し，外的手がかりとの関係についてさらなる詳細な検討を行った。日誌法によって収集された無意図的想起のデータを分析すると，感覚知覚的手がかりが作用したケースは全体の30％であった。さらに，外的手がかりと混合手がかりに分類されたケースに絞って分類を行った場合には，その比率が49％にまで及ぶことが明らかになった。すなわち，無意図的想起において感覚知覚的手がかりは一定程度の重要な役割を担っているといえるだろう。

　では，その中における嗅覚手がかりの割合はどうであろうか。Berntsen（2009）は感覚知覚的手がかりによって無意図的想起が生起されたケースに焦点をあて，感覚刺激ごとにその比率を算出した。その結果，聴覚手がかり43％，視覚手がかり21％，触覚手がかり10％，味覚手がかり10％，嗅覚手がかり8％，体性感覚手がかり7％，筋感覚手がかり3％であった。類似した分析を行った神谷（2010）の研究では，視覚手がかり60.5％，聴覚手がかり18.2％，体性感覚手がかり12.6％，味覚手がかり0.9％，嗅覚手がかり3.2％であることが示されている（3章参照）。つまり，研究間における違いはあるものの，日常的に生起される無意図的想起の総量から考えると，嗅覚刺激が手がかりとなるケースはけっして多いとはいえない。それにもかかわらず，近年プルースト現象に関する研究の数が増加し（レビューとして，Larsson & Willander, 2009; 山本, 2010b），注目を集めている理由の1つは，嗅覚手がかりによって想起される記憶の独自性にあるといえる。そこで次節では，自伝的記憶に関する研究の紹介に先立ち，まず嗅覚と記憶との関係性について従来の研究を概観する。

〈2〉節 嗅覚と記憶に関する従来の研究

　嗅覚と記憶についての認知心理学的研究は，匂いそれ自体の記憶研究と匂いの想起手がかりの有効性を検討した研究に大別される。以下では，それぞれに主要な研究を紹介する。

1. 匂いの記憶の独自性

　言語材料を対象とした研究の多くでは，学習時に単語などの記銘材料を実験参加者に提示し，その後，テスト時に口述や記述によって覚えた事象を想起させる再生法（recall test）が使用される。しかし，匂い材料を対象とした場合には，記銘した事象

を口述や記述によって他者に伝えることは極めて困難である。そのため、匂いの記憶研究では主に再認法（recognition test）が用いられる。再認法では、学習時に提示された匂いを含めた様々な刺激がテスト時に提示され、実験参加者はいま提示された匂いが学習時に提示されたものかどうかの判断を求められる。この時、学習時に提示された匂いを「嗅いだ」と判断することで正しく再認できたと解釈する。

再認法を用いた匂いの短期記憶（short-term memory）に関する代表的な研究として、Engenら（1973）の研究がある。彼らは、匂い刺激を記銘させた後、3秒、6秒、12秒、30秒という保持時間の後に再認テストを行った。その結果、直後（3秒）の再認率が30秒後でも80％程度を保つことが示された。また、EngenとRoss（1973）は匂いの長期記憶（long-term memory）についても検討した。彼らは匂い刺激を学習させてから、直後、1日後、7日後、30日後にそれぞれ再認テストを行った。その結果、直後の再認率は約70％であったが、この高い再認率は30日後でも、ほぼそのままの水準で保たれていた。加えて、刺激の提示から1年後に再認テストを行っても、視覚刺激ではチャンスレベル（50％）にまで再認成績が低下したのに対して、匂い刺激では、65％程度の再認成績にとどまることがわかった。これらの研究は、匂いの記憶は忘却が生じにくいことを示している。

2. 匂いの想起手がかりとしての有効性

記銘した時の状況と想起する時の状況とが似ていれば似ているほど記憶成績はよくなる。このような現象は文脈依存記憶（context-dependent memory）と呼ばれる。記憶は文脈と一緒に保存されているため、文脈を手がかりとして利用することで想起が促進されるのである。文脈依存記憶研究の多くでは、符号化時と検索時の文脈情報（例：場所）が操作され、それが一致する場合と不一致な場合とで記憶成績が異なるかどうかが検討される。一般的に、符号化時と検索時の文脈情報が一致する場合には、それが不一致な場合と比較して記憶成績が促進される（e.g., Godden & Baddeley, 1975）。

匂いによる文脈依存記憶を検討した研究として、たとえばSchab（1990）があげられる。彼は40語の形容詞の反対語を生成させる課題の際に、チョコレートの匂いを提示する場合としない場合を設定した。そして24時間後に各実験参加者に生成した反対語の再生を求めた。このテスト時にもチョコレートの匂いのある場合とない場合を設けた。その結果、テスト時に学習時と同じ匂いが提示された場合に、記憶成績が最もよくなったのである（図4-1）。厳密には研究ごとに詳細な方法は異なるものの、このほかにも写真（e.g., Herz & Cupchik, 1995）、物語（Phillips & Cupchik, 2004）などを記銘材料とした検討が行われ、いずれの研究でも学習時とテスト時の両方で匂

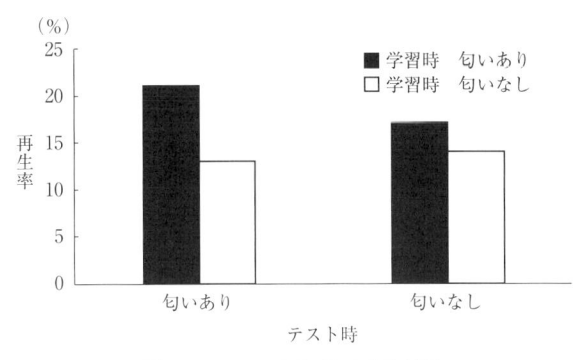

図 4-1 Schab（1990）の実験結果

いが提示された場合に記憶成績が最も促進されることが一貫して示されている。これら一連の結果から，匂いの想起手がかりとしての有効性が示唆される。

3節 嗅覚刺激による意図的に想起された自伝的記憶の研究

匂いの想起手がかりとしての有効性が示されるなか，プルースト現象が過去の出来事の記憶を記述したものであることから，その特徴を有する自伝的記憶を対象とした研究が行われるようになった。自伝的記憶研究の多くでは，日常的な単語（例：つくえ）を実験参加者に提示し，それと関連した自伝的記憶の想起を求めるという手続きがとられる (e.g., Crovitz & Schiffman, 1974)。プルースト現象を検討した研究では，単語のかわりに日常的な匂い（例：コーヒー）を手がかりとして使用し，そこで想起された自伝的記憶の特徴が検討される。自伝的記憶の想起を求めるという手続きがとられることから，無意図的想起ではなく意図的想起に関する検討にはなるものの，これまでいくつかの興味深い知見が報告されてきた。以下では，そこで見出されてきた匂いによる自伝的記憶想起の特徴について説明する。

1. 自伝的記憶の特性

匂い手がかりによって想起される自伝的記憶にはどのような特徴が見られるのか。このような問題に関して，Herz と Cupchik（1992）は，鮮明度（vividness）などの評定値を用いて，匂い手がかりによる自伝的記憶の特性について検討した。実験の結果，匂い手がかりによって想起された自伝的記憶は全体的に情動的でかつ鮮明な出来事が多いことが示された。さらに，言語ラベルや他の感覚知覚的手がかりによって想

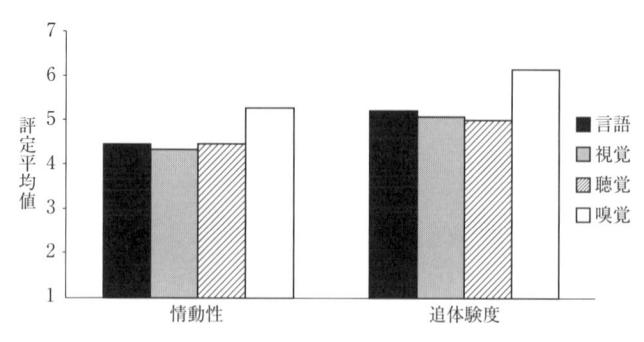

図 4-2　各手がかりによって想起された自伝的記憶の情動性と追体験度に関する評定平均値
（Herz, 2004 をもとに作成）

起された自伝的記憶と比較した研究からは，匂い手がかりによって想起された自伝的記憶は視覚や聴覚，あるいは言語的手がかりによって想起された自伝的記憶よりも情動的でかつ追体験したような感覚を多く伴うこと（Herz, 2004; Herz & Schooler, 2002）や，詳細な内容が多いこと（Chu & Downes, 2002）などが示された（図 4-2）。

また，プルーストが想起した記憶が幼いころの出来事であったことから，匂いを手がかりとして想起された自伝的記憶の生起時期と言語ラベルなどを手がかりとして想起された自伝的記憶の生起時期とを比較した研究が行われている（Chu & Downes, 2000; Willander & Larsson, 2006, 2007）。実験の結果，言語ラベル手がかりによって想起された自伝的記憶の生起時期の分布は，11 歳から 20 歳までの出来事が多いというものであり，一般的な自伝的記憶研究で確認されている生起時期の分布（e.g., Rubin & Schulkind, 1997）に対応するものであった。これに対して，匂い手がかりによって想起された自伝的記憶はそれよりもさらに古く，6 歳から 10 歳までの間にまで遡って見られたのである（図 4-3）。これら一連の研究から，匂い手がかりでは他の手がかりとは異なる独自な特徴をもつ自伝的記憶が想起されることが示唆された。

2. 想起メカニズムと規定要因

匂い手がかりによって想起される自伝的記憶の独自な特徴について，従来の研究では，Conway（Conway & Pleydell-Pearce, 2000; Conway, 2005）の理論に基づいた解釈が行われてきた（e.g., Chu & Downes, 2002; 山本，2008a）。この理論（2 章参照）によれば，自伝的記憶は階層構造をなしており，下位の階層になるほど出来事に関する具体的でかつ詳細な情報が貯蔵されている。一般的な手がかりの場合には，上位から下位の階層に向けて循環的な検索が繰り返されるなかで自伝的記憶が構成される。

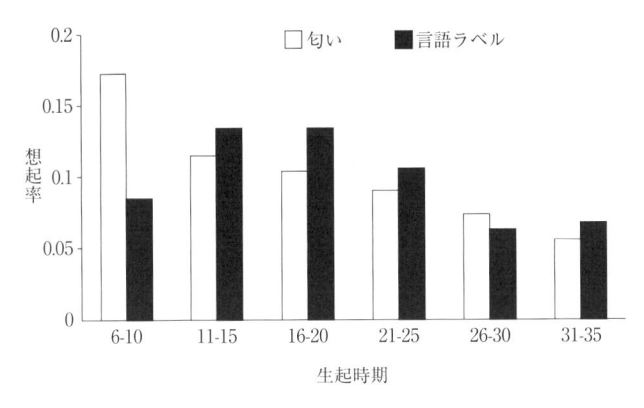

図 4-3 匂い手がかりによって想起された自伝的記憶の生起時期
(Chu & Downes, 2000 をもとに作成)

これを生成的検索(generative retrieval)という。一方,感覚知覚情報は構造の下層に保存されているため,匂いが手がかりとなった場合には,循環的な検索を介さずに,まず構造内下層から検索が行われる。これを直接的検索(direct retrieval)という。構造内下層の情報は,想起の鮮明さや「思い出している」感覚を決定する上で重要な役割を果たすと考えられており,従来の研究では,このような検索過程の違いが想起される自伝的記憶の特徴に反映されると説明されてきた。

　しかしながら,この理論は自伝的記憶の想起一般に関する理論であり,嗅覚手がかりと視覚や聴覚などの他の感覚知覚的手がかりとの実験結果の違いが十分に説明できない。それゆえに,近年では匂いによる自伝的記憶の独自な想起過程の解明を目指した研究が行われている。たとえば,山本と野村(2010)は日常的な 30 種類の匂い刺激について感情喚起度等の評価や命名を求めたあと,それらの匂いを手がかりとして自伝的記憶を想起させ,記憶の鮮明度等を評価させるという手続きを用いて検討を行った。その結果,快な匂い手がかりでは快な感情特性をもつ自伝的記憶が想起されやすく,感情喚起度の高い匂い手がかりでは感情喚起度の高い自伝的記憶が想起されやすくなるという結果が見られた。また,命名が行われた匂い手がかりによって想起された自伝的記憶の方が,そうではない場合よりも情動性や鮮明性が高いことがわかった。これらの結果から,匂い手がかりによる自伝的記憶の想起時には,まず匂い刺激に関する感情および言語的な処理が行われ,それに基づいて自伝的記憶構造内への情報検索が行われていると推定される。今後,これらの規定要因に関する知見とConway の理論との整合性について議論し,匂いによる自伝的記憶の想起メカニズム

をより詳しく解明する必要がある。

4節 嗅覚刺激による無意図的に想起された自伝的記憶の研究

　前節に示したように，従来の匂い手がかりによる自伝的記憶研究の大半は意図的想起事態での検討であった。本来プルースト現象が無意図的想起事態であることを考慮すると，意図的想起事態のみの検討ではプルースト現象の特徴を十分に反映できていない可能性が考えられる。このような問題に対して，匂い手がかりによる無意図的想起研究が行われるようになった（e.g., 中島ら，2012; 山本，2008b）。たとえば，山本（2008b）は，日常生活の中で匂いが手がかりとなり無意図的に自伝的記憶が想起されたケースを日誌法によって収集し，その特徴を検討した。以下ではそこでの主な結果について説明する。

1. 匂いによって無意図的に想起された自伝的記憶の特性

　既述のように，匂い手がかりによって無意図的想起が生起されるケースはそれほど多くはないと思われたが，個人差はあるものの，1か月に4回程度は生起することがわかった。もちろん，日誌の記録を課されることによって参加者側に「構え」が生じてしまい，生起数が多く見積もられた可能性は否定できないが，それでもプルースト現象が極めてまれな現象ではない可能性が示唆された。

　また，想起された自伝的記憶の内容としては，〈料理・食事〉に関する出来事（例：家族揃って韓国料理を食べに行ったこと）が多く，その特徴としては快でかつ感情喚起度が高く，追体験したような感覚を伴う出来事が多いことなどが明らかになった（表

表 4-2　想起された出来事の特性に関する評定値の分布（山本, 2008b）

	評定段階（％）					平均値	SD
	1	2	3	4	5		
感情喚起度	16（14.3）	51（45.5）	26（23.2）	13（11.6）	6（ 5.4）	2.48	1.04
快不快度	23（20.5）	36（32.1）	27（24.1）	20（17.9）	6（ 5.4）	2.55	1.16
想起頻度	6（ 5.4）	26（23.2）	27（24.1）	24（21.4）	29（25.9）	3.39	1.24
追体験度	13（11.6）	34（30.4）	25（22.3）	14（12.5）	26（23.2）	3.05	1.35

注．（ ）内の数値は％を示す。各項目の評定段階は以下の意味を反映している。
感情喚起度：1=とても強い，2=やや強い，3=普通，4=やや弱い，5=とても弱い
快不快度：1=とても快，2=やや快，3=どちらでもない，4=やや不快，5=とても不快
想起頻度：1=1か月に1回程度，2=数か月に1回程度，3=1年に1回程度，4=数年に1回程度，5=10年に1回程度
追体験度：1=とても高い，2=やや高い，3=普通，4=やや低い，5=とても低い

表 4-3 手がかりとなった匂いに関する評定値の分布 (山本, 2008b)

	評定段階 (%)					平均値	SD
	1	2	3	4	5		
強度	35 (31.3)	53 (47.3)	12 (10.7)	7 (6.3)	5 (4.5)	2.05	1.03
熟知度	48 (42.9)	45 (40.2)	7 (6.3)	8 (7.1)	4 (3.6)	1.88	1.04
快不快度	21 (18.8)	36 (32.1)	35 (31.3)	15 (13.4)	5 (4.5)	2.53	1.08
感情喚起度	19 (17.0)	40 (35.7)	40 (35.7)	13 (11.6)	0 (0)	2.42	0.90
命名容易度	60 (53.6)	23 (20.5)	9 (8.0)	12 (10.7)	8 (7.1)	1.97	1.30

注．( ) 内の数値は%を示す．各項目の評定段階は以下の意味を反映している．
強度：1= とても強い，2= やや強い，3= 普通，4= やや弱い，5= とても弱い
熟知度：1= とても高い，2= やや高い，3= 普通，4= やや低い，5= とても低い
快不快度：1= とても快，2= やや快，3= どちらでもない，4= やや不快，5= とても不快
感情喚起度：1= とても強い，2= やや強い，3= 普通，4= やや弱い，5= とても弱い
命名容易度：1= とても易しい，2= やや易しい，3= 普通，4= やや難しい，5= とても難しい

4-2)。さらに，出来事の生起時期については，小学生時代以前に生起した出来事が最も多く，中でも全体の約 10% が就学以前の幼少期のころの出来事であった。全体的に意図的想起事態で示されてきた特徴が無意図的想起事態でも確認された。

2. 無意図的想起を誘発する匂い手がかりの特徴

無意図的想起を誘発する匂い手がかりにはどのような特徴があるのだろうか。手がかりとして日誌に記述された匂いの内容を分析した結果，〈食品〉(例：ヨーグルト，コーヒー) が最も多く，全体の 3 割程度であった。その他，〈薬品・化学物質〉(例：接着剤，塩素)，〈香水〉，〈植物〉(例：ギンナン)，〈場所〉(例：病院) などのカテゴリが得られた。手がかりが不明であったのは全体のわずか 3% であった。また，匂いの特性についての評定値を分析すると，全体的に命名が容易であり，強度が高く，熟知度が高く，快でかつ感情喚起度の高い匂いが手がかりとなりやすいことが示された (表 4-3)。加えて，匂い手がかりの感情特性と想起された記憶の感情特性との間にも関連性が示されたことから，意図的想起事態 (e.g., 山本・野村, 2010) と同様に，匂い手がかりによって喚起された感情が自伝的記憶の想起に影響を及ぼす可能性が示唆された。

また，日誌法では，想起状況に関する詳細な情報を収集することが可能であるため，匂い以外の副次的な手がかりの影響についても分析することができる。そこで，Berntsen (1996) の研究で手がかりとして最も使用頻度の高かった「想起時の活動」に注目し，想起状況と記憶における内容の共通性を検討した。その結果，匂いによって想起された自伝的記憶の中で想起時の活動が副次的な手がかりとして作用していたケースは少なく，想起状況と記憶における匂いの内容のみが共通しているケースが 68.8% と最も多いことがわかった (表 4-4)。

表 4-4　想起状況と出来事の内容との関連性（山本, 2008b）

分類基準	出来事の例	出来事の数
活動・匂いとも一致	お風呂に入って本を読んでいるとき，入浴剤の匂いを嗅いで，受験前も入浴剤を使って同じようにしてよくお風呂で勉強していたことを思い出した。	25 (22.3)
活動のみ一致	授業中ぼんやりと外を眺めていた時，ほこりっぽい匂いがして，中学生の頃の放課後，校庭をぼんやりと眺めていたことを思い出した。	2 (1.8)
匂いのみ一致	授業中にどこからか木くずの匂いがして，昔おじいちゃんがストーブに入れる薪を作るために，チェーンソーを使って木を切っているのを隣でずっと見ていたことを思い出した。	77 (68.8)
活動・匂いとも不一致	混雑した電車の中でハンドクリームの匂いを嗅いで，当時住んでいた家のトイレで歌を歌っていたことを思い出した。	8 (7.1)

注：( ) 内の数値は％を示す。

3. 意図的想起と無意図的想起による違い

　研究場面での意図的想起事態と無意図的想起事態とでは様々な状況が異なる。たとえば，意図的想起の検討は基本的に実験によって行われるため，提示される手がかりは実験者が選択したものである。一方，日誌法を用いた無意図的想起の検討では，手がかりは環境内のあらゆる事物である。このような状況の違いから，意図的想起事態と無意図的想起事態とではそれぞれに想起された記憶の特徴が異なることが実際に報告されている（Berntsen, 1998; Berntsen & Hall, 2004）。これらの先行研究に従い，山本（2008b）も日誌法と実験法でそれぞれに収集された自伝的記憶の内容および特性に関する評定値を比較した。その結果，無意図的に想起された自伝的記憶の方が意図的に想起された自伝的記憶よりもその内容が詳細であり，快でかつ感情喚起度が高く，想起頻度が高く，追体験度が高く，古い出来事であることがわかった。

　この結果は以下のように解釈される。ConwayとPleydell-Pearce（2000）によると，無意図的想起では基本的に直接的検索が駆動する。既述のように，匂い手がかりでは意図的想起でも直接的検索に依存した認知過程が生起されるため，意図的想起と無意図的想起で駆動するメカニズムは類似すると考えられる。

　しかし，実験場面では必ずしもそうとは限らない。意図的想起による実験では，複数の匂い手がかりが提示されるが，参加者がどの匂いでも特定的な出来事（特定エピソード，specific episode）をすぐに思い出せるとは考えにくい。この場合には，一般的な手がかりと同様に生成的検索が生起されるだろう。もしそうであるとすれば，匂い手がかりであっても意図的想起では生成的検索が介在される可能性を考慮する必要

がある。このような想起過程の違いにより，意図的想起と無意図的想起で自伝的記憶の内容や特性に差異が生じたのではないかと推測される。とはいえ，前節でも触れたように，匂い手がかりによる意図的および無意図的想起の認知過程についてはいまだ不明な点が多い。今後，さらなる検討を行い，両者のメカニズムの相違点についてより明確にしていく必要がある。

5節 嗅覚とふと浮かぶ記憶・思考研究の現在と未来

従来の研究では，どちらかといえば匂い手がかりによって想起される自伝的記憶の特徴が中心に検討されてきた。しかし，現在ではいくつかの新たな視点から，匂いによる自伝的記憶の独自性を探ろうとした研究が行われ始めている。以下では，それらのうちのいくつかを紹介し，今後の研究の可能性を示したい。

1. 匂いによる無意図的想起の機能

近年，自伝的記憶研究では，その機能に関する研究が増えているが（Bluck, 2003; 佐藤, 2008），無意図的に想起される自伝的記憶には意図的想起とは異なる独自な機能があると考えられている（e.g., 神谷, 2003, 2007, 2010, 3章参照）。無意図的に想起された自伝的記憶の機能としては，自己機能（過去の自分自身の存在や心理的特徴を確認する機能），他者機能（過去に出会った自分と関わりのあった人物を認識する機能），方向づけ機能（想起時の行動が方向づけられたり，修正されたりする機能）の3つがあげられる。無意図的想起の一般的な分類のパターンでは自己機能が最も多く（47.6%），次いで他者機能（35.6%），方向づけ機能（16.6%）の順である（神谷, 2010）。一方，匂い手がかりによる無意図的想起に絞って同様の分類を行った場合，〈高校の時に駅伝の大会に出たことを思い出して，当時のメンバーに会いたくなり，連絡した〉といった方向づけ機能を有するケースが全体の62.4%を占めた（山本ら, 2011）。進化的な観点から見ても，嗅覚には敵からの回避場面などにおいて生体にいち早く危険を察知させ，それに対処するために行為を生成させる機能が備わっていると考えられる（山本, 2010a）。このような機能が嗅覚独自のものであるとすれば，今後これについてさらなる検討を行う必要があるであろう。

2. マインドワンダリング

現在遂行中の課題から注意が逸れ，課題とは無関係な事柄についての思考が生起する状態のことをマインドワンダリング（mind wandering）と呼ぶ（7章参照）。匂い

手がかりで無意図的想起が誘発されるのであれば，類似する事態であるマインドワンダリングの生起にも同様の影響が予測される。このような問題に着目した山本と森田（2008）は，匂い刺激を提示しながら主課題（ランダムに列挙された数字の中から〈6〉や〈9〉などの曲線で閉じられた数字を選択する課題）を課し，その課題を急遽中断させた際に，その一瞬前に参加者が思考していた内容についてたずねた。別の条件では，これらの課題中に何らかの事象を意図的に想起するように教示した。実験の結果，想起意図を付与された条件では，そうではない条件と比較して，過去の記憶や未来の予定などに関する事象が多く喚起された。反対に，主課題に関する思考は想起意図を付与しない条件において多く喚起された。注目すべき点は，匂いに関する事象のみ，想起意図教示の影響を受けず，いずれの条件においても同程度の生起数だったことである。これらの一連の結果から，匂い刺激がマインドワンダリングの生起に影響を及ぼす可能性が示唆された。

3. 未来事象の思考

プルースト現象が過去の事象を対象としたものであるためか，匂い手がかりによる未来の事象の思考（8章参照）に関する研究はいまだ少ない。しかし，本節1項で示したように，匂い手がかりによる無意図的想起は想起後の行為に影響を及ぼす可能性があることから，未来事象との関連性も十分に考えられる。これに関して，MilesとBerntsen（2011）は匂い，言語ラベル，視覚刺激をそれぞれに手がかりとして提示し，過去の出来事，あるいはこれから未来に起こり得る出来事について考えさせた。その結果，現在から15年前および20年前の過去の出来事では，匂い手がかりによって想起された自伝的記憶の想起率が視覚手がかりや言語ラベル手がかりによって想起されたそれよりも多かった。一方，未来の事象について，匂い手がかりでは他の手がかりよりも直近の出来事を多く考える傾向にあった。このように，匂い手がかりは未来事象の思考においても独自な効果をもつ可能性が示されている。

4. 個人差

自伝的記憶は個人の生活や経験を反映するものであるため，個人差の影響を受けやすい。それゆえ，個人差要因を組み込んだ研究は極めて重要である。実際に，これまでもパーソナリティ特性などの個人差変数によって想起される自伝的記憶の特性が変動することが示されている（e.g., 神谷・伊藤，2000; Rasmussen & Berntsen, 2010; Yamamoto & Toyota, 2013）。そして，無意図的に想起された自伝的記憶研究でも個人差要因の検討が行われ始めている（e.g., Brewin & Soni, 2011; Finnbogadóttir & Berntsen, 2011; 山本，2013a）。

特に嗅覚はそもそも認知能力の個人差が大きく，さらにはアロマ製品への興味や関心などから日常生活における匂いの接触頻度も個人によって大きく変わるであろう。実際に，上記で紹介した山本（2008b）の研究でも，1か月間の匂い手がかりによる無意図的想起の生起数について，最多で11回を報告した参加者がいる一方で，一度もこの現象が生起しなかった参加者がいた。そのため，まずはどのような個人差変数が規定要因となるのかを検討する必要がある。意図的想起事態を対象とした検討ではすでに個人差に焦点をあてた研究が行われ始めている。たとえば，Willander と Larsson（2008）は嗅覚をイメージする能力の個人差によって自伝的記憶の想起の様相が変化することを示した。嗅覚イメージ能力の測定には主観評定による質問紙（Gilbert et al., 1998）が使用されるが，それの日本語版の作成がすでに試みられている（山本ら，2013）。今後は，このような観点を考慮しながら，匂いによる無意図的想起と個人差要因との関連にも注目すべきであろう。

6節 おわりに

本章では，これまで行われてきたプルースト現象に関する研究を無意図的想起の観点から概観した。1節では，プルースト現象の説明および無意図的想起研究における匂い手がかりの位置づけについて述べた。2節では，嗅覚の短期および長期記憶に関する研究と，匂いによる文脈依存記憶研究を紹介した。3節では意図的想起の観点から，4節では無意図的想起の観点から，それぞれに匂いによる自伝的記憶の独自性を示した研究を紹介した。5節では，近年の研究を取り上げながら今後の可能性について議論した。本章では，基礎研究を中心に紹介したが，応用研究への展開も大いに期待される（山本，2013b）。たとえば，14章に見られるように，無意図的想起と PTSD（post-traumatic stress disorder）の症状の1つであるフラッシュバック（flashback）との関連性は深い。なかでも戦闘体験などの外傷経験は，血液や硝煙などの匂いがトリガーとなるケースが少なくない（e.g., Kline & Rausch, 1985）。また，心理臨床的な研究からは，PTSD によるフラッシュバックと匂いによる想起現象との体験構造の類似性が指摘されている（森田，2010）。本章では匂いによる想起のポジティブな側面に注目してきたが，このようなネガティブな側面についても留意しておく必要があるだろう。その意味において，今後，匂いによる無意図的想起研究では，促進だけでなく，それをどのように抑制するかに関する検討も期待される。

5章 ふと浮かぶ未来の予定の記憶

森田泰介

1節 はじめに

「朝方,私は,きょうの夕方にこれこれのことをしようとの企図を抱いたなら,日中,何度かそれを想い出すかもしれない。しかし,一日中もはや全く意識しなくても別にかまわない。実行すべき時間が近づけば,その企図がふと私に思い浮かんで,私に,予定している行為に必要な準備を整えるようにと促す。」(Freud, 1901；高田訳, 2007, pp.168-169)

100年以上前の時代に生きたFreudと同様,現代の私たちも,思い出そうとしていないのに予定の記憶 (memory for plans) がふと頭に浮かぶという現象を日常的に経験する。思い出そうとしていないのにすべきことがふと浮かんでくるというのは,自分の意図を超えた存在が,意識の及ばぬ場所で活動していることを感じさせる不思議で興味深い現象である。

このようなふと浮かぶ予定の記憶は,どのような場面で経験され,どのような仕組みにより生起し,どのような役割をもっているのだろうか。実はこれらの問いに確答することは,Freudの生きた時代と同様,現代においても容易ではない。近年になってようやく盛んに検討がなされるようになってきたふと浮かぶ過去の記憶 (2-4章参照) よりも,さらにその実態の解明が遅れているからである。しかしながらこれらの問いに答えるためのヒントは最近になって得られ始めている。

本章では,未来の予定の無意図的想起 (involuntary remembering) に焦点を当て,その解明のヒントとなる実証的な研究を参照しながら,予定の無意図的想起の規定因や生起メカニズム,機能について考えていく。まず,そもそも未来の予定はどのようにして生成され,想起・実行されていくのか,タイミングよく予定の記憶を思い出せず,し忘れが起こるのはなぜかについて,未来の予定の記憶である展望的記憶 (prospective memory) の研究に基づき検討する。次に,未来の予定の記憶がふと頭

に浮かぶ現象の規定因や生起メカニズム，機能とはいかなるものかについて，展望的記憶課題（prospective memory task）の遂行過程と関連づけながら考えていく。最後に，未来の予定の想起における無意図性（involuntariness）と自発性（spontaneity）をめぐって理論的考察を行う。

2節 未来の予定の記憶

1. 過去の記憶と未来の記憶

私たちの記憶は過去と現在とを結びつける働きだけでなく，現在と未来とを結びつける働きもしている（Schacter, 2001；春日井訳, 2002）。すなわち，私たちの記憶は過去に生起した出来事に関する情報を再現するためだけに用いられるのではなく，未来に実行しようとする予定に関する情報を再現するためにも用いられる（Ellis & Cohen, 2008）。

未来に実行しようとする予定の記憶は展望的記憶と呼ばれ（Einstein & McDaniel, 1996；レビューとしては小林, 1998；梅田・小谷津, 1998 を参照），一方，過去の事象の記憶は回想的記憶（retrospective memory）と呼ばれる（図5-1を参照）。未来の予定をタイミングよく想起する能力，すなわち展望的記憶能力は，私たちが他者との信頼関係や自己効力感（self-efficacy）を保ちながら，健康的で安全な生活を自律的に営むために不可欠なものである。

展望的記憶が必要となる課題は展望的記憶課題と呼ばれる。たとえば，同僚に会ったら忘れずにお土産を渡すこと，駅に向かう途中のポストに忘れずに手紙を投函すること，朝食後に血圧の薬を忘れずに服用すること，15時になったら友だちを迎えに行くことなどが展望的記憶課題であり，展望的記憶課題の失敗は私たちに様々な損害を与える「し忘れ」となる。

図 5-1 回想的記憶と展望的記憶

2. 展望的記憶課題の種類

我々が日常場面において遂行している展望的記憶課題には様々な種類のものがあ

り，それらを容易に一括りにして捉えることはできるものではない。そのため，展望的記憶課題を分類して理解しようとする試みがこれまで複数なされている（Einstein & McDaniel, 1990, 1996; Harris, 1984; Kvavilashvili & Ellis, 1996）。

それらのうち，最も広く受け入れられているのが Einstein と McDaniel（1990, 1996）による2分法である。彼らは展望的記憶課題を事象ベース課題（event-based task）と時間ベース課題（time-based task）に分類している。事象ベース課題とは，ある事象の生起に応じて，ある行為を忘れずに行うことが求められる課題である（例：室内で腐敗した玉葱のような匂いを感じたら，ガス漏れが起こっている可能性があるので，急いで窓を開けて換気すること）。時間ベース課題とは，ある時点において，またはある時間の経過後に，ある行為を忘れずに行うことが求められる課題である（例：裁判所の判決を受けてから2週間以内に控訴手続きを行うこと）。

また，Kvavilashvili と Ellis（1996）は，上記の2種類の課題に，活動ベース課題（activity-based task）を加えた3分法を提案している。活動ベース課題とは，ある行為の遂行に引き続いて，ある行為を忘れずに行うことが求められる課題である（例：痰の吸引が終わったら人工呼吸器の電源を再投入すること）。

いずれの課題も日常場面において頻繁に出現するものであり，また，その失敗がもたらす影響はいずれの課題についても看過できないものであるが，これまでの展望的記憶研究は主に事象ベース課題を取り上げることが多く，一方，活動ベース課題に関する研究はその数が極めて限られている（Brewer et al., 2010）。

3. 展望的記憶課題の遂行過程

展望的記憶課題の遂行は，図5-2に示されるように5つの過程から構成されている（Ellis, 1996; Ellis & Freeman, 2008）。

①形成・記銘（formation and encoding of intention and action）過程は，どのような状況において（例：同僚に会ったら），どのような行為を実行するのか（例：お土産を渡すこと）を決定し，決定された情報を記銘する過程である。

②保持（retention）過程は，①形成・記銘過程が完了してから③想起過程が生起するまでの過程のことである。保持過程の持続時間は一般的にワーキングメモリ（working memory）の保持期間を超えるため，展望的記憶は保持過程においてワーキングメモリ内からいったん消失することになり，その保持を長期記憶（long-term

①形成・記銘 ➡ ②保持 ➡ ③想起 ➡ ④実行 ➡ ⑤確認

図5-2　展望的記憶課題の遂行過程

memory)が担うことになる。そして，ワーキングメモリ内から消失した展望的記憶は，後に③想起過程においてワーキングメモリ内に再現される。

③想起過程は，予定の想起が必要となる状況が到来した場合（例：同僚の姿が視界に入ったとき）に，何をしなければならなかったのか（例：お土産を渡すこと）に関する情報を再現する過程である。より詳細に述べるならば，この過程においては存在想起（existence-remembrance）と内容想起（content-remembrance）という2種類の処理が必要とされる（梅田, 2003, 2007, 2009; 梅田・小谷津, 1998）。梅田（2009）によると，存在想起とは何かするべきことがあることの想起であり，内容想起とはするべきことの具体的な内容の想起を指す。

続く④実行（execution）過程は，③想起過程において再現された行為を実行する過程である。そして，最後に位置する⑤確認（evaluation）過程は，実行結果（例：同僚にお土産を渡し終えたのか）を評価し，記銘する過程である。

これら5つの過程のいずれかにおいて失敗が起これば，意図された予定は正常に遂行されないことになる。たとえば①形成・記銘過程において，想起・実行を行う状況に関する情報が正確に記銘されていなければ，間違った人にお土産を渡してしまったり，誰にも渡されないままのお土産が発生してしまったりする。また⑤確認過程において実行結果が正確に記銘されていなければ，一度お土産を渡した人に再度お土産を渡すという反復エラー（repetition error）を犯してしまい，相手から記憶機能の正常性について心配されることになるだろう。

4. 自発的想起

前項で紹介した5つの過程のうち，展望的記憶課題の成否の鍵を握るものとして考えられてきたのが，③想起過程である。なぜそのように考えられてきたのだろうか。

その理由は，展望的記憶課題の想起過程では多くの場合において自発的想起（spontaneous remembering）がなされる必要があり，その失敗がし忘れの源泉となりやすいからである（Einstein & McDaniel, 1990, 1996）。自発的想起とは，想起に関する外界からの明示的な促しが存在しない事態における想起のことである。したがって，「今何かするべきことがなかったか思い出してください」「さきほど覚えた行為を思い出してください」といった想起に関する教示がなされていないのに存在想起や内容想起が想起者自身によってなされるとき，自発的想起がなされたと見なすことになる。なお，ここでの「自発的」とは，想起者が自ら想起活動を発動することを表現している。予定の記憶が自ら想起者の意識に浮かんでくることを指すものであるかのような誤解を与えやすい用語であるため注意が必要である。

日常場面の展望的記憶課題ではその想起がタイミング良く自発的になされる必要が

あり，たとえば職場で同僚を見かけたときに，その同僚が「私に何か用がなかったか思い出してください」といった問いかけをしてくる可能性は低い。ましてや，駅に向かう途中のポストや，朝食を取り終わったこと，15時になったことが，そのような問いかけをしてくることは望むべくもないのである。一方，たとえば，文のペア（例：「同僚に会う‐お土産を渡す」）を記銘した後に，片方の文（例：「同僚に会う」）とペアになっていた文は何だったかとたずねられて再生するような回想的記憶課題を遂行する場合は，想起意図が外界から付与されるため，自発的想起は必要ではない。この場合と比較して，展望的記憶課題における想起は，想起意図が外界からタイミングよく付与されない点において，外界からの想起の支援が少なく（Craik, 1986），そのため，し忘れの原因になりやすいと考えられるのである。

上記のような理由から，これまでなされてきた展望的記憶研究の多くは自発的想起に着目をし，自発的想起のなされやすさを決定するものは何かを検討してきた。

例として，展望的記憶の実証的研究が発展する契機となったEinsteinとMcDaniel（1990）の研究を紹介しよう。EinsteinとMcDaniel（1990, 実験1）では，年齢により自発的想起のされやすさは異なるのか，また，し忘れを防ぐために外的記憶補助（external memory aids, 例：メモ）を使うことが自発的想起のされやすさを高めるのかを検討している。参加者は大学生24名（17-24歳）と高齢者24名（65-75歳）であり，彼らの半数は展望的記憶課題を行う前に30秒の猶予を与えられ，メモ帳，ペン，ゴムバンド，ハサミ，クリップ，粘着テープなどを使って自分で外的記憶補助を作成し，し忘れを防ぐよう教示された。参加者が行うべきことは，単語に関する短期記憶課題（short-term memory task）を継続的に遂行しながらも，その途中で「rake（熊手）」という単語（ターゲット事象，target eventと呼ばれる）が出現したら忘れずに反応キーを押すというものであった。短期記憶課題は42試行からなり，各試行では4-9項目（高齢群では3-8項目）の単語が連続して呈示されるので，それを覚えておいて各試行の単語の呈示が終わったら口頭で再生することが求められた。そして，42試行のうち3試行においてターゲット事象が出現し，そのときに忘れずに反応キーを押すことができた場合には，自発的想起がなされたと判断された。なお，課題に関する教示から実際に課題を遂行するまでの間には，し忘れを増加させることを目的として15分間の挿入課題（単語の再生課題と再認課題）が課された。実験の結果（図5-3参照），外的記憶補助を作成するよう教示された条件の参加者の多くが年齢群にかかわらず紙片に「rake」と書いてディスプレイに貼り付けていたこと，また，外的記憶補助の使用は自発的想起成績を有意に向上させることが明らかになった。一方，外的記憶補助の使用の有無にかかわらず，自発的想起成績に及ぼす年齢の効果は有意ではなかった。また，自発的想起成績の規定因を探るために重回帰分析を行ったところ，年齢や回想

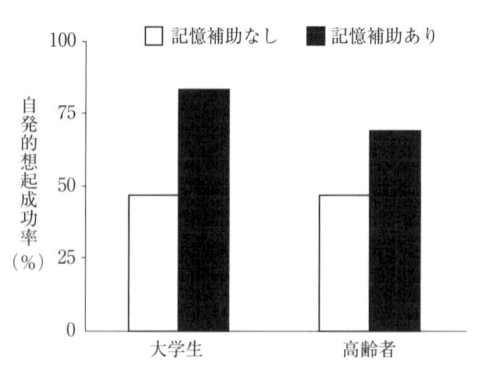

図 5-3 記憶補助なし条件とあり条件における大学生・高齢者の自発的想起成功率
（Enistein & MacDaniel, Exp.1, Table1 より作成）

的記憶能力（短期記憶課題成績・再生課題成績・再認課題成績）は，自発的想起成績に対する有意な予測因ではないことが示された。これらの結果のうち，自発的想起成績に年齢の効果が見られないことを示す結果は意外なものであったため，Einsteinと McDaniel（1990）以後，自発的想起に及ぼす加齢の効果に関する研究が現在に至るまで精力的になされることになった（e.g., Henry, 2012; 展望的記憶における加齢の効果に関するレビューとしては，次の文献を参照：McDaniel & Einstein, 2007; Henry et al., 2004; 蓮花，2008; Uttl, 2011）。

ほかにも，自発的想起の規定因を明らかにするために，ターゲット事象の性質（e.g., Brandimonte & Passolunghi, 1994; Einstein et al., 1992; Pereira et al., 2012）やターゲット事象に対する処理（e.g., McBride et al., 2011; McDaniel et al., 1998; McGann et al., 2003），認知的負荷（cognitive load）（e.g., Einstein et al., 1997；Marsh & Hicks, 1998），展望的記憶課題の重要度（e. g., Kliegel et al., 2001, 2004），想起時の感情状態（e.g., Kliegel et al., 2005; Kliegel & Jäger, 2006）など様々な要因について，自発的想起の成否に及ぼす影響が検討されている。

5. 準備的活動

前項に示したように展望的記憶課題の想起過程の性質に関する解明が進む一方で，それに先行する保持過程中の認知活動に着目をした研究もなされている。それらの研究により，静穏で当該の予定に関する活動が何らなされていないように思われる保持過程において，実はマグマの胎動のように活発な準備的活動が行われていることが明らかになってきた。

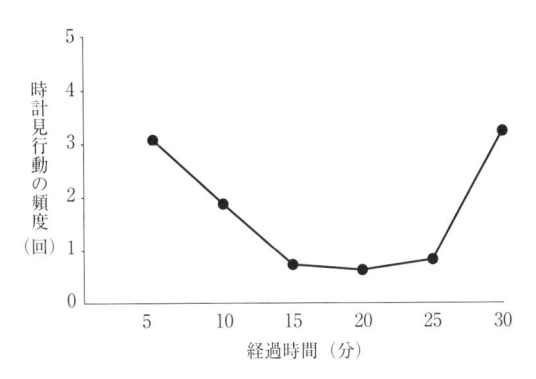

図 5-4 カップケーキ課題における時計見行動パターン
(Ceci & Bronfenbrenner, 1985, 14 歳女子群, 自宅条件)

　たとえば，Goschke と Kuhl（1993）は，未来に実行することを意図した行為の記憶表象（memory representation）は，すでに実行された行為の記憶表象よりも保持期間中の活性化水準（activation level）が高いこと（意図優位性効果，intention-superiority effect）を明らかにした（Dockree & Ellis, 2001; Freeman & Ellis, 2003; Marsh et al., 1998, 1999；森田，2000；佐藤・星野，2009；宇根，2005；内海ら，2012 も参照）。また，Ceci と Bronfenbrenner（1985）は，時間ベース課題（30 分経過したらオーブンからカップケーキを取り出す課題）の保持期間における時計見行動（タイムモニタリング，time monitoring）が，保持期間の初期には盛んになされ，中期には頻度が低下し，実行時期の接近に伴って再び盛んになるという興味深いパターン（図 5-4 参照）を見せることを明らかにしている（Einstein et al., 1995; Harris & Wilkins, 1982; 森田，1998 も参照）。さらに，Smith（2003）は，展望的記憶課題を課されることにより，保持期間中における継続課題（ongoing task, 展望的記憶課題と同時に遂行する展望的記憶課題とは無関係な課題）の遂行成績が低下することを報告している（Harrison & Einstein, 2010; 花村，2012 も参照）。
　これらの研究において見られる準備的活動がどのようなメカニズムにより生起しているのかについてはまだ不明な点も多いが，少なくともこれらの研究は，展望的記憶課題の保持期間中になされている何らかの活発な準備的活動の存在を垣間見せるものである。次節では，そのような活動に深く関係すると考えられる未来の予定の無意図的想起現象について見ていく。

3節 未来の予定の無意図的想起

1. 未来の予定の無意図的想起の定義

本章で取り上げる未来の予定の無意図的想起とは,未来において実行しようと意図された行為の記憶が,想起の時点において想起意図(intention to remember)がないにもかかわらず,または想起意図が意識されていないにもかかわらず想起意識(awareness of remembering)を伴って想起されること(例:シャワーを浴びている最中,何も思い出そうとはしていなかったのに,明日の朝9時から会議に出席せねばならなかったことがふと思い出されること)を指すものとする。

なお,Berntsen とその共同研究者(Berntsen, 2009; Berntsen & Jacobsen, 2008; Finnbogadóttir & Berntsen, 2013)が近年検討対象としている未来に関するイメージがふと頭に浮かぶ現象(無意図的未来予想,involuntary future projection,例:親の死に関する想像,結婚や離婚に関する想像,8章参照)も,ふと頭に浮かぶという点では本章で取り上げる予定の無意図的想起と類似している。しかしながら,そこでふと浮かんでくるものが実行を意図された行為の記憶であるとは見なせないため,ここでは扱わない。

2. 予定の無意図的想起の規定因

予定の無意図的想起は,自己の想起意図に基づいて生起するものではないため,その振る舞いを予測することは容易ではない。思わぬときに予定がふと浮かんでくることもあれば,予定を意図して以来,し忘れを他者に指摘されるまで一度も想起されないこともある。予定の無意図的想起の生起・不生起を決定しているのは,どのような要因なのだろうか。

これまで,予定の無意図的想起の規定因を検討するために日誌法(diary method, 2章参照)やそれに類する方法を用いた日常場面における研究が複数実施されてきた(Ellis & Nimmo-Smith, 1993;小谷津ら,1992;Sellen et al., 1997)。たとえば Ellis と Nimmo-Smith(1993)は,どのような状況において予定の無意図的想起が起こりやすいのかを検討するため,8名の成人(28-47歳)を対象とした日誌法研究を行っている。調査は無意図的想起段階と統制段階の2段階より構成され,各段階は連続5日間実施された。

はじめに行われた無意図的想起段階では,まず,各日の始まりに,その日中にしようと思っている予定の内容と実行時期を日誌に記録し,さらにその予定の特性(個人

表 5-1　無意図的想起段階と統制段階における各評定項目への評定値
(Ellis & Nimmo-Smith, 1993, Table 5 より抜粋)

評定項目	無意図的想起段階	統制段階
遂行中の課題とは無関係な思考への没頭	3.74	3.46
疲労・眠気*	1.63	2.01
遂行中の課題への集中*	3.37	4.05
遂行中の課題に必要な注意量*	2.83	3.40
遂行中の課題の新規性	2.37	2.56
遂行中の課題の興味深さ	3.18	3.50

注) 評定尺度は 7 段階で, 7 が最も程度が強いことを表す。また *が付加された項目は評定値間に有意な差が見られたことを示す。

的な重要度, 失敗時の結果など) について評定するよう求められた。そして参加者は, 1 日中記録冊子を携帯し, もし各日の始まりに記録された予定がふと想起されたら, できるだけ早く想起された予定や想起された時刻を冊子に記録したあと, 想起時の心身の状態 (例：現在遂行中の課題とは無関係な思考への没頭, 疲労・眠気, 現在遂行中の課題への集中) や課題の特性 (注意が必要となる程度, 新規性, 興味深さ) について評定するよう求められた。そして各日の終わりに, それらの予定の結果 (実行されたか, 延期されたか, 取り消されたか, 実行されなかったか) を記録することが求められた。一方, 無意図的想起段階のあとに実施された統制段階では, 特に予定の想起に関する教示は与えられず, 参加者はあらかじめ鳴動時期をプログラムされたタイマーと記録冊子を常に携帯し, タイマーは午前と午後に 3 回ずつ作動するので, その時の心身の状態や活動の特性を無意図的想起段階と同様に評定するよう求められた。

調査の結果, 無意図的想起段階では合計 188 件の予定が記録され, それらの無意図的想起の事例が 256 件記録された。統制段階では, タイマー作動時の状況が合計 238 件記録された。無意図的想起段階における心身の状態や課題の特性に関する評定値を統制段階と比較した結果, 疲労感や, 現在遂行中の課題への集中, 遂行中の課題が注意を必要とする程度において, 無意図的想起段階では統制段階よりも, 評定値が有意に低いことが示された (表 5-1 参照)。この結果は, 注意を要しない課題を遂行している際に, 予定の無意図的想起が経験されやすいことを示唆するものであり, 予定の無意図的想起には非自動的な認知過程が関わっていることをうかがわせるものである。

ほかにも, 保持期間中に行っている課題がつまらない課題 (印刷された多数の記号の中から特定の記号を探して印をつける課題) の場合には興味深い課題 (人物の写真を見てその人物が殺人者かどうか判断する課題) の場合と比較して無意図的想起が経験されやすいこと (Kvavilashvili, 1987), オフィスや会議室といった腰を落ちつけて滞在する場所と比較して, 階段やロビー, 廊下といった移動する場所では予定の無意

図的想起が大幅に多くなること（Sellen et al., 1997），実行が困難な予定や重要な予定，外界に想起手がかりが多い予定は無意図的に想起されやすいこと（森田，2012）がこれまでの研究により示されている。

3. 予定の無意図的想起の機能

本章冒頭に引用した Freud の記述のように，予定がふと浮かぶことによって予定の実行が促進されることは私たちもしばしば経験することである。そしてこのような日常的経験からの洞察は，これまでの実証的研究により裏づけられている（Kvavilashvili, 1987；Kvavilashvili & Fisher, 2007; 森田，2012；Sellen et al., 1997）。

たとえば Kvavilashvili と Fisher（2007）は大学生に時間ベース課題を遂行するよう求めた。時間ベース課題は，6日後の自分で選んだ時間に，実験者に電話すること（電話課題と呼ぶ）であった。そして，6日間にわたって日誌を携帯し，もし電話課題について無意図的に想起したらできるだけ早くその日時や場所などについて日誌に記録するよう教示された。また，電話課題の遂行を促進する外的補助を使わないこと，日誌を目に触れにくいところに入れておくことが求められた。実験の結果，すべての参加者が6日後に電話課題を遂行することができたが，電話をかけたタイミングには個人差があり，なかには8時間以上予定の時刻よりも遅れたものもいた。そこで，実行時期に着目をして，無意図的想起との関連を検討したところ，本来の実行予定時刻の前後10分以内に電話をかけることができた参加者（正確群）は，10分以上前後して電話をかけた参加者（遅延群）よりも，保持期間中に課題について無意図的に想起する頻度が有意に高いこと，また，その傾向は特に実行日において強かったことが示されている（図5-5参照）。正確群の無意図的想起頻度が遅延群よりも高かったという結果は，無意図的想起が多くなされることが展望的記憶課題遂行の正確さを向上させることを示唆するものである。では，これはどのようなメカニズムによって達成されているのだろうか。

Kvavilashvili と Fisher（2007）によれば，ある予定を未来に実行しようとの意図が適切に形成されると，その予定の記憶表象は予定が実行されるまでの間，閾下（sub-threshold）で高い活性化水準をもつことになる。そして何らかの理由によりその活性化水準がさらに上昇することで，予定の記憶の無意図的想起が想起手がかりなしに生起すると推測される。また，予定の記憶表象が高い活性化水準をもつことにより，予定に関連する外的な手がかり（external cue, 例：電話の呼び出し音，電話番号）や内的な手がかり（internal cue, 例：誰かに電話をしようと考えること）に対する鋭敏性が向上し，外的・内的手がかりにトリガーされた無意図的想起も起こりやすくなる。このようなメカニズムにより予定に関する無意図的想起の頻度が増加すると，そのこ

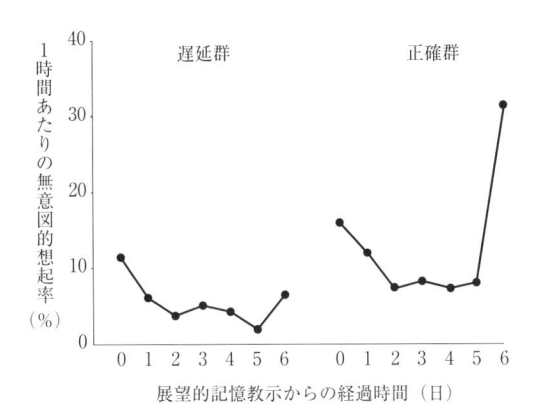

図 5-5　遅延群と正確群における各日の 1 時間あたりの無意図的想起率
　　　　　　　　　（Kvavilashvili & Fisher, 2007, Figure1 を改変）

とが展望的記憶課題の遂行にポジティブな影響を及ぼすようになる。

　Ellis（1996）によれば，この無意図的想起のもつ展望的記憶課題の遂行に対するポジティブな機能には少なくとも 2 種類のものがあるという。1 つは予定の記憶表象を再活性化することにより，実行時機が到来した際における記憶の活性化可能性を高め，予定の実行を促進する機能である。もう 1 つは，保持期間中のプランニング（planning）を促進する機能である。これは，ふと予定の記憶が浮かぶことが，予定の記憶の脆弱性を認識させ，予定の内容についての再検討を詳細にさせるというもので，再検討の結果，たとえば当該の予定の重みづけが向上したり，予定のターゲット事象が特定的でないもの（例：今日の午後に）から特定的なものに（例：今日の午後 3 時 00 分に）なったりすると予定の実行が促進されることになると考えられる（梅田，2007）。

　ただし，常に予定の無意図的想起が展望的記憶課題の遂行にとって促進的な効果をもつわけではないことも示唆されている。Morita と Kawaguchi（2010）は日常場面における予定の無意図的想起の生起頻度と，展望的記憶課題の失敗の生起頻度との関係を質問紙により調査し，両者の間に有意な正の相関関係があることを報告している。これは，日常場面において頻繁に予定の無意図的想起を経験する個人は，予定のし忘れを経験しやすいことを示す結果であり，無意図的想起の促進的機能を示すこれまでの研究結果とは一見相容れないように思われるものである。しかしながら，Morita と Kawaguchi（2010）で検討対象となっていたのは，予定全般の無意図的想起であり，Kvavilashvili と Fisher（2007）をはじめとする先行研究のように特定の予定の無意図的想起のみを取り上げたものではない点を考慮すれば，この結果は解釈可能である。

すなわち，ある予定が無意図的に想起されると，従来の研究が示すとおり，その予定に関する処理は促進されることになる。その際，私たちの認知処理容量には限界があるためにトレードオフが起こり，予定が無意図的に想起される直前に遂行されていた課題に関する処理は無意図的想起が起こることにより疎かとなり，場合によっては意識から消失してしまう。もしそこで遂行されていた課題が展望的記憶課題であったならば，別の展望的記憶課題の無意図的想起が生起した結果，十分な処理がなされず，失敗してしまうことになるのである。これは，予定の無意図的想起が課題無関連思考としてマインドワンダリング（mind wandering, 7章参照）を引き起こす場合であるとも捉えることができるだろう。予定の無意図的想起はタイミングよくなされてはじめて有益なものとなるのであり，タイミングが望ましくない場合には，他の予定の実行を阻害する可能性も考えられるのである。

⟨4⟩節 予定の想起の無意図性と自発性

このように予定の無意図的想起については，現在までにいくつかの研究が行われているが，展望的記憶研究全体に占めるその割合は極めて低い。その理由の1つは，展望的記憶課題における無意図的想起の概念が十分に明確化されてこなかったために，すでに検討の進んでいる他の現象（意図的想起や自発的想起）と混同され，あらためて検討をすべき未解明な現象であるとは見なされなかったことにあると考えられる。そこで，本章では最後に展望的記憶の無意図的想起とその他の類似した現象との差異を無意図性と自発性の観点から整理する。

1. 2種類の想起意図

前節において，未来の予定の無意図的想起を，「未来において実行しようと意図された行為の記憶が，想起の時点において想起意図がないにもかかわらず，または想起意図が意識されていないにもかかわらず想起意識を伴って想起されること」と定義した。この定義には，ある想起が無意図的想起であるための条件が複数付加されており，これは曖昧性を排除するためにかなり言及対象を限定した定義であるといえる。

付加された条件のなかで特に重要なのは，想起意図がない，または想起意図が意識されないのが，「想起の時点において」という条件であろう。もしこれを付加せず，単に想起意図がないことを無意図的想起であるための条件としてしまうと，展望的記憶課題の各遂行過程（形成・記銘過程，保持過程，想起過程，実行過程，確認過程）のいずれにおける想起意図の有無について論じているのかが曖昧になる。すると，形

成・記銘段階において発生する，のちの時点で想起しようという想起意図，いわば長期的な想起意図までもが言及対象となる。そうなれば，展望的記憶課題の形成・記銘段階以後に起こる予定の想起のすべては（形成・記銘段階における）長期的な想起意図を伴った想起ということになり，無意図的想起であると見なすことができる予定の想起は存在しないことになってしまうだろう。

　たとえば，1週間経ったら図書館に本を忘れずに返却するという未来の行為の記憶を，3日後にふと想起した場合のことを考えてみよう。1週間後に図書館に本を返却することを思い出し実行しようとの展望的記憶課題の遂行が意図されることにより，本を返却するという行為の記憶は，長期的な想起意図を伴ったものとなる。ただし，3日後にその記憶をふと想起した際には，その記憶をそのときに想起しようとの当座の意図は発生していない。この3日後に起こった想起は，意図的想起なのだろうか，それとも無意図的想起なのだろうか。思い出そうとしていないのに意図していないタイミングでふと浮かんできたものであることから一般的な感覚ではこれは無意図的想起であると考えられる。しかし，もし無意図的想起の定義のなかに「想起の時点において」という条件が含まれていない場合には，意図・記銘段階における想起意図は確かに存在することから，これは意図的想起となってしまうのである。

　ふと浮かぶ予定の記憶の実体を正確に指すことができるよう，今後さらに定義を洗練させていくことが望まれる。

2. 自発的想起と無意図的想起の異同

　展望的記憶課題における自発的想起と，未来の予定の無意図的想起とは，しばしば同一のものであると見なされることがある（e.g., McDaniel & Einstein, 2007）。実際，本章冒頭で引用したFreudの記述における予定の想起は，自発的であり，しかも無意図的なものでもあったと考えられる。また，私たちが日常場面において経験する予定の無意図的想起も，ほとんどの場合外界からの想起の促しによって生起するものではないため，自発的な無意図的想起である。さらに，展望的記憶課題における自発的想起と，未来の予定の無意図的想起とは，未来において実行しようと意図された行為の記憶が想起される点において類似のものである。

　しかしながら，自発的想起と無意図的想起は同一のものではなく，明確に区分可能なものである。前者では，外界からの明示的な想起促しが存在しない点がその定義的特徴となっており，後者では，想起意図がない，または意識されていない点がその定義的特徴となっている。もし外界からの明示的な想起促しが存在しないことと，想起意図が意識されていないことが常に等価であるのならば，両者は同一のものであることになるが，実際にはそれらが常に等価であると見なすことはできない（森田，

表 5-2 想起の自発性と無意図性の関係

想起の無意図性	想起の自発性	
	あり	なし
あり	自発的無意図的想起(他者からの想起促しがなく,記憶がふと浮かんだ場合)	他発的無意図的想起(他者から想起促しがなされたが,想起努力はなされず,記憶がふと浮かんだ場合)
なし	自発的意図的記憶(他者から想起促しはなさなかったが,想起努力がなされて記憶が想起された場合)	他発的意図的想起(他者から想起促しがなされ,想起努力がなされて記憶が想起された場合)

2012)。明示的な想起促しがなくとも,想起意図が存在する場合(自発的意図的想起)は容易に想定可能である(例:起床時に今日は何をしようかとプランしその日の予定を意図的に想起する場合)。また,明示的な想起促しがあったとしても,想起意図がない場合(他発的無意図的想起)も想定可能である(例:就寝直前に明日の予定についてたずねられたときに,予定について想起すると眠れなくなるために想起を控えたが,予定の記憶がふと浮かんできた場合)。さらに,誰からも予定について思い出すようにいわれていないのに,存在想起はなされたが内容想起がなされないとき(梅田,2007;例:なにかすることがあったことをふと思い出したが,それが何だったのか思い出せない),私たちは意図的に行為内容を想起しようとするはずである。この場合,存在想起は自発的・無意図的になされ,内容想起は自発的・意図的になされることになる。このように,自発的想起と無意図的想起の定義的特徴は常に一致するものではないため,両者を同一のものと見なすことはできないのである(表5-2参照)。従来の展望的記憶研究は,その想起の自発性の側面に注目したものがほとんどであったが,今後は,想起の自発性と無意図性を明確に区分した上で検討を進める必要がある。

5節 おわりに

　予定の記憶がふと頭に浮かぶことは,非常に普遍的な現象であり,しかも私たちの心的活動において重要な機能を担っていると考えられる。にもかかわらずこれまでなされてきた実証的な研究の数が極めて限られているのは,上述の理由に加えて,自伝的記憶の無意図的想起と同様に,適切な研究方法の乏しさが障害となってきたからである。しかし今や,内外の研究者の工夫によって,その障害は取り払われつつある(2章参照)。予定の無意図的想起の生起や,それが展望的記憶課題の遂行に影響を与える際のメカニズムについて研究を実施する絶好の時機が訪れているといえるだろう。

6章 ひらめきと問題解決 ——洞察問題解決

清河幸子

1節 はじめに

　なかなか解けずに困っていた問題が，あるとき突然解けたという経験や，考えが堂々巡りとなっているなかで，ふと妙案が浮かび，それをきっかけに新たな展望が開けた経験は誰しも1度や2度ならずあるのではないだろうか。これらの現象は，心理学においては，「ひらめき（illumination）」や「洞察（insight）」と呼ばれ，人間の創造的な認知活動において重要な役割を果たすと考えられている（11章も参照）。本章では，これらの現象がいかにして生じるのか，またその生起を促進するための方法としてどのようなものがあるのかについて考える。

2節 洞察の特徴を探る研究の概観

1. 洞察とは

　洞察に関する研究の歴史は比較的古く，ゲシュタルト学派の研究にまで遡る。それらの研究を先導したのがWallas（1926）によって示された洞察問題解決の段階説である。この説によると，洞察が生じるプロセスは，準備（preparation），あたため（incubation），ひらめき（illumination），検証（verification）の4つの段階からなると考えられている。この4段階のうち，最初の準備段階では，論理（logic）の適用と推論により，解の探索が行われる。しかし，多くの場合，解を見つけることができず，行き詰まってしまう。ここで，いったん問題解決の試みを停止し，問題以外に注意を向ける期間を設けることにより，解への到達が促されることがある。この問題からいったん離れる期間があたため段階にあたる。このあたためののち，突然，解が得られることがあるが，この段階をひらめきといい，洞察を最も特徴づける段階と考えられている。そして，このあとには，再び，論理と推論により，ひらめきによって得

られた解の妥当性を検証する段階が続く。この検証段階において，候補となった解が「妥当である」と判断された場合には問題解決は終了となるが，「妥当でない」と判断された場合には，再び前の段階へと戻ることになる。

　この Wallas（1926）の段階説は今日でも広く受け入れられているものではあるが，記述的かつ抽象度の高い説であることから，「いかにしてひらめきが生じるのか」，さらには「なぜひらめきが生じるのか」といった問いに対して十分回答を示しているとは言い難い。これらの問いについては，情報処理的観点から，より詳細な検討がなされてきている。特に，2000年前後には多くの論文が公刊され（e.g., Chronicle et al., 2004; Knoblich et al., 1999; MacGregor et al., 2001; Ormerod et al., 2002），洞察が必要とされる問題解決（以下，洞察問題解決）の特徴が少しずつ明らかになってきている。

2. 洞察を捉えるための課題

　情報処理的観点から洞察について検討するためには，実験室において洞察を捉えることが可能な課題を用意することが必須となる。これまで様々な課題が開発・使用されてきているが（包括的な分類は Weisberg, 1995 を参照），以下では，それらのうち，本稿で述べる多くの研究で用いられている，(1) 9点問題（9-dot problem），(2) Tパズル（T puzzle），(3) ろうそく問題（candle problem），(4) 遠隔連想テスト（remote associates test）を紹介する。

(1) 9点問題

　古典的な洞察課題として9点問題がある。この課題では，図 6-1 の (a) のように配置された9つの点を一筆書きの4本の線分で結ぶことが求められる。正解は (b) に示したとおりであるが，課題要求を満たすためには，9つの点の配置により作られる「正方形」の枠からはみ出した形で線分を結ぶ必要がある。しかし，実際には，「正

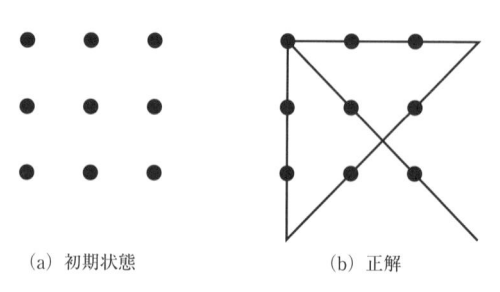

　　　　　　(a) 初期状態　　　　　　(b) 正解

図 6-1　9点問題（Weisberg & Alba, 1981 をもとに作成）

方形」の枠の中で線を結ぼうとする傾向があることから,実験参加者はなかなか解に到達することができない。

(2) Tパズル

Tパズルとは,開と鈴木(1998)以降,多くの研究で用いられてきている課題である。実験参加者には,図6-2の(a)に示された4つのピースを用いて,Tの形を作ることが求められる。一見すると非常に簡単な課題のように感じられるかもしれないが,多くの研究において,解決率はそれほど高いわけではない。開と鈴木(1998)によると,五角形の平行辺を机のへりなどの基準線に対して,平行あるいは垂直に置く傾向(実際には図6-2の(b)に示されているように斜めに置く必要がある),そして,五角形のくぼみ部分(notch)をほかのピースで埋める傾向(実際には図6-2の(b)にあるように埋めてはいけない)が解決を阻害していることがわかっている。

(a) 使用されるピース　　(b) 完成状態

図6-2　Tパズル(小寺ら,2011)

(3) ろうそく問題

図6-3にあるように,画鋲の入った箱,マッチ,ろうそくを実験参加者に提示し,「ろうそくを壁に取り付け,しかも床にろうがこぼれないようにすること」を求める課題

図6-3　ろうそく問題(Isaak & Just, 1995)

である。正解は，「画鋲の箱を土台として使用し，それを画鋲で壁に固定して，その上にろうそくを立てて火を点ける」というものである。通常，画鋲の箱は，「容器」として見なされやすいことから，それとは別の捉え方，すなわち，「ろうそくを立てる台」として見ることが難しく，その点が解決を阻害することになる。

(4) 遠隔連想テスト

創造性を測る課題として Mednick (1962) により開発された遠隔連想テスト (Remote Associates Test, RAT) がある (11 章も参照)。この課題では，一見すると共通性がないように見受けられる 3 つの単語が呈示され，実験参加者はこれらすべてに関連する単語を見つけることが求められる。たとえば，"rat", "blue", "cottage" という 3 つの単語が示された場合には，"cheese" が正解となる。また，RAT を参考にして Bowden ら (2005) は，compound remote associates problem を開発している。この課題では，3 つの単語が呈示され，それぞれの前後に接続することで意味ある合成語もしくは 2 語句を構成可能な単語を探すことが求められる。たとえば，"French", "car", "shoe" であれば "horn" が，"boot", "summer", "ground" の 3 語であれば "camp" がそれぞれ正解となる。なお，これらの課題は英語で作成されたものであり，言語によって単語間の連想強度が異なると考えられることから，寺井ら (2013) は compound remote associates problem を参考に，日本語版 RAT を開発している。

3. 洞察問題解決の特徴

これまで，上で紹介したような課題を用いて，情報処理的観点から多くの研究が行われ，その成果により，洞察問題解決がもつ様々な特徴が明らかとなってきた。1990 年代までの洞察問題解決研究を概観した鈴木と開 (2003) によると，洞察問題解決には，解決の初期に行き詰まり (impasse) が見られること，解が突然ひらめいたかのように経験されるといった特徴があることが指摘されている。さらに，多くの場合には，解の発見時に「わかった！」という強い感情状態 (アハ体験，Aha! experience) が経験されるという特徴もある。加えて，洞察問題解決では解決者自身が解決の過程を意識的に捉えることが困難であるという点も指摘されている。たとえば，Metcalfe (1986) は，9 点問題に取り組んでいる際に，「どのくらい正解に近づいているか」を実験参加者自身に評定させた。この評定は warmth 評定と呼ばれるが，解が得られる直前までその値が上昇しないことが示されている。また，T パズルを用いて同様の検討を行った安達ら (2013) でも，ピースの配置を踏まえて客観的に評価すると，徐々に解に近づいているにもかかわらず，解決者の主観的な評価はそれに対応しておらず，解に到達する直前になってようやく値が上昇することが示されている。

さらに近年では，意識的なモニタリングが困難であることに加えて，意識できない

プロセスが解決に関与していることを積極的に示す研究も存在する。たとえば鈴木ら（西村・鈴木，2004; 鈴木・福田，2013）は，Tパズルを題材として，解決のカギとなる状態図を閾下呈示することが解決に及ぼす影響を検討している。具体的には，西村と鈴木（2004）では，五角形とほかのピースを正しく組み合わせた図にマスクとして幾何学図形を重ねたものをごく短時間呈示した。その結果，ヒントを閾下呈示された群において解決成績がすぐれていることが明らかとなった。また，鈴木と福田（2013）は，連続フラッシュ抑制（continuous flash suppression）を用いて，実験群の参加者に，呈示されていることが気づかれない状態でヒントを呈示した。その結果，西村と鈴木（2004）同様，ヒントを閾下呈示されたときに解決率が上昇することが確認された。同様の結果は，異なる課題（放射線問題，9点問題，10コイン問題）を用いたHattoriら（2013）でも得られている。

3節 洞察問題解決の説明理論：ひらめきはいかにして起こるのか

　前節で述べた特徴をもつ洞察問題解決はいかにして進展するのであろうか。それを説明するこれまでに提唱された理論は，大きく2つの立場に分けて捉えることができる。1つは，洞察問題解決には通常の問題解決とは異なる特別な認知プロセスが関与していると考える立場（special process view）である。たとえば，Schoolerら（1993）は通常の問題解決とは異なり，洞察問題解決では言語化（verbalization）が困難なプロセスが関与していると指摘している。実際，Schoolerら（1993）では，言語化による妨害効果は洞察問題解決においてのみみられている。

　もう1つの立場では，洞察問題解決に固有のプロセスは想定せず，一般的な問題解決の枠組みで洞察問題解決を説明しようとする（business as usual view）。この立場に属する理論としては，Ormerodら（2002）によって提唱された進行モニタリング理論（progress-monitoring theory）がある。この理論によると，解決者は，洞察問題であっても，通常の問題を解決する際と同様に，目標と現状の差を最小にする手を選択する方略が採られると考える。また，解への到達は，問題表象が作りかえられることによって生じるのではなく，新しい手（move）が選択されるようになることで生じると考える。なお，問題が解決できず行き詰まってしまうのは，目標状態が明確でなかったり，不適切な形で捉えてしまうことによると考える。したがって，この仮定が正しいとすれば，目標状態を明確に意識させることによって，解決は促進されることになる。実際，伊藤ら（2008）やChronicleら（2004）では，目標状態を外的に示すことによって解決が促進されるという，この説に支持的な結果が得られている。

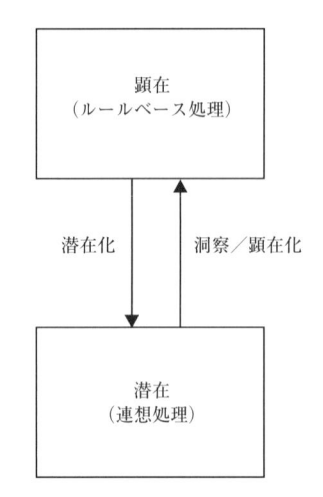

```
                ┌─────────────┐
                │    顕在     │
                │(ルールベース処理)│
                └─────────────┘
                    ↑ ↓
            潜在化     洞察／顕在化
                    ↓ ↑
                ┌─────────────┐
                │    潜在     │
                │ (連想処理)  │
                └─────────────┘
```

図 6-4 顕在 - 潜在相互作用理論（explicit-implicit interaction（EII）theory）
（Helié & Sun, 2010 をもとに作成）

　また，開と鈴木（1998）は，制約の動的緩和理論（dynamic constraint relaxation theory）を提唱している。この理論では，洞察問題解決において，初期に行き詰まりが生じるのは，過去の経験や自然な傾向性によって形成された制約（constraint）の影響と考えられている。また，この制約には，対象レベル，関係レベル，ゴールという3つのレベルが想定されている。そして，問題解決の取り組みのなかで，失敗を繰り返すことによって，徐々に制約が緩和され，確率的に洞察が達成されることから突然解がひらめいたように経験されるのだと説明している。これに関係して和嶋ら（2008）は，開と鈴木（1998）の制約論的な立場を踏まえて，制約，失敗からの学習，発想の飛躍，目標状態からの影響の動態的な相互作用によって洞察が生じると仮定する定量的なモデルを提案している。

　これら2つの立場は，それぞれに支持的な結果が存在し，どちらが正しいのかに関しては，依然として決着がついていない。しかし近年では，洞察問題解決は，単一のプロセスではなく，性質の異なる複数のプロセスが同時並行的に進行していることも指摘されてきており（Helié & Sun, 2010; 鈴木・福田，2013; 寺井ら，2005），これにより両者の立場が統合される可能性もある。たとえば，Helié と Sun（2010）は，顕在 - 潜在相互作用理論（explicit-implicit interaction（EII）theory）を提唱するとともに，CLARION アーキテクチャ（Sun et al., 2005）を用いてそれを実装している。この理論では，図6-4 に示すように，顕在処理と潜在処理のそれぞれに対応する，性質の異なるモジュールが仮定されており，両者が相互作用することで洞察問題解決が進行す

ると考える。顕在処理には，言語化が可能で，シンボリックで，ルールベース形式で表現される顕在的知識が用いられ，また，その遂行には注意資源を必要とする。それに対して，潜在処理には，言語化が困難でサブシンボリック，連想的な形式で表現される潜在的知識が用いられ，顕在処理に比較して注意資源を必要としない。そして，2節で示したWallas（1926）の段階説に沿って考えると，準備段階には主として顕在処理が関与し，続くあたため段階には，主として潜在処理が関与する。また，ひらめきは，解に対する主観的確信度が閾値が超えたときに生じ，その後の検証段階には，再び顕在処理が主に関与する。解が正しいと判断されなかった場合には，知識状態が修正されて，準備段階に戻り，処理を繰り返す。上述の洞察に固有なプロセスを仮定する立場で想定されている処理は，この理論における潜在処理に対応していると考えられる。一方，洞察を一般的な問題解決と同じ枠組みで捉える立場において想定されている処理は，顕在処理に対応するといえるだろう。このように，洞察に固有の処理と一般的な問題解決と共通の処理の2つが共存すると仮定し，問題や条件によって，どちらの処理が優勢となるかが異なると考えれば，これまでの研究によって示されてきた2つの立場に分かれた理論を統合することが可能になると考える。

4節 洞察を促すものと邪魔するもの

前節では，洞察問題解決がどのようにして進行するのか，洞察がいかにして生じるのかに関するいくつかの理論を紹介した。本節では，洞察問題解決を促進するにはどうしたらよいかを考えるために，洞察を促す要因と邪魔する要因のそれぞれについて検討した研究を紹介する。

1. 洞察を促すもの

(1) 睡眠

Wagnerら（2004）は，Number Reduction Taskと呼ばれる課題（ある法則を見抜くことで解答が簡単になる数列変換課題）を用いて，睡眠が洞察に及ぼす効果を実験によって検討している。彼らは，課題の訓練セッションのあと，(1) 夜間の8時間を寝て過ごす条件（夜間睡眠条件），(2) 夜間の8時間を起きて過ごす条件（夜間覚醒条件），そして，(3) 日中の8時間を起きて過ごす条件（日中覚醒条件）の3条件を設定し，その後，再度，課題に取り組むなかで洞察的な解法が発見された割合を比較した。その結果，夜間睡眠条件で他の条件に比較して有意に高い割合で洞察的な解法が発見されていたことが明らかとなった（図6-5）。なお，日中覚醒条件と夜間覚醒

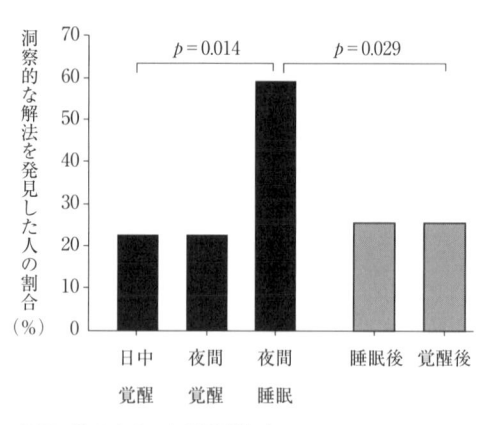

図 6-5　洞察が生じた人の条件別割合（Wagner et al., 2004 をもとに作成）

条件の間には差がなかったことから，夜間に睡眠をとれなかったことが妨害的に作用したというよりも，睡眠をとることが促進的な効果をもつと解釈された。これに加えて，最初に訓練を行わず，(4) 単に夜間睡眠をとったあとに課題を行った条件（睡眠後条件）と (5) 単に日中起きていて課題を行った条件（覚醒後条件）とでほかの条件との比較を行ったところ，いずれも夜間睡眠条件に比べて，洞察的な解法の発見割合が低いということが示された。このことは，洞察を生じさせるには，ただ睡眠を取ればよいというわけではなく，課題に対する訓練を行ったあとに睡眠を取ることが重要であることを示している。

(2) 象徴的な人工物

Slepian ら（2010）は文化的な人工物の存在が洞察問題解決において果たす役割を検討している。具体的には，「アイデアがパッと浮かぶ」イメージを象徴する人工物として電球に着目し，研究1では，課題を行う直前に実験者が電球（電球条件）もしくは蛍光灯（統制条件）をつける場合とで，刺激語の単語・非単語判断（lexical decision task, 語彙決定課題）にかかる時間を比較した。その結果，洞察に関係した意味の単語（例：create）に関してのみ，統制条件に比較して電球条件で反応時間が短縮されていた。さらに，続く研究2では，9点問題に類似した空間的な洞察問題を，研究3では遠隔連想テストを，研究4では数学的な洞察問題をそれぞれ用いて，電球条件と統制条件の解決成績を比較した。その結果，いずれにおいても電球条件での成績がより高く，電球という文化的な人工物によって洞察問題解決が促進されるという仮説を支持する結果が得られている。

(3) 快感情

 Isen ら（1987）は，ろうそく課題を用いて，快感情が洞察問題解決に与える影響を検討している。その結果，コメディフィルムによって快感情を生じさせた場合に洞察問題の解決が促進されることを示している。しかし，キャンディを与えるといった操作の場合にはその効果は見られなかった。また，運動のように，感情価（emotional valence）には影響せず，覚醒度（arousal）を高めるだけの操作の場合にも促進効果は得られていない。さらに，不快感情を高めた場合にも促進効果が得られなかったことから，単に何らかの感情が生起することによって洞察問題解決が促進されるのではなく，感情価が快方向に変化することが重要であることを示している。

 Sakaki と Niki（2011）は，なぞなぞ形式の洞察課題を題材として，快感情が解の納得度に及ぼす影響を検討している。具体的には，洞察課題を出題したあとに，実験参加者に対して呈示する写真の感情価を操作し，その後に示される正解に対する納得度を測定した。その結果，快感情を誘導する写真が呈示されたときに，洞察的な解に対する理解が高められることが示された。この研究では，洞察課題を解決できたかどうかを直接検討しているわけではないが，自らの問題解決の取り組みにおいて正解に近づいている場合には，正解に対する納得度が高くなると考えられることから，快感情が正解への到達を促していたことを支持する結果といえる。

(4) 他者の取り組み

 清河ら（2007）は T パズルを用いて，言語・非言語的要因を極力排除した上で，課題に取り組む様子の観察が問題解決に与える影響を実験的に検討した。具体的には，1 人で課題に取り組む個人条件，問題解決試行と映像遅延呈示装置を用いて自分の過去の試行を観察すること（以下，自己観察と呼ぶ）を交互に繰り返す試行・自己観察条件，試行と他者観察を交互に繰り返す試行・他者観察ペア条件の 3 つの条件を設定し，解決成績を比較した。その結果，試行・他者観察ペア条件では個人条件に比べ解決が促進されることが示された一方で，試行・自己観察条件では自己の過去の解決過程を観察することが妨害的に働くことが示された。

 この試行・他者観察ペア条件において見られた促進効果は，複数の影響過程によるものと考えられる。まず，観察によって得られる情報量が試行・他者観察ペア条件では，他の条件に比較して多いことの影響が考えられる。すなわち，自分自身の直前の試行を観察した場合には，すでに試行中に目にした情報を再び観察することになるため，T パズルにおける制約の影響を受けたピースの配置から抜け出すことが困難となる。それに対して，他者の試行を観察する場合には，自らの試行では生じなかったピースの配置が見られるため，それまでと異なる配置が出現しやすくなると考えられる。また，観察後に再び試行を開始する際にピースの配置に変化があるかどうかという点

の影響も考えられる。具体的には，試行・他者観察ペア条件では，試行を終えた時のピースの配置と，パートナーの試行を観察して再び自らの試行を開始する時のピースの配置が異なっているのに対して，試行・自己観察条件では，観察前と同じ状態からの再スタートとなる。この違いにより，ピースの配置の多様性が前者においてより高くなり，制約の緩和を促した可能性がある。

加えて，観察対象となっている動作が誰のものなのかということに対する認識が影響した可能性も考えられる。すなわち，試行・自己観察条件では自分の試行を「自己のもの」として観察するため，実現したピースの配置を確証的に捉えて疑わない傾向が強く，別の視点が取りにくくなる一方で，試行・他者観察ペア条件では他者の試行を当然「他者のもの」として観察するため，それまでの試行で生じたピースの配置に固執する傾向が生じずに済んだという解釈である。この観察対象の動作主の認識の影響については，小寺ら（2011）においてより統制された状況での検討がなされている。そこでは実際には自分の以前の試行であるにもかかわらず，「他者のもの」として観察を行うことで，「自分のもの」として観察する場合に比較して解決率が高くなることが確認されている。

また，洞察問題解決には，他者の解決成績に関する情報も影響することがわかっている。有賀（2013）は，Tパズルを用いて，課題に取り組む前に「他の参加者は5分で解いているパズルです」と教示される5分条件，「他の参加者は20分で解いているパズルです」と教示される20分条件，そして，他の参加者の解決時間に関する情報が与えられなかった統制条件の解決成績を比較している。その結果，5分条件では解決が促進された一方で，20分条件では解決が妨害されることが明らかとなった。他の参加者の解決時間に関する情報は，社会的比較（social comparison）により，自らの解決方針の適切さを評価する基準として用いられたと解釈されている。すなわち，他の参加者が解決に至っているとされた時点において，自らが解決に至っていない場合にはそれまでの方針が適切ではないと判断されることになる。そのタイミングが5分条件と20分条件で異なるため，前者の方が早い時点で方針の転換を試みることになる。このことが5分条件での解決の促進および20分条件での妨害に寄与したと解釈されている。

上述の小寺ら（2011）でも有賀（2013）においても，他者との直接的なやりとりは生じておらず，教示によって仮想的な他者の情報が示されているにすぎない。しかし，わずかそれだけの情報でも洞察問題解決が促進されたり，妨害されたりといった影響が生じることから，洞察問題解決の社会的性質がうかがえる。

2. 洞察を邪魔するもの

　上述のように，洞察問題解決は様々な要因によって促進されることが示されている。その一方で，自らの思考過程を言語化（verbalization）すること（以下，言語化）が洞察問題解決を妨害することが知られている。たとえば，3節で紹介したSchoolerら（1993）は，7種類の洞察問題を用いた4つの実験により，言語化が洞察問題解決に及ぼす影響を検討している。実験1と2では，解決を中断して回顧的言語化（retrospective verbalization）を行った場合の影響を，実験3と4では，問題に取り組みながら同時的言語化（concurrent verbalization）を行った場合の影響をそれぞれ検討している。その結果，言語化のタイミングにかかわらず洞察問題解決が妨害されることが示された。また同様に，KiyokawaとNakazawa（2006）は，Tパズルを用いて，回顧的言語化が洞察問題解決に及ぼす影響を検討している。その結果，解決を妨害している制約の緩和が回顧的言語化により妨害されることが明らかとなった。

　これらの研究で見られた妨害効果は，「どのようにして問題解決に取り組んだか」を言語化することによって，言語化した内容にのみ注意が向いてしまい，その後の解の探索範囲がその中に限定された結果であると考えられる。したがって，それとは異なる方向づけを行えば，異なる効果が得られる可能性がある。そこで，KiyokawaとNagayama（2007）は，言語化による妨害効果が示された洞察問題に取り組む際に，言語化の仕方を変えることで促進効果を生み出すことができるかを検討した。具体的には，Tパズルを用いて，自らの思考を言語的に振り返る際に，「このようにやっていては解決しないのではないか」という点について言語化すること，すなわち反省的言語化（reflective verbalization）を行うことで洞察問題解決が促進されるかどうかを検討した。実験群では，最初の5分間でどのように課題に取り組んだのかを振り返り，「このようなやり方ではこの課題は解決しないのではないか」という点について言語的に記述することを求めた。その際，言語的な記述を行いやすい文脈を作るために，「次に同じ課題に取り組む人に対してアドバイスをするつもりで」という教示を与えた。また，もう一方の条件は，課題とは関係のない，大学での勉強内容について言語的に記述することを求められる無関連言語化条件であった。いずれの条件も，言語化フェーズは3分間で，所定の記録用紙に記入する形で言語化を求められた。言語化フェーズのあとは，完成するか，もしくは，10分間経過するまでTパズルに取り組むよう求められた。その結果，KiyokawaとNagayama（2007）と同じ課題およびタイムスケジュールを用い思考内容の言語化を求めたにもかかわらず，言語化の方向づけが異なるだけで促進効果を生じさせることが可能なことが明らかとなった。このことから，言語化をすれば必ず洞察問題解決が阻害されるわけではなく，言語化の方

向づけを考慮する必要があると考えられる。

なお，言語化が洞察問題解決に及ぼす影響については，妨害効果も促進効果も見られなかった研究が存在していることから（Fleck & Weisberg, 2004; 清河・桐原, 2008），今後の研究では，効果の生起を分ける境界条件や調整要因を特定していく必要がある。その際，言語化を行わせる群と無関連な課題を行わせる群を比較するアプローチに加えて，BallとStevens（2009）のように，言語化を積極的に妨害することを意図した構音抑制（articulatory suppression）群との比較を行うことで，洞察問題解決における言語化の役割がより詳細に検討できると考えられる。

5節 おわりに

本章の冒頭で述べたように，突然問題が解けたり，あるいはふとした瞬間に妙案が浮かぶということは，誰しも経験していることである。しかし，常にそのような結果が得られるわけではなく，その試みが失敗することも多い。いつでも起こるわけではなく，また，それが起こった時には，「アハ体験」に代表される強い感情状態が伴うことから，我々はひらめきを求めてやまないのだろう。

本章の2節で見てきたように，ひらめきが生じる洞察問題解決には，通常の問題解決と共通の処理が関与しているだけでなく，意識的に捉えられない処理が関与していることから，意識的にひらめきを生じさせることは困難であるように考えられる。しかし，その一方で，睡眠や快感情，文化的な人工物や他者といった，一見すると，洞察問題解決とは無関係に感じられるような取り組みや要因がひらめきを促すことが示されてきている。したがって，洞察問題解決を自らの内的な認知処理に閉じることなく，また，自分の意識の及ぶ範囲に限定させることなく，利用可能な資源を積極的に活用していくことがひらめきを生む可能性を高めるのではないかと考える。

7章 さまよう思考——マインドワンダリング

関口貴裕

1節 はじめに

　我々はしばしば，読書中や人の話を聴いているときなどに，ついそれと無関係なことを考え，読んでいるようで読んでいない，聴いているようで聴いていない状態になることがある。このように何らかの活動中に，注意が外界の事象から離れて内的世界へと向かう現象のことを mind wandering という。この現象には，これ以外にも，課題無関連思考（task-unrelated thought），刺激独立思考（stimulus-independent thought），ゾーンアウト（zoning out），白昼夢（daydreaming）など様々な名前がつけられているが，近年，Smallwood と Schooler（2006）は，非専門家にもわかりやすいという理由で，この現象を mind wandering（注意散漫，ぼんやりなどを意味する英語表現）と呼ぶことを提唱している。そのニュアンスを生かすならば，mind wandering は「ぼんやり状態」のように訳すのが適当かもしれないが，あまり学術用語らしくもないので，本章ではこれをそのまま「マインドワンダリング」（以下，MW）と呼び，これまでに行われてきたその特徴や生起のメカニズム，他の活動に対する影響などに関する研究を紹介していく。

　MW について研究することには次のような意義がある。まず，従来の認知心理学は，知覚・記憶・言語などいずれのトピックについても，刺激・反応を介して脳が外界とどのように相互作用するかを検討してきた。これに対し，MW で意識（consciousness）に浮かぶ思考や感情は，外界との結びつきが弱い自己生成的なものである。このように意識に浮かぶ情報が外界から得られたものばかりでないことを考えると，従来の研究は，心の外界に向いた面しか注目してこなかったことになる。これに対し MW について研究することは，内的世界に対する脳の情報処理過程を調べることになり，それを通じて，我々の心，特に意識の性質について，これまで見過ごされてきた様々な重要な知見を得ることが可能だと考えられる。

　また，MW の研究にはより実用的な意味もある。たとえば，授業中の MW は学習の失敗につながるし，危険な作業中に関係ないことを考えないことは，安全上きわめ

て重要なことである。こうしたことからMWの性質やその生起メカニズムを検討することは，現実場面において課題や作業をどのように安全に遂行し，高いパフォーマンスを得るかという問題と結びついている。さらに，MWに関する検討は，後述のように，思考に対する実行制御（executive control）の働きや，意識経験（conscious experience）に対する気づき―メタ覚知（meta awareness）の働きについて知ることにもつながる。こうしたことから近年，MWに関する研究が急速に活発化している（レビューとして，Mooneyham & Schooler, 2013; Smallwood, 2013; Smallwood & Schooler, 2006）。

2節 マインドワンダリングの測定法

MWについて研究するためには，それが生起したことを検出するための有効な測定法が重要である。そこで本節では，これまでの研究で用いられてきたMWの測定法を，それぞれの問題点とともに説明する。

1. 思考サンプリング法

MW研究で最も多く使われている手法は，課題中（例：選択反応課題）に参加者に意識経験を報告させることでMWの生起を捉えるというものである。これを思考サンプリング法（thought sampling method）といい，自己捕捉法（self-caught method）とプローブ捕捉法（probe-caught method）の2つに分けられる（Smallwood & Schooler, 2006）。自己捕捉法は，参加者にMWの定義をよく説明した上で，課題中にMWの生起に気づいたら，その都度キー押しなどで報告させるという方法である。一方，プローブ捕捉法は，課題中にランダムなタイミングで直前の意識経験を問うプローブ刺激を呈示し，それへの回答からMWの生起を捉えるものである。プローブ捕捉法にはさらに，1）参加者にMWの有無（注意の焦点が課題にあったかなど）を「はい／いいえ」で答えさせる（Christoff et al., 2009; Sayette et al., 2009），2）プローブ直前の思考内容を言語報告させ，その内容からMWの有無を判断する（Smallwood, Obonsawin, et al., 2003; Teasdale et al., 1995），3）プローブ直前の思考内容を選択肢から選ばせ，その答えからMWの有無を判断する（McVay & Kane, 2009）のように，様々な実施方法がある。

自己捕捉法にしろ，プローブ捕捉法にしろ，それを実施する上で大事なことは，参加者が何を考えていたらMWなのかを明確に定義することである。参加者は課題中に課題とまったく関係のないこと（例：来週の旅行のこと）を考える一方で，実験の

表7-1 課題遂行中に経験する意識状態の4分類 (Stawarczyk et al., 2011)

	刺激依存	刺激独立
課題関連	課題遂行に集中している	課題関連干渉 課題や課題パフォーマンスについてあれこれ考えている
課題無関連	外界への注意散逸 課題と無関係な感覚・知覚情報に意識が向いている	マインドワンダリング 刺激独立かつ課題無関連な思考

　目的を推測したり，実験室の様子に気をとられたり，「早く終われ」という気持ちと戦ったりなど，実験状況に関係した様々なことに意識を向ける。このうちどこまでがMWなのかを定めることは，思考サンプリングを実施する上でも，研究対象となる現象の範囲を明確にする上でも重要である。こうした課題中の思考の分類法として，Stawarczykら（2011）は，それが「刺激に依存したものか（stimulus-dependency）」「課題に関連したものか（task-relatedness）」という2つの次元から4つに分けることを提案している（表7-1）。この分類では，課題中の刺激に意識が向いておらず，「いつまでやるのだろう」「失敗が多いな」のように，課題それ自体や課題パフォーマンスについて考えている状態が，課題関連ではあるが刺激独立な思考として課題関連干渉（task-related interference）に分類される。一方，「外がさわがしい」「お腹がすいた」のように課題以外の感覚・知覚情報（刺激）に意識が向いている状態は，刺激依存ではあるが課題無関連な思考をしているということで，外界への注意散逸（external distraction）と呼ばれる。そして，それ以外の刺激独立かつ課題無関連な思考をしている状態が，厳密な意味でのMWである。この定義は必ずしもすべての研究で共有されているわけではなく，たとえば，「お腹すいた」のような自身の状態に関する思考をMWと区別せずに「課題無関連思考」としてまとめて扱う研究も多いが（e.g., McVay & Kane, 2009），課題関連干渉をMWと分けて捉える点については多くの研究で共通している。

2. 思考サンプリング法の問題

　思考サンプリング法は多くのMW研究で使用されているが，自己捕捉法，プローブ捕捉法ともに，それぞれ特有の方法論的な問題を抱えている。
　まず，自己捕捉法について考えると，この方法では，参加者にMWの生起に自ら気づくことを求めるため，測定結果にMWの生起だけでなく，意識経験への気づきであるメタ覚知の程度が交絡するという問題がある。このため，この手法では，ある条件でMWの報告数が多くなったとしても，それがMWの生起頻度が増えたことによるものか，それともメタ覚知の向上で，MWの生起により気づくようになったこ

とを反映するのかを区別できない。これに対しプローブ捕捉法では，プローブ呈示をきっかけに意識経験を振り返るため，参加者が気づいていない MW についてもその生起を検出可能である（Christoff et al., 2009; Smallwood, McSpadden, et al., 2008）。これらを踏まえて考えると，これら2つの手法は測定している MW が異なっており，プローブ捕捉法がメタ覚知できた MW とできなかった MW の両方を測定しているのに対し，自己捕捉法は，メタ覚知できた MW のみを測定していることになる。ただし，この性質は利点でもあり，自己捕捉法は，MW に気づくためのメタ覚知のプロセスを検討する指標としても利用できるのである（Smallwood & Schooler, 2006）。

　次にプローブ捕捉法について考えると，この方法には，課題遂行中にプローブ呈示を繰り返すことで，MW の生起それ自体が変化してしまうという問題がある。たとえば，授業中の MW をこの方法で調べることを考えてみると，頻繁にプローブを呈示することで授業に集中しにくくなり，普段よりも MW が多くなるかもしれないし，逆に受講者が気をつけるようになるため，普段よりも MW が少なくなるかもしれない。このため，プローブ捕捉法では，それにより測定された MW が，思考サンプリングを行わない場合の MW と同じ性質を持つとは限らないという問題が生じる。しかし，だからといってプローブの数を少なくすれば，今度は MW の有無を調べることができない区間が増えてしまう。プローブ捕捉法では，こうした問題を踏まえ，プローブの呈示回数や呈示タイミングを慎重に設定することが重要である。

3. 行動指標と生理指標

　このように思考サンプリング法は MW 研究の中心的手法ではあるが，いくつかの方法論的な問題がある。そうであるならば，自己報告のような主観的な指標ではなく，反応時間や脳波のような客観性の高い指標で MW を測定できないかと考えたくなる。そこで以下では，MW と行動データ，生理的反応の関係を検討した研究を紹介する。これらは同時に，MW が課題パフォーマンスや生理的反応にどのような影響を与えるかを示す研究でもある。

(1) 課題エラーと反応時間

　MW の研究では，参加者の課題として，反応に持続的に注意を向ける課題—SART (Sustained Attention to Response Task：Robertson et al., 1997) を用いることが多い（図7-1）。SART は，次々と呈示される刺激のうち，ターゲット刺激に対してのみ反応しないことを求める課題（go/no-go 課題）であり，この課題のエラー（ターゲット刺激に反応すること）は持続的注意（sustained attention）の失敗を反映すると考えられている（Cheyne et al., 2006; Manly et al., 1999; Robertson et al., 1997）。このことは，必ずしも SART エラーが MW の結果として生じることを意味するわけ

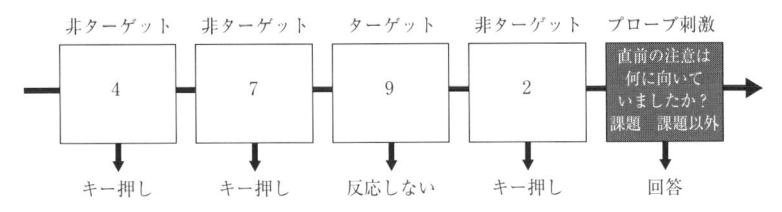

図7-1 SART（9がターゲットの場合）とプローブ捕捉法によるMWの測定

ではない。実際，McVayとKane（2009）は，ターゲット刺激の直後に思考プローブを呈示することでSARTエラーとMWの関係を調べているが，SARTエラーは，参加者がMWをしていない場合でも起こりうることを示している。一方で，McVayとKane（2009）を含む様々な研究は，SARTのエラー率がプローブ捕捉法で得られたMWの生起率と正の相関を示すことを報告している（Hu et al., 2012; Smallwood, Davies, et al., 2004; Stawarczyk et al., 2011）。こうしたことから，完全な指標とは言えないまでも，SARTエラーをMW生起の指標として扱う研究も存在する（Christoff et al., 2009; Smallwood, Fitzgerald, et al., 2009）。

また，多くの研究は，SARTの非ターゲット刺激に対する反応時間の分散や，極端に早い見込み反応の数もMW生起率と正の相関を示すことを見出している（Cheyne et al., 2009; Hu et al., 2012; Stawarczyk et al., 2011）。一方，反応時間それ自体については，MWの直前に短くなるという研究があるが（McVay & Kane, 2009; Smallwood, Davies, et al., 2004），それを支持しない研究もあり（Stawarczyk et al., 2011），明確なことは言えない。

(2) 眼球運動（eye movements）

興味のない本を読んでいる時などには，気がつけばMWの状態になっていることがあり，これを「うわの空の読み」（mindless reading）と言う（Reichle et al., 2010）。こうしたことから，文章の読みを主課題としたMW研究も多く行われている（Dixon & Bortolussi, 2013; McVay & Kane, 2012; Smallwood, McSpadden, et al., 2008; Unsworth & McMillan, 2013）。それらのうち，読みパフォーマンスの指標として眼球運動を調べた研究は，MW時にはそうでない時に比べ，それぞれの単語に対する注視時間（fixation duration）が長くなることや（Foulsham et al., 2013; Reichle et al., 2010），注視時間に対する単語使用頻度の効果（word frequency effect；低頻度語ほど注視時間が長い）が小さくなること（Foulsham et al., 2013; Reichle et al., 2010），さらには語中の視線逆行（regression）の回数が少なくなること（Uzzaman & Joordens, 2011）などを報告している。これらの結果は，MW中の読みが，まさに

文字を目で追うだけの単調な読みになっていることを意味している。

(3) 瞬目 (eye blink)

瞬目（まばたき）には，単に眼球の乾きを防ぐ以上の意味があり，実際，刺激に対する注意などに応じてその頻度が変化することが知られている（Stern et al., 1984）。文章を読んでいる際の瞬目を調べた研究は，MW が生起している時に，そうでない時に比べ瞬目回数が増加することを報告している（Smilek et al., 2010）。最近 Nakano ら（2013）は，瞬目中に，MW の神経基盤とされる脳のデフォルトモード・ネットワーク（default mode network, 11 章参照）が活動することを報告しているが，Smilek ら（2010）の結果は，この研究と重なるところがあり興味深い。ただし，瞬目については MW 時とそうでない時とで，その回数が変わらないという研究（Uzzaman & Joordens, 2011）もあるので，注意が必要である。

(4) 脳波 (electroencephalogram)

Braboszcz と Delorme（2011）は，MW 中の脳活動を脳波により調べている。その結果，MW 中は課題に意識が向いている時に比べ，脳波の周波数成分のうちシータ波（4-7Hz）およびデルタ波（2-3.5Hz）の強度が増し，アルファ波（9-11Hz）とベータ波（15-30Hz）の強度が低下することを見出した。また，刺激に対する処理を反映する事象関連脳電位（event-related brain potentials, ERP）を使った研究では，MW 中は，感覚レベルの処理を反映する初期 ERP 成分（視覚 P1 成分，聴覚 N1 成分）や，より複雑な認知処理を反映する後期陽性成分の振幅が小さくなることが報告されている（Braboszcz & Delorme, 2011; Kam et al., 2011; Smallwood, Beach, et al., 2008）。

(5) その他の生理指標，およびまとめ

MW はこのほかにも，瞳孔径（pupil diameter：Smallwood, Brown, et al., 2011）や心拍数（heart rate：Smallwood, O'Connor, et al., 2004）など，様々な生理的反応と関係することがわかっている（脳活動との関係については 11 章を参照）。しかしながら，仮に MW の生起がある行動指標や生理指標の変化（例：注視時間の伸長）をもたらすとしても，それを引き起こす要因が MW 以外にも存在しうることを考えると（例：読み方略の変化），その変化でもって MW が生起したと判断するのは難しい。一方，近年では，ここで述べた指標の分析を工夫して，実際に，それらを通じて MW の生起を測定する試みも行われている（Franklin et al., 2011; Schad et al., 2012）。そうした方法は現時点ではまだ中心的手法とはなっていないが，今後，研究の進展により，MW の客観的な測定法として多くの研究で使われるようになるかもしれない。

3節 マインドワンダリングの現象的特徴

MWについては，SmallwoodとSchooler（2006）のレビュー論文以降，非常に多くの研究が行われている。そこで本節では，それらの研究で明らかとなったMWの現象的特徴を紹介していく。

1. いつ，どのような時に生起するのか

MWは誰もが日々経験する，ありふれた現象であるが，実際のところ，我々は日常生活の中でどのくらいMWを経験しているのであろうか。KillingsworthとGilbert（2010）は，日常生活におけるMWをプローブ捕捉法で調べるためのスマートフォン用プログラムを開発し，それをWEBページで配布することで，様々な年齢，国籍，職業からなる数千人の協力者からデータを得ている。そのうちの成人男女2,250名のデータを分析した結果，MWは，1日の活動時間において46.9％の確率で，仕事中，会話中，テレビを見ている時など様々な活動の最中に生起することを見出している。また同様に，Kaneら（2007）も124名の大学生を対象に携帯情報端末によって思考サンプリング（1日8回実施）を7日間行い，その結果から1日におけるMWの平均生起率を30.0％と報告している。これらの結果は，我々が日常生活において想像以上にMWの状態にあることを意味している。

では，MWはどのような状況で起こりやすいのであろうか。実験室の課題でMWを調べた研究は，MWは，難易度が低い課題（Giambra, 1995; Teasdale et al., 1993）や熟練した課題（Mason et al., 2007; Teasdale et al., 1995）など，認知的負荷の低い課題を行っているときに生起しやすいことを示している。また，気分とMWの関係を調べた研究では，参加者を不快な気分に誘導した場合，快な気分や中立的気分に誘導した場合と比べ，SART中のMW頻度が高くなることが報告されている（Smallwood, Fitzgerald, et al., 2009）。同様の傾向は，日常生活におけるMWでも見出されている。上述のKaneら（2007）では，参加者にMW時の状況もたずねているが，そこでは，MWは退屈な作業の最中や不安や疲れを感じているときに多く，一方で，集中を要する活動をしているときや幸せを感じているときには少ない傾向にあることが示されている。

2. 何を考えるのか

日常生活でのMWを調べたKillingsworthとGilbert（2010）は，快なこと，不快なこと，中立的なことを考えている割合がそれぞれ43.5％，31.0％，26.5％であり，

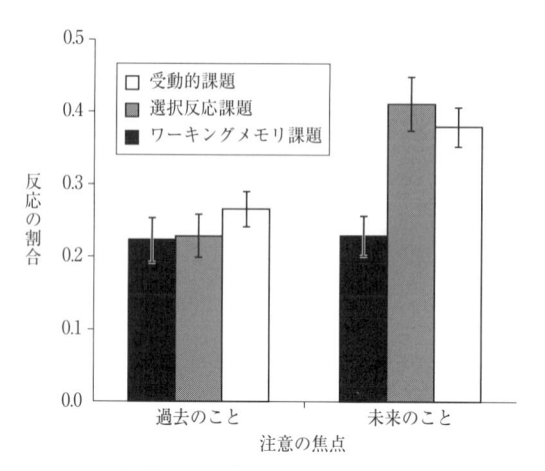

図 7-2　MW における未来思考の優位性（Smallwood, Nind, et al., 2009 の図を改変）

MW 中は，快なことを多く考える傾向にあることを見出している。

　また，近年の研究は，MW 中は過去のことに比べ，未来のこと（数時間後などの近い未来も含む）を多く考えることを報告している（Baird et al., 2011; Smallwood, Nind, et al., 2009; Stawarczyk et al., 2011）。たとえば，Smallwood, Nind ら（2009）は，受動的課題（呈示される数字を見ているだけ）や選択反応課題の最中にランダムなタイミングでプローブ刺激を呈示し，その直前の注意が「課題」「過去のこと」「未来のこと」のどれに向いていたかを答えさせるという実験で，「未来のこと」に対する反応の割合が「過去のこと」のそれよりも 2 倍近く多いことを見出している（図7-2）。こうした未来に向いた思考の優位性は，実験室研究だけでなく，日常生活における MW を調べた研究でも報告されており（D'Argembeau et al., 2011），近年のエピソード的未来思考（episodic future thinking, 8 章参照）の研究に対する関心の高まりとともに，様々な検討が行われている（Smallwood & O'Connor, 2011; Smallwood, Schooler, et al., 2011）。ただし，この未来に向いた思考の優位性は，図 7-2 に示すように，課題が認知的負荷の高い課題（ワーキングメモリ課題）である場合に消失する。これについて Smallwood, Nind ら（2009）は，未来のことを考えることが注意資源（attentional resource）を要する活動であり，認知的負荷の高い課題では課題遂行の方に注意資源が多く消費されるため，未来に向いた思考を行いにくくなるのだと説明している。

3. どのような人で起こりやすいのか

　SARTなどでMWを調べると，その生起率に参加者による違いが見られる。こうした違いは，MWの生起しやすさの個人差によるものであろうか，それとも偶発的なものであろうか。これに関しMcVayとKane（2012）は，SART，ストループ課題，小説「戦争と平和」を読む課題，心理学の論文を読む課題のそれぞれにおけるMW生起率を調べ，それらが互いに中程度の相関を示すこと，および確証的因子分析の結果，それらに影響を与える単一の潜在変数を想定できることを見出している。また，McVayら（2009）は，実験室の課題でMW生起率が高い人は，日常生活においてもMWが多い傾向にあることを報告している。これらの結果は「MWの生起しやすさ」という個人特性があり，同じ課題でもMWをしやすい人としにくい人がいることを意味している。

　では，MWをしやすい人としにくい人は認知能力の上で何が異なるのであろうか。この問題に関しMcVayとKane（2009）は，ワーキングメモリ能力（working memory capacity）との関係に注目している。ワーキングメモリとは，知的活動の遂行のために，それに必要な情報を一時的に保持しつつ，同時に情報の処理を行う脳の働きであり，その能力の個人差は個人の注意資源の量を反映すると考えられている。McVayとKane（2009）は，参加者のワーキングメモリ能力を複数のワーキングメモリスパンテストで測定し，SART中のMW頻度との関係を調べた。その結果，ワーキングメモリ能力とMW生起率が負の相関（$r = -0.22$）を示し，ワーキングメモリ能力が高い人ほどMWが少ないことが見出された。この結果は，後述のように，ワーキングメモリ能力の高い人は，実行制御（目標達成のために思考や行動を制御すること）のための注意資源を豊富にもつため，MWが生起しそうになっても，課題遂行に集中し続けることができるからだと説明された（McVay & Kane, 2009, 2010）。

　一方，Kaneら（2007）は，日常生活におけるMWとワーキングメモリ能力の関係を調べ，McVayとKane（2009）と同様にワーキングメモリ能力が高い人の方が低い人に比べMWが少ないという結果を得ているが，それは参加者が集中や努力を要する作業を行っている時だけであり，そうでない時には，そのような関係は見られないことを報告している。さらに，Levinsonら（2012）は，注意資源を要しない課題（呼吸にあわせてキーを押す課題）を行っている際のMW生起率とワーキングメモリ能力の関係を調べ，先行研究と逆に，ワーキングメモリ能力とMW生起率が正の相関（$r = 0.33$）を示すことを見出している。これらの結果は，ワーキングメモリ能力とMW生起率の関係が，課題に必要な注意資源の量により変わることを意味している。これらの結果については，次節で，MW生起のメカニズムに関する考察を通じて整理する。

4. 他の活動にどのような影響を与えるか

儒教の教典「大学」に「心不在焉，視而不見」（心ここに在らざれば，視れども見えず）とあるが，その言葉のとおり，MW 中は注意の焦点が内的世界に向いているため，外界の様子が意識に上りにくくなる。それは，SART やビジランス課題のエラーとして現れるし（Giambra, 1995; Smallwood, Davies, et al., 2004），より複雑な単語記憶課題の成績の低下としても現れる（Smallwood, Baracaia, et al., 2003）。さらに，前述のように脳波をつかった研究では，MW 中は，外界の刺激に対する脳の反応が弱くなることも示されている（Kam et al., 2011）。このように注意が知覚内容から引き離され（外界と内的世界とで分割され），外界の情報が十分に処理されなくなることを知覚的切り離し（perceptual decoupling）という（Schooler et al., 2011）。

知覚的切り離しの結果として，MW は文章の読解や人の話を聴く時の理解度に大きな影響を与える（Smallwood, Fishman, et al., 2007）。たとえば，Smallwood, McSpadden ら（2008）は，参加者にコンピュータ画面上で推理小説を読ませ，様々なシーンでの MW の有無をプローブ捕捉法で測定することで MW が内容理解に及ぼす影響を調べている。その結果，重要なシーンで MW が生起していた場合，犯人が誰であったかを特定することが困難になった。この結果は，MW の生起が，文章に書かれた状況を理解する過程，すなわち状況モデル（situation model）の構築（Kintsch, 1994）を妨げることを示している。

このように MW が文章理解の妨げとなるならば，MW 傾向の高い人は文章に集中するのが苦手なため，文章の理解力が低いと考えられる。そこで McVay と Kane（2012）

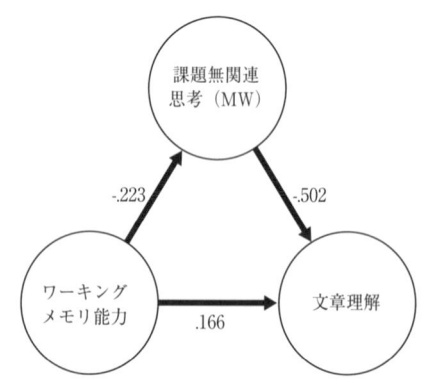

図 7-3　MW 傾向とワーキングメモリ能力，文章理解力の関係
（McVay & Kane, 2012 の図を改変）

は，MW 傾向と文章理解力の関係を，同じく文章理解に影響することが知られているワーキングメモリ能力（Daneman & Merikle, 1996）との関係を含めて検討している。構造方程式モデリングによる分析の結果，図 7-3 のように，ワーキングメモリ能力が文章理解力に直接的に影響するとともに，MW 傾向を通じて間接的な影響も与えることが示された。すなわち，ワーキングメモリ能力の低い人は MW をしがちであり，それにより文章中の重要な情報が十分に処理されなくなるため，文章理解力も低いのだと言える。

4 節　マインドワンダリング生起のメカニズム

ここまで，近年の研究で明らかとなった MW の特徴を紹介してきた。では，これらの特徴を踏まえて，MW はどのようなメカニズムで生起すると考えられるであろうか。Smallwood（2013）は，これまでに提案された MW 生起のモデルを以下の 4 つに整理している。

1.「現在の関心事」仮説（the current concerns hypothesis）

この仮説（Klinger et al., 1973）では，我々の意識は，外的世界／内的世界を問わず，参加者にとって最も目を引く（salient）対象に向けられると考える。そして，何かのきっかけで参加者のもつ目標や懸念，願望，すなわち「現在の関心事」（current concerns）が活性化し，それが相対的に外界の知覚対象よりも目を引くものである場合に，それを考えることに注意が向けられ，MW の状態になるのである。この状態は，外界に目を引く対象がない場合には容易に生起し，逆に，面白い映画を見ている時のように，外界に興味深い刺激が多く存在する場合には生起しにくいと考えられる。

2. 実行制御の失敗仮説（the executive failure hypothesis）

McVay と Kane（2009）は，MW は，課題遂行中の実行制御がうまく働かないときに生起すると考えている。実行制御とは，目標達成のために思考や行動を制御する働きのことであり，課題目標を維持し，それに関連した情報に注意を向ける順向性制御（proactive control）と，課題遂行に干渉する情報の処理を抑制する反応性制御（reactive control）の 2 つからなるとされる（Kane & Engle, 2003）。彼らの仮説では，実行制御が十分に機能している場合には，課題に注意を向け続けることができ（順向性制御），かつ課題と無関係な思考が活性化してもそれを抑制できるため（反応性制御），MW の状態にはならないが，何かの原因でそれに失敗すると課題無関連思考に

意識をうばわれて，MWの状態になるのだと説明する。またこの仮説では，課題無関連思考それ自体には実行制御の働きは関与せず，注意資源を消費することなく行われると考える。

前述のようにMWは，認知的負荷の低い課題で起こりやすい。これについて実行制御の失敗仮説では，負荷の低い課題では，その遂行に実行制御があまり関与しないため，課題無関連思考の抑制が十分に行われず，MWが生起しやすいのだと説明する。また，MWが生起すると課題エラーが増えるのは，何らかの原因で実行制御の働きが弱くなることで，課題無関連思考の抑制と課題遂行の順向性制御が十分に行われなくなることを反映していると考える。

3. 切り離し仮説（the decoupling hypothesis）

切り離し仮説（Smallwood & Schooler, 2006）では，外界に注意が向くこととMWとで，それを支える仕組みが基本的に同じであると考える。この仮説では，外界に注意を向けることに実行制御が重要であると考える点では，実行制御の失敗仮説と同じであるが，それと異なり，課題と関係のない思考を行うことにも実行制御が関与し，注意資源がそれに消費されると考える（ただし，課題無関連思考の活性化自体は自動的であり，実行制御はその継続に関わる）。言うなれば，外界に注意が向くこととMWとは表裏の関係であり，何かのきっかけで課題無関連思考が活性化し，それに気づかないうちに注意資源が外界から引き離され，課題無関連思考に向けられた状態がMWであると考える。

この仮説では，MWが認知的負荷の低い課題で起こりやすいという知見について，負荷の低い課題は注意資源をあまり消費しないため，MWを行うための資源が豊富に残されているからだと説明する。また，MWが生起すると課題エラーが増えることについては，MWが注意資源を多く消費することで，課題遂行のための実行制御がうまくいかなくなることに原因があると説明する。

4. メタ覚知仮説（the meta-awareness hypothesis）

我々は「今，何を考えているか」「どのような気持ちでいるか」のように，自らの意識経験それ自体を自分で知ることができる。このように自分自身の意識経験を何らかの形で表現し，その内容に気づくことをメタ覚知という。メタ覚知仮説（Schooler, 2002; Schooler et al., 2011）では，メタ覚知は間欠的なプロセスであり，これがうまく働いていれば，MWが生起してもそれに気づき，注意を課題に戻すことができるが，それが働いていないときには，意識が課題無関連思考にうばわれたことに気づかず，MWが継続すると考える。

5. モデルの評価

　このように，MW生起のメカニズムについては様々な考えが提唱されている。しかし，これらは互いに背反する関係にあるのではなく，MW生起のどの面を強調するかという点で異なっているにすぎない。たとえば，「現在の関心事」仮説は，MW生起における思考内容の役割を重視しているが，実行制御やメタ覚知の働きを否定するものではない。一方，参加者の関心事が内的／外的なきっかけによって自動的に活性化し，それが意識をうばい取るというプロセスは，「現在の関心事」仮説だけでなく，他の仮説においても同様に仮定されている。また，メタ覚知の仕組みはメタ覚知仮説以外では考えられていないが，MWが生起したことに気づき，本来の課題に注意を戻すプロセスを考えるならば，ほかの仮説でもメタ覚知の働きの存在を仮定せざるを得ないであろう。

　これらのモデルのうち，唯一，モデル間で考え方が異なるのは，課題と無関係な思考が生起したあと，それを継続することに注意資源（実行制御の関与）が必要かという点である（McVay & Kane, 2010; Smallwood, 2010）。これについて実行制御の失敗仮説では「その必要はない」と考え，切り離し仮説では「必要である」と明確に述べている。このうちどちらが正しいかについては，ワーキングメモリ能力とMW傾向の関係に関する知見から考察できる。ワーキングメモリ能力には，個人の注意資源の量や実行制御能力が反映されると考えられているが，第3節で述べたように，1) 認知的負荷の高い課題（例：SARTや文章読解）では，ワーキングメモリ能力の低い人の方が，高い人に比べ，MWが多いことが示され（Kane et al., 2007; McVay & Kane, 2009, 2012），一方，2) 認知的負荷の低い課題（例：呼吸課題）では，むしろワーキングメモリ能力の高い人の方がMWを起こしやすいことがわかっている（Levinson et al., 2012）。これについて，実行制御の失敗仮説は，1) の知見を「認知的負荷の高い課題では，注意資源が課題の遂行に多く割かれるため，ワーキングメモリ能力の低い人ではMWを抑えるための資源が足りなくなり，MWが生起しやすくなる」とうまく説明できるが，2) の知見については説明が難しい。これに対し切り離し仮説では，1) については，実行制御の失敗仮説と同じ説明を行い，2) については「認知的負荷の低い課題では，課題遂行よりも，課題と無関係な思考をすることに注意資源が割かれるため，ワーキングメモリ能力の高い人の方がMWを起こしやすくなる」と，両方の知見をともに説明することが可能である。

　また，前述のようにSmallwood, Nindら（2009）は，MWの思考の中でも未来に向いた思考の割合が，課題の認知的負荷に応じて変わることを示している（図7-2）。さらに，これに関係してBairdら（2011）は，ワーキングメモリ能力の高い人ほど，

MWにおける未来思考の割合が高いことを報告している。これらの結果についても実行制御の失敗仮説では説明が困難であるが，切り離し仮説では「未来に向いた思考が特に注意資源を要するプロセスであり，ワーキングメモリ能力の高い人は注意資源が多いために，課題を行いながらも未来思考を行う余裕があるのだ」とクリアに説明することができる。

このようにMW中の思考に注意資源が必要であるかについては，それを肯定する知見の方が多い。また，11章で見るようにMW中の脳活動を調べた研究では，MW中に実行制御に関わる前頭前野背外側部（dorsolateral prefrontal cortex）が活動することも報告されており（Christoff et al., 2009），やはり切り離し仮説を支持している。ただし，これらの知見については，それを否定するデータも存在する。たとえば，McVayら（2013）は，ワーキングメモリ能力とMWの関係に関する自分たちの過去のデータを再分析し，未来思考の割合についてBairdら（2011）と同じ結果が得られるかを検討しているが，ワーキングメモリ能力と未来思考の割合の間に相関関係は見られなかった。また，脳活動を調べた研究でも，MW中の前頭前野背外側部の活動を示さない研究も存在する（Hasenkamp et al., 2012）。これらのことを考慮すると，現時点では実行制御の失敗仮説と切り離し仮説のどちらか正しいかについて明確な結論を出すことは難しく，それぞれの妥当性についてさらに慎重な検討が必要であろう。

5節 マインドワンダリングの適応的意義

MWは，課題パフォーマンスに妨害的に働くため，適切な課題遂行のためにはそれが起こらないよう気をつける必要がある。一方，そうでありながらも，MWは1日の時間の30〜50％で生起する，非常にありふれた現象である。こうしたことから，多くの研究者は，MWにも何らかのポジティブな意味があるはずだと考えている（Baars, 2010; Mooneyham & Schooler, 2013; Schooler et al., 2011）。

MWがもつ機能に関する1つの仮説は，それが未来に行う行動への準備になるというものである。前述のようにMW中は未来のことを考えることが多い。では未来に関する思考とは，具体的にどのような内容の思考であろうか。Bairdら（2011）やD'Argembeauら（2011）は，その内容として，目標達成にむけたプランニングに関するものが最も多いことを報告している（8章参照）。このことから，我々は日常生活の中で，心に余裕があるときにMWを行うことで未来の行為についてあれこれと段取りを立て，実際に行う際に問題なくそれを遂行できるよう準備しているのだと考えることができる。

MWのもつ機能についてのもう1つの仮説は，それが創造的思考（creative thinking）の促進につながるというものである．長い間考えてきた問題の答えが日常の何気ない瞬間にふと頭に浮かぶということは，科学的発見に関する様々な逸話で述べられているし，誰しもが経験のあることであろう（6章，11章参照）．このことは，MWの状態で様々なことを考えることが，創造的な問題の解決に何らかの形で貢献する可能性を示唆している．実際，Bairdら（2012）は，認知的負荷の低い課題（MWが多い課題）を行ったあとで，創造的思考に関する問題（例：レンガの変わった使い方をたくさん考える）に答える場合，認知的負荷の高い課題（MWが少ない課題）のあとでそれを行う場合に比べて，独創的な答えが多くなることを報告している（ただし，事前に同じ問題に取り組んでいた場合のみ）．これらの結果は，間接的ではあるが，MWを行うことが検討中の問題の解決を促進することを示唆している．

　このほかにもMWの意義・機能については様々な仮説が提案されている．たとえば，MooneyhamとSchooler（2013）は，1）様々な対象の間で注意を循環させることそれ自体が適応的（例：野生動物が目の前の食事だけに集中することは危険である）であることや，2）課題に長時間取り組むことによる処理の飽和をMWが防いでいること，3）MWは退屈しのぎになることなどを指摘し，一方，Grubergerら（2011）は，4）MWが連続した自己の存在を感じる上で重要だということ（3章参照），さらには5）MWが睡眠と同様に学習を促進する可能性などを指摘している．これらは実証的に支持されたものではないが，いずれも興味深い考えであり，今後の検討が期待される．

6節　おわりに

　以上，MWという現象について近年の研究で明らかにされたことを紹介してきた．MWは認知心理学の研究の中でも，この10年で最も活発に研究が行われたトピックの1つであり，ここで紹介した以外にも様々な興味深い知見が報告されている．それらは，学習（Lindquist & McLean, 2011; Risko et al., 2012）や交通場面（Galera et al., 2012; He et al., 2011）など，日常の様々な場面におけるMWの負の影響を検討したものや，抑うつ（Smallwood, O'Connor, et al., 2007），注意欠陥・多動性障害（Shaw & Giambra, 1993），マインドフルネス（Mrazek et al., 2012）のように臨床心理学的な問題とMWの関係について検討したものまで様々である．こうした研究の豊富さは，それだけMWが我々の身近に存在する重要な現象であり，かつ，そうでありながらも心理学の研究対象として長く無視されてきたことの表れであろう．それを踏ま

えて考えると，この先の10年でさらに研究が進み，本章でまとめた内容もすぐに過去のものとなってしまうのかもしれない。しかし，ここではむしろそうなることを期待しつつ，本章の結びとしたい。

8章 未来の出来事の思考——エピソード的未来思考

伊藤友一

1節 エピソード的未来思考

1. はじめに

　ふと気がつくと，翌週に控えたプレゼンや面接のことを考えていた，などという経験をしたことが誰しもあるだろう。そして，その場面について考えたとき，緊張で口の中が乾き，心臓が脈打つ感覚までがありありと頭に浮かぶかも知れない。さらに思考を進めて，聴衆や面接官からどのような質問が来て，自分がどのように返答をするかというところまで考えることもあるだろう。このように，私たち人間は，ときに，自分が将来経験する出来事について思考をめぐらせ，その出来事を今まさに経験しているかのようにありありと頭の中でシミュレートすることができる。そのような人間の能力は，エピソード的未来思考（episodic future thinking; Atance & O'Neill, 2001）と呼ばれている。本章では，エピソード的未来思考によるイメージがいかにして構築されるのか，そのプロセスに焦点を当て，エピソード的未来思考研究の動向を概観する。また，その現象として現れる特徴や，ふと浮かぶ思考に及ぼす影響についても言及する。

2. 日常生活における未来思考とその意義

　7章で触れられていたように，日常的に行われる無意図的な思考（マインドワンダリング；mind wandering）では，未来について考えていることが多いことがわかっている（Stawarczyk et al., 2011）。それでは，日常生活における未来に関する思考はどのようなときに，何のために行われているのだろうか。

　D'Argembeauら（2011）は，典型的なある1日のうちに経験される「未来に関する思考（future-oriented thoughts）」について調査研究を行っている（この研究では，時間的・空間的に特定できるような出来事，すなわちスペシフィック（specific）な出来事についての思考に限らず，あらゆる未来時制の思考を報告の対象としているた

め,「エピソード的未来思考」ではなく「未来に関する思考」と表現する)。それによると,参加者たちは1日に平均して59個の未来に関する思考を行なっており,起きている時間を16時間とすれば,およそ16分に1回,未来のことについて考えていた計算になる。考えていた内容は,仕事(学業),人間関係,余暇,あるいはちょっとした用事についてなど,実に多様であった。さらに,それらの思考の目的は主に,行動のプランニング(action planning:52.5％),意思決定や目標設定(decision making or setting a goal:17.5％),感情制御(emotion regulation:10％)であった。

これらの未来に関する思考の機能は,いずれも環境への適応,生存にとって非常に重要なものと言える。たとえば,最悪の事態を想定せずに何らかの行為を開始してしまうというような不十分なプランニングはときに重大なヒューマンエラーにもつながるだろう。また,状況に応じて適切な意志決定を行えない場合,本来なら得られたはずの利益を取り逃がしてしまうことになる。それらの失敗を避けるためには,未来の状況を実際に体験しているかのように,より詳細にシミュレートしておくことが望ましい。すなわち,よりスペシフィックな未来の出来事について考える能力であるエピソード的未来思考が重要となってくるのである。実際に,エピソード的未来思考に関する研究では,詳細に未来の状況をシミュレートすることのポジティブな効果が,意思決定(Peters & Büchel, 2010)や展望的記憶(prospective memory)の成績(Chasteen et al., 2001)について確認されている。さらに,未来に関する思考には,ネガティブなものよりもポジティブなものが多いことや,過去の出来事を想起したときよりもポジティブな出来事が頭に浮かびやすいというポジティビティ・バイアス(positivity bias)の存在が多くの先行研究によって報告されており(Berntsen & Jacobsen, 2008; D'Argembeau et al., 2011; D'Argembeau & Van der Linden, 2004; Finnbogadóttir & Berntsen, 2013),未来に関する思考が感情制御にとって有効な手段であることが示唆されている。

②節 エピソード的未来思考研究――エピソード記憶の重要性

それでは,こうしたエピソード的未来思考の背景にはどのようなプロセスが存在しているのだろうか。これまでのエピソード的未来思考研究では,神経心理学的研究(neuropsychological study),認知心理学的な行動研究(behavioral study),脳機能画像研究(functional brain imaging study)など様々なアプローチによって,過去の出来事に関する記憶であるエピソード記憶(episodic memory)システムの重要性が主張されてきた。ここでは,それぞれのアプローチから示されている知見をいくつか

紹介する。

1. 神経心理学的研究

エピソード的未来思考においてエピソード記憶が重要な役割を担っていると考えられる強い根拠となっているのは脳損傷患者の症例である。これまでに，側頭葉内側部（medial temporal lobe，海馬（hippocampus）を含む）の損傷による健忘症患者（amnesic patient）は，エピソード記憶の想起が困難であるのと同様に，自身が将来経験する出来事についてイメージすることも困難であることが，複数の研究によって報告されている（Hassabis et al., 2007; Klein et al., 2002; Tulving, 1985）。たとえば，Tulving (1985) は，次のような健忘症患者とのやり取りを紹介している。

> 実験者：「未来のことについての質問です。あなたは明日どんなことをするつもりですか？」
> （15秒間の沈黙）
> 患　者：微かに笑って，「わかりません。」
> 実験者：「質問を覚えていますか？」
> 患　者：「私が明日することについてですよね？」
> 実験者：「そうです。では，それについて考えようとしているときの頭の中の状態はどのようなものでしたか？」
> （5秒間の沈黙）
> 患　者：「まっしろ（blank）。そのような感じです。」

もちろん，この患者は言葉の意味概念の理解は問題なくできている。その一方で，エピソード記憶を想起できないこの患者は，個人的な未来の出来事についても考えることができないのである。健忘症患者に見られるこのような症状は，未来思考におけるエピソード記憶の重要性を示唆している。

2. 認知心理学的研究

記憶想起能力と未来思考能力の関連性については，認知心理学的な行動データからも示唆が得られている。Addisら(2008)は，加齢研究（aging study）によってエピソード的未来思考におけるエピソード記憶を想起する能力の重要性を示している。彼女らは若年者と高齢者を対象に，手がかり語から連想される過去の出来事の想起と未来思考を行わせ，その内容を発話により報告させた。そして，その内容を内的詳細情報（internal details; エピソード記憶を反映するような情報であり，中心的な出来事に関

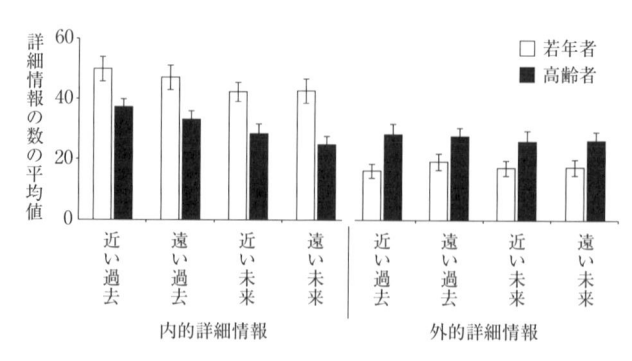

図 8-1 未来思考に含まれる内的詳細情報と外的詳細情報の加齢による変化
（Addis et al., 2008, の図を改変）

する情報）と外的詳細情報（external details；意味記憶を反映するような情報を含む，中心的な出来事から離れた周辺的な情報）とに分類した。例として食事の場面をイメージしたとき，料理を食べて感じる味や匂いなどは内的詳細情報であり，食材の産地などといった知識は外的詳細情報に分類される。彼女らがそれらの情報量を比較した結果，若年者と比較して高齢者では，エピソード記憶想起と未来思考の双方において内的詳細情報が減少し，外的詳細情報が増加するという特徴が認められた（図8-1）。これは加齢によるエピソード記憶想起能力の低下に伴って，未来思考の能力も低下するという可能性を示している。ほかにも，現在からの時間的距離が近い過去・未来の出来事は，遠い過去・未来の出来事に比べ，共通してより詳細に想起，イメージされることなどが見られるということも，両者の関連性を示す傍証と言える（e.g., Addis et al., 2008; D'Argembeau & Van der Linden, 2004）。

3. 脳機能画像研究

過去想起と未来思考の対称性は，脳機能画像研究においても確認されており，意味記憶想起時と比較して，エピソード記憶想起時と未来思考時には，前頭前野内側部（medial prefrontal cortex），海馬や海馬傍回（parahippocampal gyrus）を含む側頭葉内側部，脳梁膨大後部皮質（retrosplenial cortex）などの活動が共通して見られることがわかっている（Addis et al., 2007; Okuda et al., 2003; 図8-2）。さらに，エピソード記憶想起と未来思考に見られる神経活動のオーバーラップは，よく知っている他者が何らかの出来事を経験している場面をイメージした場合には見られず，あくまで自分自身が個人的に経験する出来事をイメージした場合に限って見られることが示されている（Szpunar et al., 2007）。このような研究は，両者が共通の神経基盤に基づく

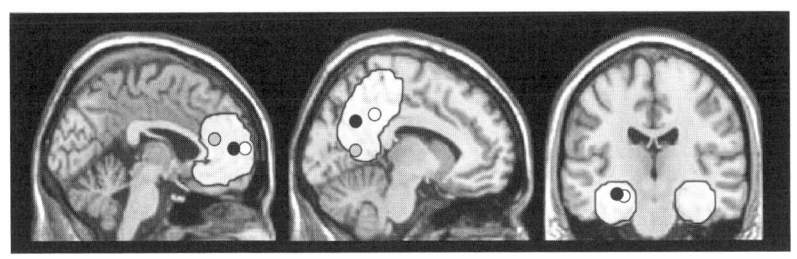

前頭前野内側部　　　脳梁膨大後部皮質　　　側頭葉内側部

● は，Addis et al.（2007）
● は，Szpunar et al.（2007）
○ は，Okuda et al.（2003）で確認された活動のピークがある場所

図 8-2　エピソード記憶想起時と未来思考時に共通した神経活動の見られる脳領域
（Schacter, et al., 2008 の図を改変）

認知活動であるとする根拠を提供している。

3節　エピソード的未来思考のプロセス

　前節で述べたように，未来思考の研究においては，そのイメージ構築に対するエピソード記憶（あるいは，エピソード記憶の想起を可能にする記憶システム）の重要性が強調されてきた。それでは，エピソード記憶は，未来思考におけるイメージ構築のプロセスに対して具体的にどのような形で貢献しているのだろうか。

1. 構築的エピソードシミュレーション仮説

　エピソード記憶の構築的（constructive）な側面については，Bartlett（Bartlett & Burt, 1933）をはじめ，多くの研究によって指摘されてきた（太田・多鹿，2000）。Addis ら（2007）は，そのような構築的記憶システムがエピソード的未来思考を可能にしていると考え，構築的エピソードシミュレーション仮説（constructive episodic simulation hypothesis）を提唱した。この仮説によると，未来の出来事のシミュレーションをするためには，エピソード記憶に蓄えられた情報を柔軟に検索（retrieval）し，一貫性のある（coherent; 時間的，空間的，文脈的な連続性の保たれた）未来の出来事のイメージへと統合（recombination/integration）するシステムが必要であると考えられている。たとえば，未来の自分の結婚式の様子を思い描く場合には，これまでに行ったことのある結婚式場や見たことのある衣装，出席者やその様子などの情

報をエピソード記憶からもってきた上で,自分が経験すると思えるような未来の状況のイメージへとまとめ上げているということである。実際に,記憶だけでなく,様々な情報の統合に重要な海馬 (e.g., Baddeley et al., 2011; Ranganath, 2010) を損傷した患者は,過去に経験したことのない新奇な出来事についてイメージすることを求められても,断片的で,詳細さに欠けたイメージしかできないということがわかっている(Hassabis et al., 2007)。

さらに,Addis ら (2010) は実験的再結合課題 (experimental recombination task) という,イメージに利用する情報の結びつけ易さを操作する課題を考案し,この仮説を支持する,より直接的な証拠を示している。実験の手続きは次のようなものである(図8-3)。まず,実験室実験の前に参加者に,過去に経験した複数のエピソードを想起してもらい,その報告を基に,自分以外に登場した「人」,エピソードのあった「場所」,エピソードを象徴する「物」という3つの詳細情報のリストを作成した (図8-3A)。これらの情報は,実験刺激作成の際に「人,場所,物」の3つの情報で1セットの刺激になるように,実験者によって部分的に組み替えられた(図8-3B)。その結果として,「人,場所,物」の組み合わせが,過去に経験した1つのエピソードに由来する刺激セット (つまり,どの情報も入れ替わっていない:図8-3B 左),2つのエピソードに由来する刺激セット (図8-3B 中央),3つのエピソードに由来する刺激セット (図8-3B 右)という3パターンの刺激セットが作成された。参加者は後日,それら3パターンの刺

(A)

「ケンカ」 人:友人 X 場所:駅のカフェ 物:ハンカチ	「テレビ購入」 人:友人 Y 場所:電気屋 物:液晶テレビ
「卒業式」 人:母 場所:大学のキャンパス 物:ネクタイ	「クリスマス」 人:恋人 場所:レストラン 物:指輪

(B)

1つのエピソードに由来	2つのエピソードに由来	3つのエピソードに由来
以下の情報を含む未来の出来事をイメージ 友人 X(ケンカ) 駅のカフェ(ケンカ) ハンカチ(ケンカ)	以下の情報を含む未来の出来事をイメージ 友人 Y(テレビ購入) 電気屋(テレビ購入) ネクタイ(卒業式)	以下の情報を含む未来の出来事をイメージ 友人 Y(テレビ購入) 駅のカフェ(ケンカ) 指輪(クリスマス)

図8-3　実験的再結合課題の (A) 実施前に収集されるエピソードの表題と詳細情報,(B) 課題実施時に呈示される手がかりの例 (Addis et al., 2009 を改変)

激セットのいずれかを手がかりとして呈示され，そこに書かれた「人，場所，物」を含む未来の出来事をイメージするよう求められた。その際，詳細情報は対応する表題と合わせて呈示されており，参加者はそれがどのエピソードに由来する情報なのか特定できるようになっていた。もし未来思考に，様々な詳細情報を統合するプロセスが含まれているのであれば，統合するべき情報の中に本来関連していなかった情報が多く含まれている場合，それだけ情報を統合する処理に労力が必要となるだろう。その結果として，詳細なイメージ構築も困難になると予測される。したがって，3つの詳細情報から未来の出来事をイメージするとき，1つのエピソードから得られた情報で構成された刺激セットを手がかりとしたイメージが最も容易で，3つのエピソードから得られた情報で構成された刺激セットを手がかりとしたイメージが最も困難であると考えられる。結果は予測どおり，後者の条件下のイメージにおいて，その詳細さが低下していた。

　紹介したような研究から，この構築的エピソードシミュレーション仮説は，未来思考のプロセスについての非常に有力な仮説と考えられている。しかしながら，この仮説が捉えているのは未来の出来事の表象を精緻化していく過程であり，それを行うための前提として，詳細情報を統合するための枠組みや土台のようなものが存在すると考えられている。

2. 枠組みを構築する段階と表象を精緻化する段階

　この未来の出来事の表象を構築するための枠組みとなるものとは，意味的な情報，特に，エピソード記憶に蓄えられた詳細情報を検索し，統合し，解釈（interpreting）するための文脈や枠組みを提供するような，個人的未来に関連した包括的・意味的な知識（general or semantic knowledge）であると考えられている（D'Argembeau & Mathy, 2011）。すなわち，未来の出来事の表象を構築する際には，はじめに意味的な情報が出来事の枠組みとして利用され，そこに具体的な情報が徐々に付け加えられることで出来事の表象がより精緻なものになっていく。たとえば，翌日行われる入社試験に向かう場面をイメージする場合，「家の最寄り駅から試験会場の最寄り駅まではA駅で乗り換えて○分かかる。試験開始時刻は10時半なので……」というように，自宅から試験会場までの道のりや時間などの知識に基づいて出来事の展開の大まかな枠組みをまず構成する。そして，その上で，「自分は何時ごろに起床して，どの服を着て，何時ごろに家を出て，最も人が並んでいない券売機で乗車券を買って，階段を降りてすぐの車両に乗って，会場に近づくに連れて周囲にリクルートスーツの人が増えてきて……」というような，その文脈においてスペシフィックな情報が組み合わされていくのである。

このような，未来の出来事の表象形成における段階的なプロセスの存在については，いくつかの脳機能画像研究によって示唆が得られている（Addis & Schacter, 2008; Addis et al., 2007; Weiler et al., 2010）。それらの研究では，未来の出来事の表象が構築される初期にあたる構築段階（construction phase）とそれに続いて表象が精緻化される段階（elaboration phase）を操作的に定義し，両段階における脳活動を調べている。手続きは，過去や未来の出来事が思い出された，あるいはイメージされた時点でボタンを押すよう参加者に求め，ボタン押し以前を初期の構築段階，ボタン押し以降を精緻化段階とするという単純なものである。その結果，各段階において異なる脳活動が報告されている。

　Weilerら（2010）によると，初期の構築段階においては，左側頭葉外側部の下側頭回（inferior temporal gyrus; brodmann area 21）の活動がエピソード記憶想起時よりも未来思考時に高まっていた。側頭葉外側部（特に側頭極（temporal pole）など前部の領域）は意味的な情報の処理に重要な領域として知られており（Svoboda et al., 2006; Visser et al., 2010），未来思考の初期の構築段階では，意味記憶に関連する処理が行われていた可能性を示唆している。一方，精緻化段階においては，エピソード記憶想起時より未来思考時に海馬の顕著な活動が見られることなどが明らかにされている。また，AddisとSchacter（2008）は，精緻化段階についてさらなる検討を行い，海馬の活動が強いほど未来の出来事のイメージが詳細であったと報告しており，海馬によって情報が統合され，まとまりのある未来の表象が形成されていると主張している。

　これらのことから，構築的エピソードシミュレーション仮説で想定されるようなエピソード記憶情報の検索や統合は，精緻化段階に行われているものと解釈可能である。すなわち，意味的な情報を利用しながらイメージの枠組みを構築し，そこにエピソード記憶から検索してきた詳細情報を統合することでより精緻な未来の出来事のイメージを形成していると推測される（図8-4）。

　しかしながら，ここで紹介したような神経科学的知見については，一貫した結果が得られているわけではない。たとえば，Addisら（2007）の研究では，精緻化段階において，エピソード記憶想起時よりも未来思考時の方が海馬の活動が強いという結果は得られていない。このような結果の不安定さを解消するためにも，より厳密な実験手法の確立が求められている（Gaesser et al., 2013やVan Mulukom et al., 2013を参照）。

3. まとめ

　ここまでの話をまとめると，エピソード的未来思考には，意味的知識に基づいて未

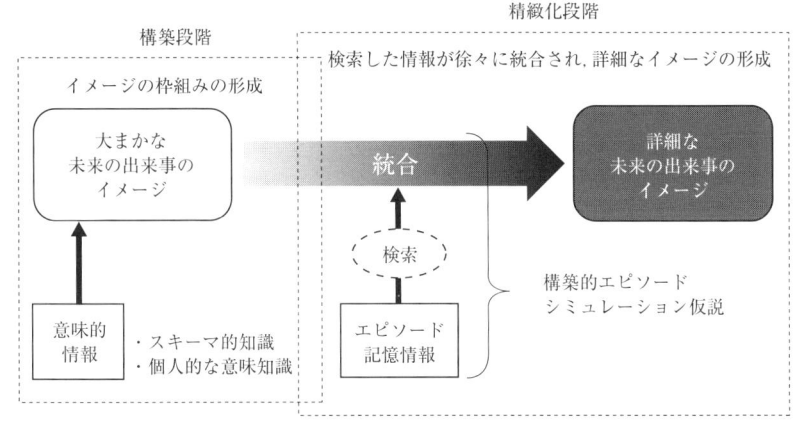

8章 未来の出来事の思考―エピソード的未来思考

図8-4 未来思考における構築段階と精緻化段階，および想定される内部プロセスの模式図

来の出来事のおおまかな枠組みを構築する段階と枠組みに具体的な情報を付与することで出来事の表象を精緻化していく段階があり，このうち精緻化段階においては，エピソード記憶から得た詳細情報を検索し，統合するというプロセスが存在している可能性が先行研究によって示唆されてきたと言える。

しかしながら，未来思考のプロセスに関して，検討されるべき問題はいまだ多く残されている。たとえば，記憶検索で見られる現象（例：検索誘導性忘却）が未来思考時には生じなかったという研究結果が報告されているが（Storm & Jobe, 2012），このような研究結果を考慮すると，未来思考における記憶情報の検索は，エピソード記憶想起における検索とは異なるプロセスによって実行されているという可能性も考える必要があるのかもしれない。また，未来思考時の情報統合の処理を実行機能（executive function）が制御しているという仮説も提案されているが（Schacter & Addis, 2007; Addis et al., 2009），それを実証する研究もあまり行われていないのが現状である。さらに，近年では意味記憶（semantic memory）の役割についても注目が集まっており（D'Argembeau & Mathy, 2011; Szpunar, 2010），たとえば，意味認知症患者（semantic dementia; エピソード記憶は比較的保たれているが，意味記憶に障害が見られる）における未来思考能力の低下が報告されている（Irish et al., 2012a, 2012b）。また，意味記憶システムは，構築段階において出来事の表象の枠組みを提供するだけでなく，中心的な出来事からの思考の逸脱を防ぐ役割に寄与している可能性も示されており（Ito et al., 2013），その役割はより広く捉え直される必要があるだろう。このようにエピソード的未来思考の背景メカニズムの解明には，検索や統合の

103

さらに下位のプロセス，意味記憶の役割などの検討がまだまだ必要である。

4節 エピソード的未来思考を促進させる要因

本章の第1節において述べたように，人は日常的に未来思考を行っており，将来経験する出来事についてより詳細なイメージをしておくことは，我々の生活において様々なメリットを提供してくれる。それでは，どのようなときに未来思考は生じ，どのようなときにより詳細なイメージが可能となるのだろうか。ここでは，未来思考によるイメージの構築を促進する要因を紹介する。

1. 時間的距離の近さによる詳細なイメージ構築の促進

イメージする未来の出来事までの時間的距離は，イメージする内容の詳細さに強く影響を及ぼすことが知られている。すなわち，時間的に近い未来の出来事ほど詳細，具体的なイメージになり，時間的に遠い未来の出来事ほど曖昧なイメージになるのである（D'Argembeau & Van der Linden, 2004; Addis et al., 2008）。このような現象は直感的にも理解しやすいだろう。たとえば，明日の昼食のことをイメージする場合，おそらく誰とどこで何をどんなふうに食べているのかというところまでありありと考えられるだろう。それに対して，1年後のある日の昼食となると，無理やりメニューなどを決めることはできても，誰とどこで食べているかですらも今ひとつはっきりしないだろう。

時間的距離とイメージの詳細さの関係は，神経活動においても確認されている。たとえば，未来の出来事のイメージに伴う海馬の活動は，時間的距離が遠くなるほど強くなる（Addis & Schacter, 2008）。このような活動パターンが見られるのは，時間的距離が遠いことによって，まったく異なる詳細情報を利用する余地が増えるため，それらの情報を一貫性のある出来事の表象へと統合するのが困難になるためだと考えられている。

2. 既知の文脈による詳細なイメージ構築の促進

未来の出来事が熟知性（familiarity）のある空間的文脈（たとえば，自宅）で起こるものか熟知性のない空間的文脈（たとえば，ジャングル）で起こるものかもまた，イメージの詳細さに影響を及ぼすことが知られている。すなわち，馴染みのある場所で起こる未来の出来事のほうが，よく知らない場所で起こる未来の出来事に比べ，より詳細にイメージされやすいのである（Arnold et al., 2011）。

こうした文脈の熟知性とイメージの詳細さの関係についても，神経科学的な知見が得られている。たとえば，過去の出来事の想起や未来の出来事をイメージしたとき，その文脈の熟知性が高い場合には，海馬傍回，後帯状皮質（posterior cingulate cortex），前頭前野の内側と外側などの活動が強くなることが報告されている（Szpunar et al., 2009）。また，海馬傍回の活動は時間的距離が近い場合にも強くなることがわかっているが（Addis & Schacter, 2008），時間的距離の遠い未来の出来事に比べて近い未来の出来事は既知の文脈を利用してイメージしやすくなることが行動データによって示されており（Arnold et al., 2011），この時間的距離の違いによる海馬傍回の活動の変化には，文脈の熟知性の違いも反映されている可能性が考えられるだろう。

3. 目標によるエピソード的未来思考の促進

エピソード的未来思考は基本的に，プランニング，意思決定，感情制御などといった，何らかの目的や目標のもとに行われるものである（D'Argembeau et al., 2011）。そして，目標に関連する手がかり（例：好きな職業に就く）が与えられたとき，人はより流暢に未来の出来事のイメージを生成できることが行動データによって示されている（D'Argembeau & Mathy, 2011）。

また，D'Argembeau ら（2010）は，個人的目標とは関係のない手がかりよりも，個人的目標に関連した手がかりをもとにして未来思考を行った場合のほうが，前頭前野腹内側部（ventral medial prefrontal cortex）と後帯状皮質の活動が強く見られることを明らかにしている。そして彼らは，自己に関する知識を問う課題（自分自身の性格特性の判断）に取り組んでいるときにも，個人的目標を手がかりとした未来思考と同様の領域（前頭前野腹内側部と後帯状皮質）が活動することを確認し，これらの領域の活動が，自己参照処理（self-referential processing）を反映するものであると主張している（11 章も参照）。

4. 熟知文脈や個人的目標を手がかりとした未来思考に共通する認知処理

この自己参照処理は，先述の熟知性による未来思考の促進にも関与していると考えられる。なぜならば，熟知性の高い文脈とは，自己に関する情報を参照しやすい文脈であるからだ。たとえば，Szpunar ら（2009）が使用していた熟知性の高い文脈手がかりは，アパートや大学のキャンパスなどであった。これらの手がかりが与えられた場合，おそらく参加者は自分の住んでいるアパートや通っている大学をイメージしただろう。そうであれば，自分の所属する学部，その学部のある建物，選択している科目，参加しているサークル活動などといった自己関連情報の参照が行われやすいはず

である。つまり，個人的な目標や熟知性の高い文脈を手がかりとするような，自己参照処理のしやすい状況が設定されたときに未来思考が促進されているという可能性が考えられるだろう。この可能性については今後実験的に検討していく必要がある。

5節 エピソード的未来思考が他の認知活動に及ぼす影響

　将来経験する出来事をシミュレートするという心的活動は，日常的に行われ，プランニングや意思決定，感情制御など，様々な機能を有していることを本章の冒頭で紹介した。それらは，どちらかといえば，目的をもって行われる未来思考の意図的な側面を反映した機能である。しかしながら，未来の出来事についてイメージすることは，思いもよらない影響を人の認知活動に及ぼしている。

1. 解釈水準理論

　解釈水準理論（construal level theory: Trope & Liberman, 2003, 2010）は，心理的距離（psychological distance）と認知処理様式の対応関係に関する理論であるが，未来思考と関わりが深く，しばしば未来思考の論文中にも登場している（e.g., Schacter et al., 2008）。この理論は，心理的な距離（時間的距離や空間的距離など）の「近い-遠い」と，解釈の水準である「具体-抽象」の連合（association）について説明しており，そこでは，心理的距離の近いものは具体的に解釈され，遠いものは抽象的に解釈されると考えられている（図8-5）。実際，未来思考に見られる特徴的な現象のいくつかは，この理論と一致している。たとえば，時間的距離の近い未来（例：明日）の出来事よりも，遠い未来（例：来年）の出来事のほうが曖昧なイメージになってしまうという，未来思考で頑健に見られる現象がまさにそれである。そして，解釈水準理論の研究では，近い未来や遠い未来の出来事についてイメージすることが他の認知活動に与える影響について調べられており，そこで得られている知見は，未来思考がふと浮かぶ思考に及ぼす影響について考える手がかりとなるだろう。

　たとえば，Försterら（2004）は，洞察課題（insight problem）に取り組む場面について未来思考をするとき，その時間的距離が課題成績に影響を及ぼすことを示している。参加者はまず，洞察課題に明日（近い未来），あるいは1年後（遠い未来）に取り組んでいる様子を数分間イメージするよう求められ，その後，今度は実際に洞察課題を解くよう求められた。すると，明日課題に取り組むイメージをしていた参加者の成績よりも，1年後にその課題に取り組むイメージをしていた参加者の成績の方が高くなったのである。さらに，同様の時間的距離による影響は，他の創造性を必要と

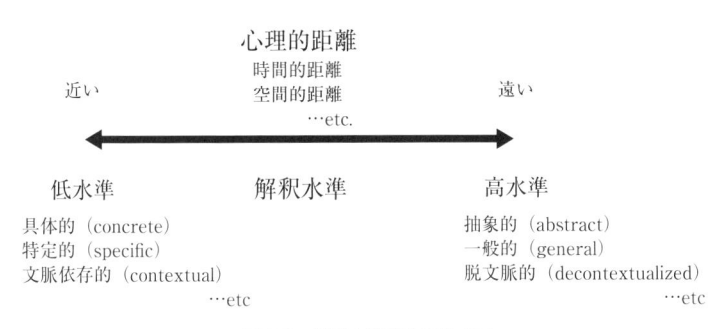

```
        心理的距離
        時間的距離
        空間的距離
近い        …etc.        遠い
←─────────────────────→

低水準        解釈水準        高水準
具体的（concrete）            抽象的（abstract）
特定的（specific）            一般的（general）
文脈依存的（contextual）      脱文脈的（decontextualized）
              …etc                    …etc
```

図 8-5　解釈水準理論の模式図

する課題(creative generation task)でも確認された。これらの結果をFörsterら(2004)は，解釈水準理論によって説明している。簡潔に言えば，洞察課題も創造性課題も抽象的な視点が有用な課題であるため，時間的距離を遠く設定したことで抽象的な認知処理を行いやすくなり成績が向上したのである。このような現象は，実は気がついていないだけであって，未来思考を行うたびに起こっているのかもしれない。そして，未来思考は我々が日常的に行っているものであるということから（D'Argembeau et al., 2011)，それは我々の行う他の認知活動に対して，やはり日常的に，意図しないような影響を及ぼしている可能性があると言える。

2. ふと浮かぶ思考との関連

　本章の冒頭で述べたように，エピソード的未来思考は，我々が日常生活を送るなかで無意図的に生起することがある。そして，そのような無意図的に生起した未来思考もまた，我々が行う認知活動に先述のような思いがけない影響を及ぼしている可能性がある。D'Argembeauら（2011）によると，無意図的に行われる未来に関する思考の31％は数日のうち，27.5％は翌週のうちに起きる出来事についてのものであり，1年以上先の出来事について考える頻度は3％程度である。つまり，人は比較的近い未来の出来事について考えていることが多いのだ。これについて，先述の解釈水準理論に基づいて考えると，我々は，無意図的に近い未来のことを考えがちであるため，気がつかないうちに創造性や洞察力を発揮し難い状態になっていることが多いのかもしれない。6章で述べられていたように，創造性や洞察はそれ自体がふと浮かぶ思考と言えるが，このことから考えると，こうしたふと浮かぶ未来に関する思考が，ひらめきのような別のふと浮かぶ思考に対しても影響を与えている可能性があると言える。

6節 おわりに

　本章では，エピソード的未来思考の現象的特徴や，これまでの研究から想定されるイメージ構築のプロセス，未来思考がふと浮かぶ思考に及ぼしうる影響などをかいつまんで説明してきた。この心の働きに関しては，イメージ構築のより具体的なプロセスなど，まだまだ未解明の部分も多く，精緻な理論の構築には至っていないのが現状である。一方で，エピソード的未来思考については，自閉症（autism）を対象とした臨床心理学的研究（Lind & Bowler, 2010），発達心理学的研究（Naito & Suzuki, 2011），虚偽の意図（false intention）形成に関する応用心理学的研究（Granhag & Knieps, 2011）など様々な研究が行われている。さらには，未来について考えることが人間に特有の能力なのかどうかといった観点から，動物を使った比較認知科学的な研究も行われており（Suddendorf et al., 2009 を参照），多様な分野からの関心を集める研究領域となっている。したがって，未来思考のプロセス，およびそれを成立させる背景メカニズム等の解明は，記憶や思考の心理学のみならず，人間に関わる様々な研究領域に対して強いインパクトをもつものとなるだろう。

9章 考えたくないことが心に浮かぶ
——思考抑制の意図せざる影響

及川 晴

1節 思考を抑制することの難しさ

　ふと浮かぶ思考には，愉快なものばかりではなく，不快な感情を呼び起こすものもある。そうした望まない思考については，考えないようにするに限る。しかし，考えないようにすること，すなわち，望まない思考の抑制は，簡単なことではない。不安，抑うつ，嫌悪，恐怖などの不快な感情を呼び起こす望まない思考を抑制する方法を求めて，専門家を訪ねる人も少なくない。

　思考を締め出そうと真剣に努力してみると，思考抑制（thought suppression）がいかに困難な試みであるかがわかる。幸いにもそんな経験はないという人は，今すぐに何かの思考を抑制してみていただきたい。たとえば，しばらくの間，呼吸について考えないでみていただきたい。

　実際に試してみると，思考を浮かばせないようにすることは思っていた以上に難しい。むしろ，考えないようにしようと努力すればするほど，その思考が浮かんでくることがわかる。

2節 シロクマについては考えないでください

　思考を抑制しようとする試みは，なぜかその思考を心に浮かばせる。たとえば，5分間シロクマについて考えないように求め，その間シロクマについて考えたら，その都度報告するよう求めた研究では，毎分1回程度，シロクマについての思考が心に浮かんでいた（Wegner et al., 1987；図9-1）。このような実験から，たとえシロクマのような不快感情を伴わない中性的なものが対象であったとしても，やはり思考を抑制することは困難であり，侵入思考（intrusive thoughts）が頻繁に体験されることがわかる（即時的増幅効果，immediate enhancement effect）。また，思考抑制から解放され，シロクマを含め何でも自由に考えるように求められた参加者は，はじめに思

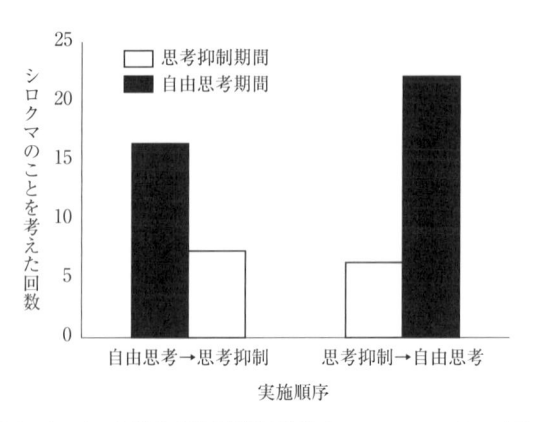

図9-1　シロクマに関する思考抑制の効果（Wegner et al., 1987，実験1）

考抑制を求められていなかった参加者に比べて，シロクマについての思考をより多く報告していた。すなわち，思考抑制を行ったあとにも，思考が浮かびやすくなることがわかる（リバウンド効果，rebound effect）。まだ呼吸についての思考が浮かんでくるとしたら，あなたはリバウンド効果を経験していることになる。このような抑制の困難性は，実験的に与えられた中性的な対象の抑制だけでなく，個人的な体験や感情的な対象の抑制などにも幅広く当てはまる（レビューは，木村，2003；及川，2011）。

　思考を抑制しようとすればするほど，皮肉にもその思考が心に浮かぶようになる。思考抑制の皮肉過程理論（ironic process theory；Wegner, 1994）によると，その原因は思考抑制に伴う心理過程の仕組みにある（図9-2）。何かを抑制しようとすると，監視過程（monitoring processes）と実行過程（operating processes）の2つの心理過程が作動する。監視過程は，何を抑制しようとするのか，その対象となる思考を心に留め，思考の侵入を自動的に監視する心理過程である。実行過程は，抑制しようとする対象以外の何かに意識を集中させる心理過程である。たとえば，シロクマについて考えないようにしようとすると，実行過程はシロクマ以外の何かを考えて意識を集中させようとする。また，そのためにはシロクマについて考えていないかを自動的に監視する監視過程も働かせる必要がある。もしもシロクマについて考えてしまったら，監視過程は思考の侵入を警告し，実行過程の思考内容の変更や，さらなる努力と警戒を促す。

　こうした2つの心理過程がバランスよく協力することで，通常は，シロクマについての思考を心に浮かばせないことに成功する。しかし，皮肉なことに，自動的な監視過程の働きによって，望まない思考に対する警戒が強まると，むしろその思考に対し

図9-2 思考抑制の悪循環

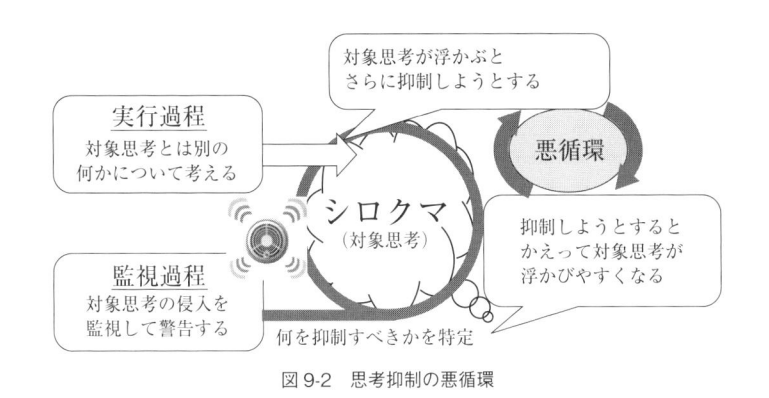

て過敏な状態となる。その結果，まさに抑制しようとしていた思考が心に浮かびやすくなってしまう。このように２つの心理過程のバランスが崩れて衝突した場合，望まない思考を抑制しようとするほど，その思考が心に浮かび，さらに抑制しようとする悪循環に陥る。

3節 思考抑制の意図せざる影響

　思考抑制は，なぜかその思考を心に浮かばせるだけでなく，さらなる意図せざる影響を誘発する。先述したように，望まない思考を抑制しようとすると，しばしばその意図に反して，思考の侵入やリバウンドが生じる。このような抑制意図に反した侵入思考やリバウンドは，その思考に対する情動反応の持続や増幅を導く（Wenzlaff & Wegner, 2000）。たとえば，皮膚電位反応を計測しながら，性的なことについて考えないように求められると，性的なことについて考えるように求められた場合と同等の興奮が観測される。また，過去の恋人について思考を抑制するように求められると，その相手について考えるように求められるよりも，情動反応が増幅する。さらに，歯科を受診することについて思考を抑制するように求められると，もともと歯科に対して恐怖を抱いていなかったとしても，侵入思考や不安感情が増幅される。これらのことから，情動的な思考の抑制は，まさに抑制しようとしていた情動反応を，持続ないしは増幅させることがわかる。

　思考抑制の意図せざる影響は，抑うつ（depression），不安（anxiety），強迫神経症（obsessive-compulsive disorder）など，幅広い精神疾患と関連する。たとえば，強迫神経症に悩む人々は，しばしば望まない思考が繰り返し心に浮かんでくることや，

強迫的な行動を止められないといった症状を訴えるだけでなく，シロクマなどの中性的な思考を抑制することも苦手である。ただし，思考抑制の困難は，精神疾患の原因というよりは，合併症の1つであると考えられる。

　思考抑制は，日常の問題への個人的な対処法として用いられる。問題を先延ばしにすることは，つかの間の安堵を提供するため，不快な思考や情動や症状を多く経験する人ほど，頻繁に抑制を試みることになるのである。しかし，思考抑制はあくまでも問題の先延ばしに過ぎないため，慢性的な対処法として用いると，むしろ問題を悪化させる。不快な思考や情動を慢性的に抑制しようとすると，侵入思考やリバウンドが繰り返し経験され，情動反応が増幅し，長期的には様々な精神疾患を発症させる危険性もある。実際に，ストレス対処法として思考抑制を慢性的に用いる者は，その他の対処法を用いる者に比べて，抑うつ，不安，強迫神経症などの傾向が高い（Wegner & Zanakos, 1994）。また，トラウマ体験（traumatic experience）への対処法として思考抑制を用いる者は，その他の被害者に比べて，心的外傷後ストレス障害（post-traumatic stress disorder, PTSD, 14章参照）を発症する危険性が高い（Najmi & Wegner, 2008）。

　精神疾患に限らず，禁酒，禁煙，ダイエットなどの生活習慣の改善においても，思考抑制を用いることは侵入思考の増幅やリバウンドを招き，むしろ逆効果となる。さらに，情動的な思考の抑制に伴う緊張や負担は，精神だけでなく，身体の機能にも影響を及ぼす。たとえば，独り暮らしに伴う抑うつ感や孤独感を数時間抑制するように求めた実験では，その結果として免疫機能が低下することが観察されている（Petrie et al., 1998）。

4節　考えない方法について考える

　望まない思考を抑制しようとする試みは，少なくとも一般に信じられているよりも困難であり，むしろ逆効果なこともある。また，思考抑制はさらなる意図せざる影響を導き，解決できる以上の問題を引き起こす危険性もある。しかし，思い出したくない過去や，瑣末な心配事，誘惑や秘密に関する思考を抑制できなければ，円滑な日常生活を送ることはできない。思考抑制の困難性を乗り越えて，効果的なメンタルコントロールをするためには，どうすればよいのだろうか。

1. 代替思考

　特定の思考を抑制しようとするときには，何か替わりとなる別のこと（代替思考，

distraction）について考えようとする。このような代替思考として，何について考えるべきだろうか。一般的な方法は，代替思考の内容は決めずに，とにかく思考を抑制しようと試みることである。抑制中の思考内容を発話させて記録した実験では，参加者は侵入思考を経験するたびに，代替思考の内容を変更していた（Wegner et al., 1987）。たとえば，シロクマについての思考を抑制している間，参加者は部屋の照明について考え，シロクマについての思考が侵入してくると，午後の予定について考えるというように，次々と思いつくままに代替思考の内容を変えていた。

　その場で思いついた代替思考を用いることは，実際には，思考抑制を困難にする要因の1つである。代替思考を特定せずに思考を抑制しようとすると，望まない思考と次々に浮かぶ思考や感情とが結びつけられ，連想による呼び起こしが生じやすくなる（Wenzlaff et al., 1991）。また，集中を欠いた思考は，思考のコントロール感の低下やストレスを導く（Pronin et al., 2008）。

　不特定の代替思考を用いるよりも，特定の代替思考を用いる方が，思考抑制は成功しやすい。たとえば，シロクマについて考えてしまったら，かわりに赤いフォルクスワーゲンについて考えるというように，代替思考の内容を指定しておくことで，抑制中の侵入思考や，その後のリバウンドは緩和される（木村，2004a；Wegner et al., 1987）。強迫神経症患者を対象とした実験においても，抑制中の代替思考を指定することで，ストレスが緩和されることが示されている（Najmi et al., 2009）。また，不快な思考を抑制しようとする場合には，代替思考は抑制対象を連想させてしまうネガティブな内容よりも，ポジティブな内容を用いることが効果的である（木村，2004a）。このように，やみくもに何か別のことを考えようとするのではなく，意識を集中させておくための代替思考をあらかじめ特定しておくことによって，思考抑制の困難を緩和させることができる。

2. ストレスを避ける

　ストレス，二重課題（dual task），時間圧（time pressure）などは，メンタルコントロールを困難にさせる（Baumeister et al., 1995）。思考抑制には，自動的な監視過程と意識的な実行過程の2つの心理過程が関与しているが，ストレスは自動的な心理過程への依存を強め，意識的な心理過程の働きを低下させる。すなわち，ストレスは思考抑制の失敗を導く自動的な監視過程の弊害を増幅させ，思考抑制の成功を導く意識的な実行過程の働きを割り引く（Wegner, 2009）。たとえば，ダイエット中にストレスを感じているほど，高カロリー食の誘惑は魅力的に感じられ，また，それを抑制するために必要な注意資源は低下するため，侵入思考が増幅し，セルフコントロールに失敗しやすくなる。

ストレスを避けることは，思考抑制を補強する。また，思考抑制の効果的な利用は，ストレスを避けることにつながる。逆に，ストレスを感じているときには，思考抑制が困難になり，さらなるストレスを生む悪循環に陥る。たとえば，不安や抑うつは，慢性的な思考抑制の失敗と関連しており（Wegner & Zanakos, 1994），また，思考抑制の失敗はしばしば精神疾患の引き金となる（Najmi & Wegner, 2008）。これらのことから，望まない思考を抑制するには，ストレスを感じている渦中ではなく，ストレスから距離を置いた状況が効果的であるといえる。

3. 考えすぎない

望まない思考を完全に締め出すことはできなくても，一時的に延期することはできる。たとえば，職場での心配事を完全に締め出すことは難しいとしても，それを家庭に持ち込まないようにすることはできる。望まない思考を一時的に延期するだけで，日常のメンタルコントロールとしては十分に効果的である。

また，心配はあとですればよいと考えれば，望まない思考の抑制は楽になる。日常の問題にある程度の気を配ることは必要だが，過ぎた心配はかえって活動の妨げとなる。心配への対処を扱った研究では，その日に起きた問題をまとめて振り返る時間をつくることが提案されている。たとえば，毎日30分程度の〈心配の時間〉を設定し，心配事はその時間まで延期するようにすれば，日常の心配事によって活動を中断されずに済む（Brosschot & Van der Doef, 2006）。

望まない思考の抑制を試みるにあたっては，あまり積極的にならないことがその成功の鍵となる（木村，2005）。たとえば，積極的に思考を抑制しようとすると，侵入思考が浮かぶたびに，意図に反した抑制の失敗として重く受け止められ，不快感情やさらなる抑制意図を増幅させる悪循環に陥る。思考を抑制することについてあまり深く考え過ぎずに，思考の延期として捉えたならば，たとえ侵入思考が経験されたとしても，それは後で考えればよいこととして受け流される。このように，メンタルコントロールに対する姿勢には，積極的または受動的なスタイルの個人差がある（木村，2005）。思考抑制においては，積極的に取り組もうとするよりも，あまり考えすぎない受動的なスタイルを持つ方が効果的に働く。

4. 思考と向き合う

考えないことができないのならば，いっそのこと考えてしまってはどうだろうか。恐怖症（phobia），不安症（anxiety disorder），心的外傷後ストレス障害などでは，望まない対象と接触（暴露，exposure）することの効用が確認されている（Cloitre, 2009）。望まない思考の暴露では，望まない思考について考えるように求められる。

思考の暴露は，反応の予防（reaction prevention）と組み合わせることで，神経症行動の効果的な治療となることが確認されている（Abramowitz, 1996）。また，望まない思考を繰り返し言葉に出すことは，その対象への不快感を低減させる効果的な手段として用いられる（Dane, 2011）。

望まない思考や感情は，抑制しようとせずに受け入れてしまえばよい。この考えは，アクセプタンス・アンド・コミットメント・セラピー（ACT：Hayes et al., 1996）の中核を成している。ACTでは，望まない思考や感情などの体験を，回避せずに受け入れるように求め，また，それが難しい試みであることに気づかせることで，それを追求するための努力を促す。望まない思考や感情を長年抑制し続けてきた人にとって，その思考や感情を受け入れようとすることは容易ではない。そのため，望まない思考を受け入れる前段階として，視点の変更など，感情を中和させる訓練が用いられる。たとえば，望まない思考をパレードの行進であると想像して，それを回避しようとも批判しようともせずに，ただ過ぎ去るまで見守るように求められた参加者は，望まない思考を抑制するように求められた参加者に比べて，ストレスが緩和されていた（Marcks & Woods, 2005）。その詳細な仕組みについては不明な部分があるものの，ACTは直接行うことが困難なメンタルコントロールを，間接的に行わせる巧妙な方法であると考えられる。

マインドフルネス（mindfulness）も，望まない思考を乗り越える方法の1つである。マインドフルネスとは，開放的な注意状態を指し，今ここでの体験に集中することで，心配や固執する記憶を鎮めようとする仏教の試みである。マインドフルネスを取り入れたストレス低減プログラム（Kabat-Zinn, 1990）では，慢性疼痛の緩和などを含む幅広い効用が確認されている（Grossman et al., 2004）。マインドフルネスがなぜ効くのか，やはりその仕組みは明らかではないが，その手続きを構成する注意訓練や呼吸法は，思考抑制の成功と積極的な思考抑制からの脱却の両方に作用するものと考えられる。

5. 開示することの効用

カウンセラーに話しただけで癒される。これはおかしなことだろうか。思考や感情を抑制することは，それ自体がストレスとなるため，思考を開示しただけでストレスが緩和されたとしても不思議ではない（Erskine et al., 2010）。また，信頼できる誰かに悩みを打ち明けることは，望まない思考に対する最も基本的な対処法の1つである。

実際に誰かに話さずとも，抑制されていた思考の内容を筆記しただけでも，侵入思考や心身の健康は改善される（筆記開示，expressive writing；Pennebaker, 1997）。考えるだけでも苦痛なことを，誰かに開示することは容易ではない。おかしな告白を

すれば，それまでの関係が崩れてしまうことも懸念される。筆記開示であれば，このような望まない思考の開示に伴うリスクを最小限にとどめながら，その効用だけを享受することができる。たとえば，誰にも話したことのなかった不快な思考や感情について，数日間にわたって筆記した参加者は，日常的な出来事について筆記した統制条件の参加者に比べて，侵入思考の低減はもとより，免疫機能など心身の健康にも改善が見られる（Petrie et al., 2004）。インターネットなどで悩みを打ち明けることや（Sheese et al., 2004），実験室のコンピュータに感情反応を入力するだけでも（Oikawa et al., 2011; 及川・及川, 2013），望まない思考や感情の侵入を低減させることができる。このように，思考や感情を開示することには，抑制を解除させ，ストレスや侵入思考を緩和させる効用があることがわかる。

　思考や感情の開示はなぜ効くのか，やはりその仕組みは明らかではないが，何かを開示するためには，それを語れるだけのストーリーにまとめる必要がある。抑制されていた思考の開示には，望まない思考や記憶を整理することで，未完結な出来事に折り合いをつける働きがあると考えられる。未完結な思考や記憶は繰り返し意識に浮かぶ（Zeigarnik, 1935）。このような浮かびやすい思考を抑制しようとすることは，なおさら困難となる（木村, 2004b）。断片的な思考や記憶は，しばしば意識上に上がることでその理解が促され最終的には知識構造の一部として統合され，完結するのかもしれない。実際に，ナラティブセラピー（narrative therapy）では，望まない思考の背景となる出来事についての記憶を，首尾一貫したストーリーにまとめるように求められる（Robjant & Fazel, 2010）。このように，望まない思考をそのまま抑制しようとするのではなく，完結したストーリーにまとめることは，遠回りのようでいて，結局はそれを鎮めるための近道となる。

5節 これから考えるべきこと

　考えたくないことが意識に浮かぶことは，かつては精神疾患やトラウマ体験の表れとして説明されてきた（Freud, 1936 外林訳 1958）。その背景には，精神疾患などの特別な理由がない限り，自らの思考や感情は自由にコントロールできるはずだという素朴な考えがある（同様の議論は，及川・及川, 2012）。

　抑制したいという意図に反して生じる，望まない思考の侵入や不快な感情の増幅は，現在では，心の基礎的な仕組みから説明されるようになってきている。抑制の実行は，意識的な努力の投入を必要とするメンタルコントロールである。これは，かつて信じられていたよりも困難な課題であり，ストレス，二重課題，時間圧などの下で失敗し

たとしても無理はない。抑制の実行を成功させるためには，代替思考を事前に定めておくなど，適切な準備が必要となる。

　また，抑制はかえって逆効果となることもある。しかし，それは特別なことではなく，抑制対象を監視する自動的な心の働きに伴う弊害であると考えられる。このような，受動的な姿勢でメンタルコントロールを捉えることは，抑制対象の監視に伴う弊害を最小にとどめることにつながる。むしろ，自らの思考や感情は自由にコントロールできるはずだと積極的に抑制を試みる姿勢は，抑制意図に反した予期せぬ侵入思考に対する過剰な反応，否定的な自己評価や不快感情，また，さらに抑制しようとする努力を通じて侵入思考を増幅させる悪循環を導く。

　望まない思考に折り合いをつけて，前向きに暮らすことができればそれに越したことはない。ふと浮かぶ望まない思考を抑制して，適切に振る舞うことは重要である。しかし，積極的に抑制しようとする意図をゆるめ，望まない思考や感情を受容することは，わずらわしい思考や感情の緩和につながる（Marcks & Woods, 2005）。

　もっとも，思考抑制を手放すためには，巧妙な技術と慎重さが要求される。望まない思考に向き合うことは簡単ではない。たとえば，対人不安の人にとっては，スピーチについて数分間考えるだけでも，大変な心の負担となる。そもそもなぜ望まない思考を抑制しているのかといえば，それは考えることが苦痛であるからに他ならない。望まない思考を乗り越える鍵は，思考を抑制したくなる衝動を乗り越えることにある。そのための効果的な方法についての探求は，まだ始まったばかりである。

10章 ふと浮かぶ記憶・思考の計算論モデル

月元 敬

1節 ふと思い浮かぶ現象への理論的アプローチ

　この章で取り扱うのは，ふと浮かぶ記憶や思考に関する理論およびモデルである。しかし，これらは無意図的想起（involuntary remembering）や無意図的思考（involuntary thought）を説明することを主目的に創られたものではない。ここでの「モデル」は，コンピュータ・シミュレーションが可能となる厳密な「包括的モデル（comprehensive model）」を指す。その意味で，本章で取り上げるモデルは，実証的研究によって示される多様で，具体的な現象的特徴をことごとく説明するものであるとはおそらくいえない。

　しかし，だからといって「わたしがもっと無意図的な記憶や思考の特徴を説明できるモデルや理論を創ろうではないか」という心理学者が殺到するかというと，そういうことはおそらく期待できない。この期待薄は憶測の域を出ないが，同じ憶測をいだく心理学者もまたかなりの数に上ると思われる。ここには，心理学が文系学部に属しているという表面的な理由や，データ処理をメインとする心理学教育上の理由があると考えられる。須藤と伊勢田（2013, p.49）によると，心理学ではいまだに行動主義（behaviorism）が重視されていると見なさざるを得ないらしい。また，心理学者がもつ科学観や理論観も理由としてあげられるかもしれない。本節では後者についてふれる。前者については次の文章と対峙していただくにとどめることにする。

> 　ところが，そういう「理屈」よりも「実験」を重んじ，実際にやってみて自分の目で見て確かめることが「科学」だと信じている人が多い。実験で確かめられることこそが，科学に相応しいと思っている。この考え方は，全然間違っているというわけではないけれど，実験で観察されることは，すべて科学的に正しいというような間違った主張になりがちである。そうなると，正しくはないし，やはり科学的でない。（森，2011, p.133）

1. 理論に対する誤解

　個人的な話で恐縮だが，昔，ある物理学者に「なぜ物理学ではいろんな研究者が理論を創ろうとするか」とたずねたことがある。その答えは「あたるかもしれないから」であった。後日，ある心理学者に「なぜ心理学では理論を創ろうとしないのか」とたずねた（物理学者に対する質問とは若干異なるので，フェアではないかもしれない）。その答えは「否々，創っている」ではなく「はずれる可能性が高いから」であった。この，おもしろいほどに真逆の回答はいったい何に由来するのか。「はずれるから」と回答したこの心理学者個人特有の思考特性に帰すことができるだろうか。

　どうやら，心理学者には「理論というものはどんな現象的特性をも説明できなければならない」と考える傾向があるように思われる。たとえば，AndersonとBower（1973）は包括的な理論をめざすにあたり，多くの心理学者から「何でも説明しようとする試みは絶対に失敗する」といわれたと吐露している（pp.1-2）。また，戸田（1982）は，統一的理解をめざすためのモデルの不在とともに，モデル化の仕事を行う心理学者もまた存在しない限り「心理学はいつになっても人間についての無組織知識集合の拡大増殖システムという状態を脱することはできないだろう」（p.130）と警鐘を鳴らしている。そして，そういった状況になってしまうのは「いかなる理論も真理ではない」「理論は近似にすぎない」という自明の公理が心理学者に認知されていないからだと指摘している。

　理論は仮説（hypothesis）の集合である。ここでいう仮説は，統計的検定によって検証される仮説ではなく，心的メカニズムがどのような要素で構成されているのか，それらがどう連携して心的現象を産出するのかといったことに関する仮説である。仮説は概念的に形成されているのであり，たとえ現実のある側面に対応しているとしても，現実そのものと同型（isomorph）である保証はない（例：脳とコネクショニスト・モデル，connectionist model）。つまり，理論は現実から離れたところにしか存在し得ないものであり，それゆえ現実とのあらゆるテストに耐え得る理論は論理的には存在しないのである。

　しかし，戸田（1982）の辛辣な批判をクリアする方法は，理論を創る仕事に果敢に取り組むこと以外にない。これは実験の片手間ですむような仕事ではないし，かといって，たくさんのデータを手に入れないとできない仕事かというとそうでもない。重要なのは，ある認知機能の本質的側面を定め，それを説明の射程とする理論を創ることである。本質とするものは研究者の数だけあってもよいだろう。それぞれの研究者が思う本質的特性を整合的に扱えるモデルを各自責任をもって追究すればよいのである。より本質であればあるほど，それを核とするモデルが整合的に説明できる実証デー

タの集合も大きくなるだろうし，場合によっては別のモデルの射程を丸呑みすることもあり得るだろう。

本章で紹介するのは意識（consciousness）の理論である。この理論の提唱者である Bernard J. Baars は自身の著作の Appendix にわざわざ次のようなタイトルを添えている：Make your own theory（Baars, 1997, p.169）．

2. ふと思い浮かぶことの「本質」は何か？

Mandler（2007）は「意図的／無意図的（voluntary/involuntary）」という区分が様々な観点でなされていることにふれながら，そのなかでも「驚く（surprised）」という側面を理論的に有効な基準として意図的想起（voluntary remembering）と無意図的想起を規定しようとした。すなわち，意図的想起とは，当該記憶や関連する記憶を探索する意識的状態が先行しているため，その生起について当事者は驚かない。一方，無意図的想起は，先行する意識的状態との関連が不明確でありながらも経験される想起であり，当事者を驚かせるものである。また，Mandler（1985）は日常生活での想起経験の多くは非意図的である（nondeliberate）と述べている（同様の指摘として，Rubin, 2006）。

もちろん，この「驚き」を本質的特性としてモデル化に取り組む道もあってよいだろう。しかし，疑問がないわけではない。仮に「驚き」と「意図的想起は日常的にはまれ」という指摘がともに真であるとすれば，無意図的想起は日常生活のほとんどを占めているために，我々はかなりの頻度で驚いていることになるが，はたしてそうなのだろうか。たとえば，驚きを含む感情の大きな起伏が心的外傷後ストレス障害（post-traumatic stress disorder, PTSD）患者の人たちにおいて重大な特性であるとされるのは，健常者ではそういった感情の起伏がさほど生じていないという相違に由来すると思われる。この点で「驚き」は包括的というよりもむしろ個別的な特性と見なすほうが自然ではないだろうか。本章では包括性を重視したいのである。

無意図的想起が生じた状況について素朴にイメージしてみよう。読書でも料理でも何でもよいが「今からこれをする」と決め，それを行っている最中に「昨日のできごとについて考えていた」自分に気づいたとしよう。無意図的想起の調査協力者はこういった状況が生じたことに気づくたびに日誌に記録するだろう（2章参照）。そして，研究者はその記録から「1日にどれくらい無意図的想起が生じるか」とか「どんなときに無意図的想起が生じやすいか」を知ろうとするかもしれない。

図 10-1 は以上のような状況を示したものである。行動①は当初意図された行動であり，行動②は無意図的想起が生起したことによって生じる行動（例：昨日のできごとをしばらく思う）である。無意図的想起の研究者が知りたいことは行動①から行動

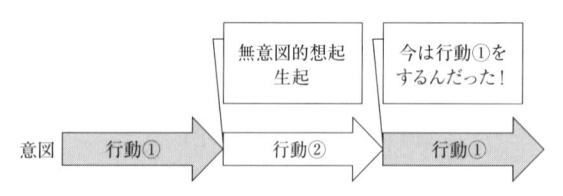

図10-1 無意図的想起が生じたことに気づく状況

②への変化の契機となった無意図的想起の生起である。

ところが，調査協力者は無意図的想起の生起に気づくためには「今は行動①をするのだった」という「意図の復帰」が起こらなければならない。それによってはじめて調査協力者は行動②が無意図的想起の生起による心的状態であったことに気づくのである。

さて，この素朴なイメージから次のような疑問が生じる。無意図的想起に気づく「意図の復帰」は意図されずに起きている。「行動①をする」と決め，まさにその最中であったことを「想起」している。したがって，これは無意図的想起なのではないか。つまり，無意図的想起が生じたことを本人が認知できるのは，「意図の復帰」としての無意図的想起による産物なのではないか。

別の状況を考えよう。今度は，思い出そうとしてもなかなか思い出せず，辛抱強く長時間粘っているうちにどうにか思い出せたという状況である。この想起は時間がかかっていて「思い出せないかな，無理かな」という思いも断続的に生じていたかもしれないが，思い出そうとする意図が伴っているから意図的想起である。しかし，この意図的想起には「ふと思い出した」という感覚も伴うのではないだろうか。この感覚は，問題解決でいう「洞察（insight）」や「アハ体験（Aha! experience）」に相当するかもしれない。

ここで，次のような疑問が浮かぶかもしれない。思い出すまでの時間がどのくらいであれば，「ふと」の感覚が生じないのだろうか，と。これは実験や調査などで調べられる経験的な（empirical）問題であろう。

否，前述の「無意図的想起に気づく状況」も考え合わせると，想起を意図してから思い出すまでにかかる時間はそれほど関係なく，そして「ふと」の感覚さえ関係なく，意図的想起と無意図的想起は「想起内容が意図をどのくらい満たすものであるのか」以外，メカニズムに違いはないのかもしれない。だとするならば，本質的特性は「意図（intention）」なのではないか。

読者の中には「発想が極端すぎる」と思われた方もいるかもしれない。しかし，「無意図的想起になぜ気づけるのか」「意図的なのになぜ〈ふと思い出す〉状況もあるのか」

について吟味していただきたい。

　また,「無意図的想起にとって意図が本質的である」という考えのあまりの当然さに閉口される方もいるかもしれない。もちろん, ここで述べた「意図」が, ふと思い浮かぶという現象の正真正銘の本質であるという保証はない。何を本質と考えるかは各研究者にゆだねられるべきものである。しかし, 無意図的想起の生起に気づくための「意図の復帰」もまた無意図的想起の生起である可能性がある以上, 意図はあらゆる無意図的想起に共通した特性であり, これを追究することが無意図的な記憶や思考の包括的理解につながるといえるのではないだろうか。

　とはいうものの, 意図といっているだけではモデルにならない。それが認知的な情報処理においてどのような働きを担っているのかを規定しなければならない（もちろん, 意図に限らず, 規定しなければならないのは, モデルを構成する理論的概念すべてに関してである）。そして, 何を本質的特性とするかが研究者の数だけあってもよいのと同様に, 意図の規定についても様々なやり方があり得るだろう。

　次節では, 意図を「随意的な行為（voluntary action）のきっかけとなる心的な文脈」と位置づける理論として, グローバル・ワークスペース理論（global workspace theory；以下 GW 理論）とその実装モデルである IDA（Intelligent Distribution Agent）を紹介する。GW 理論は, 意識に関する理論の 1 つであるが, この理論を取り上げるのは, 筆者の力不足以外に, "Involuntary memory"（Mace, 2007）や "The act of remembering: Toward an understanding of how we recall the past"（Mace, 2010）といった専門書において, 意図的／無意図的想起を自然に導出できる理論・モデルとして議論されているためである。

2節　グローバル・ワークスペース理論

　GW 理論は認知における意識の役割に焦点を当てた枠組みであり（Baars, 1988, 1997; Baars & Franklin, 2003）, 無意図的想起に特化した理論ではない。本節では, 無意図的想起に関連する側面に限定して GW 理論について論じる。

1. 劇場のメタファ（theater metaphor）

　多少簡略化するが, GW 理論の構成概念は, ①無意識的なプロセッサ（unconscious processors）, ②意識経験（conscious experience）に対応するグローバル・ワークスペース, ③心的な文脈（mental context）の 3 つである（図 10-2）。

　GW 理論では, Minsky（1985）が提唱した「心の社会（society of mind）」同様,

```
          文脈
    ┌─────────────┐
    │  ┌───────┐  │
    │  │       │  │
    └──┴───────┴──┘

    ┌─────────────┐
    │  意識内容    │
    └─────────────┘
      ↓ ↓ ↓ ↓ ↓
     ○  ○ ○ ○  ○

    無意識なプロセッサ
```

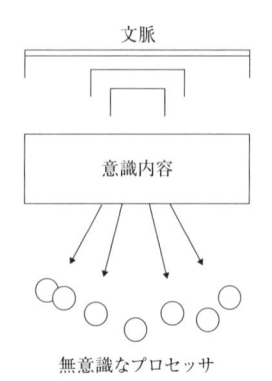

図 10-2　グローバル・ワークスペース理論の構成要素（Baars, 1988 を改変）

レキシコン（lexicon）や統語解析（syntax analysis），記憶システムといった特定の目的をもった無数の無意識的なプロセッサを想定する。プロセッサ間の連携は狭い範囲で起き，課題達成のために協調する。意識の役割は，持続中の目標を達成するために必要な無意識的なプロセッサをトリガーすることであり，各プロセッサに達成したい課題を呼びかける（broadcast）場がグローバル・ワークスペースと呼ばれる。プロセッサがトリガーされるまで目標への意識を長く維持しなければならないこともある。また，目標を実行するためのプロセッサ群がない場合，意識は，未だ連携が成立していないプロセッサ同士を意識的に結びつけ，アーカイブ化（archiving）あるいはモジュール化（modularization）する役割を持つ（GW 理論ではこれが「学習（learning）」に相当する）。文脈は，意識経験への無意識的な制約として作用する。文脈には文化や個人の興味・関心のように生活の中で緩やかに持続するものから，急務のように今まさに要求されるものなどが含まれる（このような文脈の多重性あるいは多層性を表すために，図 10-2 では文脈が入れ子型に描かれている）。たとえば，本章を読み終えようとする意図という文脈であれば，文章を読み，理解するために必要となるプロセッサがトリガーするよう呼びかける意識を生じさせる。

　Baars（1988, 1997）は GW 理論における各要素の挙動を次のような「劇場」になぞらえている。

> ステージにその場面に相応しい複数の演者がいるが，実際は範囲の限られたスポットライトによって，ある演者の姿が観客には見える。別の演者たちは，我も我もとスポットライトを浴びようとする。スポットライトが向けられている演者の姿に感

動するかどうかは各観客の関心しだいである。

これを GW 理論として読み替えてみよう。

> グローバル・ワークスペースには，文化や目標などによって形成された文脈に相応しい複数の意識内容があり，互いに競合している。注意を向けられた内容が意識経験となり，無数の無意識的なプロセッサに呼びかける。各プロセッサがトリガーされるかどうかは，意識経験と関連するかどうか，それまでの経験でトリガーされやすくなっているかなどに依存する。

蛇足だがもう 1 つのメタファ「迷子」(Baars, 1997) を追記しておこう。

> ある街で迷子になった子が泣きながら「Jerry か Martha を見かけなかったですか」とその街の不特定多数の人々に声をかける (broadcast)。関係する情報を知っている人だけがその声に答える。

このように GW 理論は，メッセージをグローバルに送ること (broadcast) が意識の役割であり，ローカルな「無意識的エキスパート (unconscious expert)」だけがそのメッセージに応えるような情報を返すという考え方である。グローバル・ワークスペースという名称は，意識を生む脳を「無意識的なプロセッサの分散と統合を実現する空間」として捉えるという観点に基づいている (Baars, 1988)。

2. C-U-C 型問題解決としての想起・思考

　GW 理論において，日常の中で生じている認知は，問題の存在とその解 (の候補) を得ようと意識し，問題に関連するプロセッサ群がトリガーされることによって無意識的な問題解決が生じ，その処理の返り値 (return value) が意識されることが絶え間なく生じた結果である。すなわち，我々の思考は「意識 (Conscious) ―無意識 (Unconscious) ―意識 (Conscious)」という段階が単位となって成立しているというのが GW 理論の基本的な考え方である。これを C-U-C 型問題解決 (C-U-C problem solving) と呼ぶ。ただし，無意識的な段階では，解が思いつくまで受け身的に待つだけでなく，考え込むというような能動的な待ち方もある。

　ここまでの概念装置だけでマインドワンダリング (mind wandering, 以下 MW) について理論的に考察してみよう。MW は遂行中の課題に無関係なイメージや音声，思考が浮かんでくる現象である (7 章参照)。前述したように，文脈は 1 つではなく

多層的であり，それぞれが意識内容を生む源泉である。グローバル・ワークスペースには各文脈から生まれた意識内容の「候補者たち」がいるが，プロセッサをトリガーさせる権利は注意のスポットライトを浴びた意識内容に与えられる。スポットライトが揺らいでいるとき，すなわち注意散漫時はブロードキャストする意識内容が次々と変わり，それに応じてトリガーされるプロセッサも異なり，次々と異なる返り値がもたらされる。また，意識内容の候補は多層的な文脈によってその内容について一定の制約を受けている。これは文脈の範囲で許容される内容しか意識の候補にならないということであり，眼前の課題を遂行する意図が意識されることもあれば，緩やかな文脈として個人的な関心や願望が反映された意識内容がスポットライトの中に入り込むこともあり得る。

　7, 8章で述べられているように，近年，MWの内容の多くが未来に関することであり，とくに個人的に将来達成したい目標に関する内容が多くなる傾向が示されている（e.g., Baird et al., 2011; Smallwood & Schooler, 2006）。なぜMWの内容が目標志向的（goal-directed）になりやすいのだろうか。GW理論はこの問いに極めてシンプルな回答を呈示する。すなわち，文脈によって意識経験の候補が制約されるからである（Baars, 1988, 1997）。MWが非常に目的的であり，生活に関連する問題解決の過程として生じることは，GW理論から自然に導出できるのである。

　ただし，MW時の内容の種類がそれぞれどれくらいの割合で分布するかという問題は，GW理論における文脈の考え方からは提起できるが理論自身によって回答を与えることはできない。この問いはむしろ経験的な問題であり，そういった割合も説明できなければならないと考える研究者が自ら責任をもって新たな理論の構築に取り組めばよいのである。

　もちろん，数多くの実証的研究を踏まえた，MWに特化した説も提案されている（Smallwood & Schooler, 2006）。これは，実行制御（executive control）が当初の課題から離れ（disengage），関心事や記憶のような内的な情報処理にシフトすることによってMWが生じるという考え方である（切り離し仮説, decoupling hypothesis）。また彼らは，目標に関連する処理は自動的に惹起すると述べている。しかし，「自動的である」というのは性質についての分類にすぎず，メカニズムに関する記述ではない。また自動的なメカニズムが「実行制御」であるとしても「MWが目標志向的な内容になるのはなぜなのか」に対する説明にはならない。というのも，この問いは彼らの説において「なぜ実行制御が自動的に内的な情報処理にシフトするのか」という問いと同義だからである。

　ここでの問題は「小人（homunculus）」としばしば批判されるように，「実行制御」という概念の曖昧さに由来すると思われる。つまり，曖昧な概念は現象の説明に用い

る対象ではなく，それ自体が説明されるべき対象なのである（月元，2007）。曖昧さを「払いのけ（banish）」「解体する（deconstruct）」努力が要請されるのである（Hazy et al., 2006）。

この努力は，経験的アプローチではなく理論的アプローチに向けられなければ何の効力もない。本章の冒頭で「モデル」をシミュレーション可能な情報処理モデルに限定したのは，何らかの説が経験的にテストされるのも重要だが，曖昧さや神秘性が存在しない概念から構成されているかテストされることは科学においてはさらに重要であると考えられるからである。曖昧な概念を含む説に「実証された」とか「反証された」という議論が成立し得るのだろうか。

次節では GW 理論を実装した計算論モデル IDA（Intelligent Distribution Agent; e.g., Franklin et al., 2005）を紹介する。

3節　計算論モデル IDA

1. 記憶システム

IDA で仮定される記憶システムを図 10-3 に示すが，この分類は認知心理学における典型的な分類ではないことに注意されたい。ここでは，紙面の都合上，常識に頼ることによっていくつかの記憶に関する説明を省略し，IDA に特徴的と思われる部分

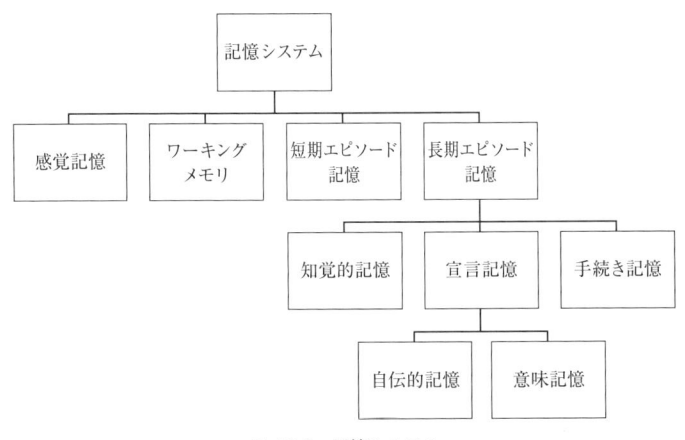

図 10-3　記憶システム

について説明する。

　短期エピソード記憶（transient episodic memory）は数時間のオーダで消失するエピソード記憶（episodic memory）である。長期のエピソード記憶は自伝的記憶（autobiographical memory）であり，意味記憶（semantic memory）とともに宣言記憶（declarative memory）を構成するが，IDAでは宣言記憶は「単一のシステム（unitary system）」とされている。短期エピソード記憶の内容は減衰しなければ，宣言記憶に取り込まれる。

　知覚的記憶（perceptual memory）は状況の認識（recognition）や知覚的カテゴリ化（perceptual categorization）のための記憶であり，図10-3ではうまく表現されているとはいえないが，意味記憶の部分集合と仮定される。また，知覚的記憶は熟知性（familiarity）を生じさせ，これと宣言記憶が協調すれば回想（recollection）が生じるという2過程モデルを採用している。

2. 認知サイクル

　IDAでは意識経験と各記憶システムが絶え間なく相互作用するサイクルを想定し，それを認知サイクル（cognitive cycle）と呼ぶ。大雑把にいえば，感知（sensing），傾注（attending），行為（acting）の繰り返しであり，認知サイクル1つが認知の「瞬間」あるいは「原子」に相当する（Franklin & Baars, 2010）。高次の認知プロセスほど多くの認知サイクルを要する。IDAの認知サイクルを図10-4に示す。本節ではBaarsら（2007）に準じて，認知サイクルを構成する各ステップについて説明する（図中の数字が各ステップの番号を表す）。

Step 1. 知覚（perception）：外的・内的環境からの感覚刺激を受け取り，意味解釈する無意識的な段階。ある特性にだけ反応するプロセッサが，知覚的記憶内のノード（node）を活性化させ，その拡散の安定・収束により知覚表象（percept）が形成される。
Step 2. 前意識バッファ（preconscious buffer）：知覚表象がワーキングメモリ（working memory）の前意識バッファに貯蔵される。
Step 3. 局所的な連合記憶（local associations）：知覚表象やその前のサイクルで残存したバッファ内の内容を手がかりとして，短期エピソード記憶と宣言記憶から局所的な連合記憶が自動的に検索され，これらの内容が長期ワーキングメモリの内容となる。
Step 4. 意識への競合（competition for consciousness）：関連性・緊急性・強制性のあるものを意識に送る「注意プロセッサ」が長期ワーキングメモリ内の情報から意識内容（の候補）を形成しながら，競合する。競合に敗れた内容の活性化は減衰するが，内容自体は前意識バッファに残り，後続の入力へのプライムとして影響する可能性が

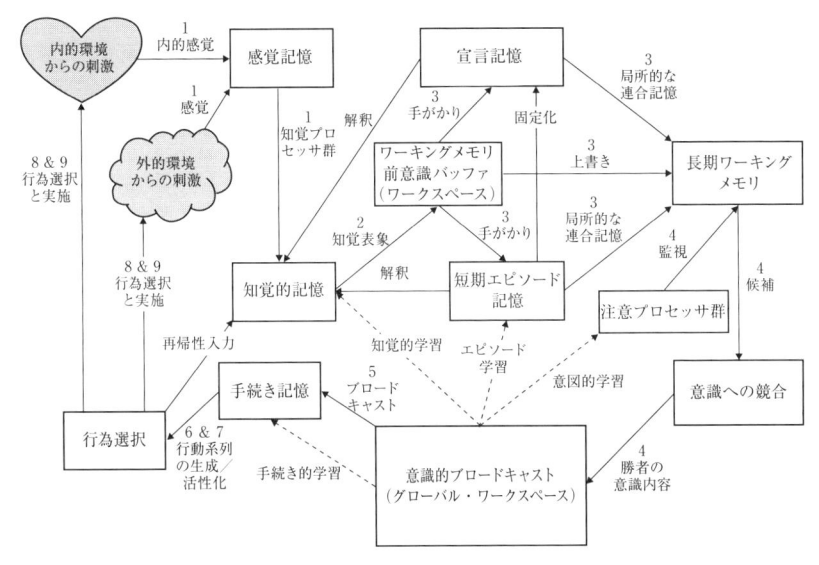

図 10-4　IDA の認知サイクル（Baars et al., 2007; Franklin & Baars, 2010 を改変）。図中の数字はステップの番号を示す。なお，図中の点線矢印は各種学習を示しており，IDA の学習拡張モデル LIDA（Learning IDA）で実装されている。

ある。
Step 5. ブロードキャスト：競合に勝った意識内容がブロードキャストされる。またその意識内容は短期エピソード記憶に貯蔵される。その後，宣言記憶に固定化される。
Step 6. 資源のリクルート（recruitment of resources）：ブロードキャストに対して関連する行動プロセッサ群が応答する。この時の注意プロセッサが，以前の行動によって生じた不測の事態に注意を向けさせるものであれば，応答するプロセッサはその事態を修正できる可能性がある。
Step 7. 目標文脈の階層化（setting goal context hierarchy）：行動プロセッサが適当な行動系列を生成し，行動候補を活性化する。
Step 8. 行為選択：動機，外的・内的条件，活性化量から，単一の目標文脈を選択・実行する。
Step 9. 行為実施：行動プロセッサが特定の作業を遂行し，外的・内的な結果を生じさせる。このときに活動しているプロセッサには文脈も含まれており，行為をモニタしつつ，失敗があれば意識に伝えようとする。

GW 理論における構成概念以外にも，こういった認知サイクルが「約 200 ミリ秒に

1度起きる」とか，短期エピソード記憶と宣言記憶が「0または1で構成されるバイナリベクトル空間」で実装されているなど，IDAには様々な仮定や構成概念が計算論的に導入されている。ここでは上記の認知サイクルを概念装置として無意図的な想起の生起を解釈してみよう。次のような状況を考えてみる。

①レストランの窓越しからスーツ姿の男性が見え，その男性が視力検査医だと気づき（知覚的記憶），この前の健康診断のことを思い出した（エピソード記憶）。

いずれの記憶も無意図的である点に注意されたい。IDAは次のような分析を与える。

Step 1. 当該男性に由来する刺激に反応した感覚記憶が知覚的記憶の適当なノードを活性化させる。
Step 2. 活性化したノードを含む知覚表象がワーキングメモリの前意識的バッファに送られる。
Step 3. 知覚表象が手がかりになり，健康診断の際の出来事についてのエピソード記憶がもたらされる。
Step 4. 検索されたエピソード記憶が，レストランで食事をしていることや眼前の相手と話していることなどと競合する。
Step 5. 上記の競合で勝ち残ったら，当該男性が誰であるかや，その人に関する以前の出来事を自覚できる（と同時に，意識的なブロードキャストが起き，より詳細な出来事の記憶が呼び起こされるかもしれない）。

次に，その男性が誰だったかわからない場合を考えよう。
②でもその男性のことを知っている感じはする（feeling of knowing, FOK）。その感覚をきっかけに思い出そうとしてみる。

もちろん，FOKは無意図的であり，思い出そうとすることは意図的である。

Step 2 & 3. 男性に関わるノードの活性化が不十分であり，部分的な知覚表象の形成にとどまる。
Step 4. 不十分でありながらも長期ワーキングメモリに送られてきた連合記憶には，知覚的記憶で生じた熟知性が付随している。これに強制的な注意プロセッサが反応する。
Step 5.「その男性を知っているはずだ」という考えが意識に送られる。

この後の意図的想起について，IDAでは「その男性について思い出そう」という注意プロセッサが新たに生成され，それが減衰しない限りは，有効な情報が長期ワー

キングメモリに入ってくるかどうかを監視し続けることになる。IDA ではこのようにして，結果的には「しばらく考えていると，ふと思い出す」，すなわち意図的想起が達成されると解釈する。

　以上，IDA の認知サイクルに基づいて，無意図的想起と意図的想起の発生を考察した。「しばらく考える」という経験は，従来の認知心理学では探索（search）に相当し，この探索に意識が伴っているとしばしば捉えられている。一方，IDA では，思い出そうとしている状態は意識的だが，その際に行なわれているプロセスは無意識的であると捉えている点に大きな違いがあるといえよう。

　また，IDA は意図的状態と無意図的状態という別々のモードを想定していないという点も特徴的である。言い換えると，IDA は意図的想起と無意図的想起が異なるメカニズムによるのではなく，むしろ同じメカニズムのなかでの情報処理として，あるときは意図的想起，そしてあるときは無意図的想起となるという統一的な捉え方を提供するモデルであるといえる。その意味で，最初の節において「意図的想起と無意図的想起は〈想起内容が意図をどのくらい満たすものであるのか〉以外，メカニズムに違いはないのかもしれない」と仮説的に論じたこと（本章 1 節の 2）は，IDA そして GW 理論にとっては自然な想定なのである。

4節　おわりに

　本章では，ふと浮かぶ記憶・思考の理論およびモデルとして GW 理論とそれを実装した IDA を紹介した。もちろん本章のみで書き尽くせるほど単純なモデルではないので，様々な原典にあたるのが望ましいだろう。しかし，GW 理論や IDA が現時点で無意図的想起や無意図的思考の最良のモデルなのかどうか客観的に判定するすべはない。それは研究者のめざすものと無関係ではないだろう。

　無意図的想起や無意図的思考の研究が今後盛んになるのだとすれば，今こそ本質的な現象的特性を見出しやすい時勢であるともいえるのではないだろうか。現象的特性の数をおびただしいものにしたり，「○○モデルは××特性を扱えないからよりいっそう検討する必要がある」と述べたりするだけではなく，手もとのデータだけでも責任をもって厳密に説明できる理論やモデルを構成してみてはいかがだろうか。その理論は「はずれる」かもしれない。でも「あたる」かもしれない。

　最後に理論的アプローチに関する「蛇足」を添えておこう。本書が編まれた 2013 年，ノーベル物理学賞はイギリスの理論物理学者 Peter Higgs に授与された。これは

2012年7月にHiggs粒子の存在が実験的に裏づけられたからこそである。Higgs粒子の存在が提唱されたのは約50年前であった。検証するための実際的な技術が伴わなかった当時，理論的研究を行っていたのはHiggsだけであるはずがない。筆者が前述の物理学者から得た回答「あたるかもしれないから」は次のことを端的に示していると思われる。すなわち，科学の代表格である物理学において，即座の実証を求めず「いずれあたることが示される理論をひたすらに追究する」というスタイルが，科学研究における重要な一形態としてまぎれもなく認められている，と。

11章 ふと浮かぶ記憶・思考の神経機構

関口貴裕

1節 はじめに

ここまで，過去の出来事や何らかの思考が自らの意志と無関係に頭に浮かぶ現象について，その特徴とメカニズムに関する様々な研究を紹介してきた。では，これらの現象は，脳のどのような働きと関係しているのであろうか。本章では，1）自伝的記憶の無意図的想起，2）マインドワンダリング，3）洞察問題解決の3つに焦点をあてて，fMRI（functional magnetic resonance imaging，機能的核磁気共鳴画像法），PET（positron emission tomography，陽電子断層撮像法），脳波計測（electroencephalography）などの脳機能画像法（functional brain imaging）により明らかにされた，それぞれの現象の背後にある神経機構を説明する。

2節 無意図的想起と脳の働き

2，3，4章で述べたように，近年，自分自身の過去の出来事（自伝的記憶）の無意図的想起（involuntary remembering）に関する研究が急速に発展している。しかしながら，この現象のメカニズムを実際の脳活動に照らして検討した研究は現在のところ見あたらない。その理由は，この領域の研究それ自体が萌芽的な段階にあることに加え，それに関わる脳活動を調べるために，過去の出来事の無意図的想起を計測装置の中で反復することが難しい点にあるであろう。一方で，自伝的記憶を〈意図的〉に想起する際の脳活動を調べた研究は多く，近年ではその仕組みについて様々なことがわかってきた。そこで本節ではまず，自伝的記憶の意図的想起の神経機構について説明し，その上で無意図的想起のメカニズムについて明らかとなっていることを紹介していく。

1. 自伝的記憶想起の神経機構

　過去の出来事の想起に脳のいずれの領域が関わるかについては，古くから健忘症（amnesia）の症例をもとに，海馬（hippocampus）とその周辺領域，乳頭体（mammillary bodies），視床（thalamus）などの重要性が指摘されてきた（二木，1989）。しかしながら，自伝的記憶の想起は，様々な処理から構成される複雑な心的プロセスである（2章参照）。そこに含まれる処理を順に説明すると，まず出来事の想起のための検索手がかり（retrieval cue）の入力を受けて，想起対象となる過去の出来事が自伝的記憶知識ベース（autobiographical memory knowledge base）から制御的に検索される。その際，この出来事の検索は，現在活性化している自己のイメージとその時点での目標（作動自己，working self）の影響を受けて遂行される。そして特定の出来事が想起されると，その内容をより詳しく想起する精緻化（elaboration）の過程において様々な感覚・感情がよみがえり，過去の出来事が意識上で再体験される（Conway, 2005）。このような複雑な活動は，一部の脳領域の働きによるものではなく，様々な脳領域が協働して機能することで実現すると考えられる。実際，近年の脳機能画像法による研究は，従来考えられていたものよりも広範な脳領域が自伝的記憶の想起に関与することを明らかにしている（Cabeza & St Jacques, 2007; Daselaar et al., 2008; Svoboda et al., 2006）。

　図11-1は，自伝的記憶の意図的想起に関わる代表的な脳領域をその機能とともに示したものである（St Jacques, 2012）。まず，前頭前野外側部は情報の制御過程に関わり（Petrides, 2005），この前頭前野外側部（おもに左半球）とトップダウン的な注意を司る頭頂葉背側部の働きを通じて，特定の出来事の制御的な検索および再構成が

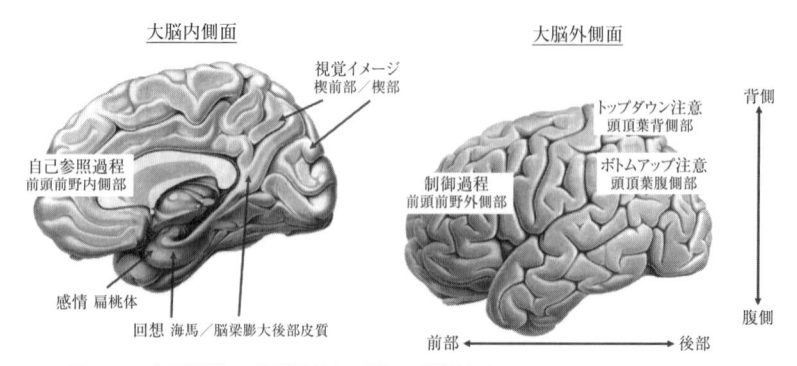

図 11-1　自伝的記憶の意図的想起に関わる脳領域（St Jacques, 2012 をもとに作成）

行われる。その際，自己に関する情報が出来事の検索・再構成に重要な役割を果たすが，こうした自己関連情報の処理には前頭前野内側部の働きが関係している（Northoff et al., 2006）。そして，過去の出来事が豊かな内容をもったエピソードとして回想（recollection）されるには，側頭葉内側部の海馬や脳梁膨大後部皮質（retrosplenial cortex）の働きが重要である。海馬については，原体験の情報を統合した記憶痕跡（engram）を数年の間，保持することに重要であり，古い出来事の想起には関わらないと考えられてきたが（Squire, 1992），近年の脳機能画像法による研究は，成人が遠い昔の出来事を思い出す際にも海馬が活動することを報告しており（Gilboa et al., 2004），過去の出来事の想起に長期的に関わると考えられるようになってきている（Nadel & Moscovitch, 1997）。最後に，こうして想起された過去の出来事は，大脳内側面の後部に位置する楔部（cuneus）／楔前部（precuneus）の働きを通じて，その視覚的側面が意識上で再体験され，また海馬前方の扁桃体（amygdala）の働きを通じてその感情的側面が再体験される。そして，過去の出来事の細部が想起されるとともに，頭頂葉腹側部の働きにより想起内容に対しボトムアップ的な注意が向けられる（Cabeza, 2008）。このほか，自伝的記憶想起の脳機能画像研究では，意味記憶の神経基盤とされる側頭葉外側部の活動を報告するものも多い（Svoboda et al., 2006）。自伝的記憶の想起には，自分自身の過去に関する知識や社会・文化的な知識が検索対象および再構成の素材や枠組みとして重要な役割を果たすと考えられるが，側頭葉外側部の活動はこうした意味記憶の処理に関わると考えられる。

このように自伝的記憶を意図的に想起することには，前頭葉から後頭葉にいたる様々な脳領域がそれに関与する。

2. 実験室で記銘した刺激に対する無意図的想起

これらの自伝的記憶想起に関わる脳の働きは，あくまで過去の出来事を意図的に想起させる課題を通じて明らかとなったものである。では，過去の出来事を無意図的に想起する場合と意図的に想起する場合とで，脳の活動はどのように異なるのであろうか。この問題について自伝的記憶を対象に検討した研究は見あたらないが，実験室で記銘した刺激を用いて意図的／無意図的想起の脳活動を比較した研究が報告されているので，まずはそれを紹介する。

Hall ら（2008）は，直前に見た写真を想起する課題において，それを意図的に想起した場合と無意図的に想起した場合とで脳の活動がどのように異なるかを PET により調べた。実験ではまず参加者に，写真（例：白鳥の写真）とそれを表す単語を対呈示し（記銘段階），続く想起段階において，1）意図的想起条件：記銘段階で呈示された単語を聞いて，対呈示された写真を思い出すこと，2）無意図的想起条件：記銘段

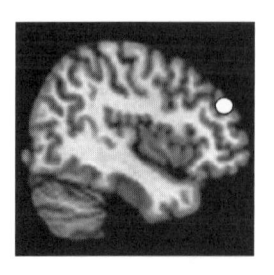

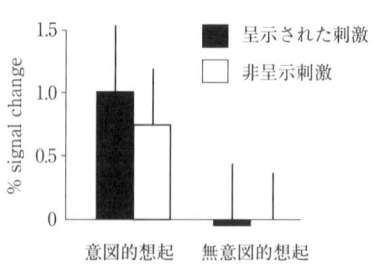

図 11-2 右・前頭前野背外側部(白丸部)と意図的/無意図的想起時の同領域の活動強度
(Kompus et al., 2011 の図を改変)

階で呈示された単語を聞いて，記憶想起ではなく，それが着用可能なものかを判断すること，3) 統制条件：記銘段階で写真が対呈示されなかった単語を聞いて，それが着用可能なものかを判断すること，をそれぞれ求めた。そして想起段階における脳の活動を条件間で比べたところ，意図的想起条件では，無意図的想起条件に比べ右・前頭前野背外側部の活動が強くなっていた。一方，意図的想起・無意図的想起条件でともに，統制条件に比べ右・海馬傍回 (parahippocampal gyrus)，後帯状皮質 (posterior cingulate cortex)，楔前部の活動が強くなっていた。

同様の結果は，Kompus ら (2011) でも報告されている (図 11-2)。この研究では，記銘段階で，参加者に写真 (道具や動物，楽器など) や環境音を覚えさせ，その 24 時間後の想起段階において，画面に現れる単語から前日に呈示された写真や音を意図的に想起した場合と無意図的に想起した場合とで脳活動の比較を行っている。その結果，前日の刺激を意図的に想起した場合においてのみ，やはり右・前頭前野背外側部の活動が見られた。また，想起意図の有無に関わらず，海馬，前頭前野腹側部，前帯状皮質 (anterior cingulate cortex)，楔前部，左・頭頂葉外側部などの活動が観察された。

これらの研究は，意図的想起と無意図的想起の違いが右・前頭前野背外側部の活動の有無にあることを示している。右・前頭前野背外側部は，単語を刺激に用いたエピソード記憶の研究において，「検索モード」(retrieval mode) に関わるとされた領域である (Herron & Wilding, 2004; Lepage et al., 2000; Rugg & Wilding, 2000)。日常生活で出会う事物は，その多くが過去の出来事と関わりをもっている。しかしながら，それらに触れるたびに過去の出来事が想起されたりしないのは，それらの事物を検索手がかりとして利用するための脳の状態（あるいはそのための構え）があり，その状態にならない限り，出来事の想起が起こらないようになっているからだと考えられる。このような記憶想起を可能にする，持続的に維持された心的状態のことを Tulving (1983) は「検索モード」と呼んだ。上に述べた Kompus ら (2011) の研究では，右・

前頭前野背外側部は，画面に現れた単語が前日に呈示された刺激を表すものであるか否か（前日の刺激を検索可能か否か）に関わらず，意図的想起の条件でのみ特異的に活動した（図 11-2 右）。この結果は，右・前頭前野背外側部の活動が出来事の想起そのもの（検索の成功，retrieval success）を反映するのではなく，検索モード下での制御的な検索の試みを反映することを意味している。

　一方，意図的想起，無意図的想起の両方で活動が見られた側頭葉内側部（海馬とその周辺），帯状皮質，楔前部，頭頂葉外側部などの活動は，検索の成功に関わるとされる領域である（Cabeza et al., 2001; Eldridge et al., 2000; Wagner et al., 2005）。これらの結果をまとめると，過去に見た刺激の無意図的想起は，制御的な検索に関わる右・前頭前野背外側部の関与がない状態で海馬などが活動することで，そのことが自発的に想起されるのだと言える。では，なぜ右・前頭前野背外側部の活動がないにも関わらず，過去に見た刺激のことが想起されるのであろうか。言い換えるならば，何が海馬などの活動を引き起こしているのであろうか。これに関し Kompus ら (2011) は，同じ無意図的想起条件の中でも，無意図的想起が起きる場合には，そうでない場合に比べ，手がかりの単語に対する視覚連合野や海馬傍回の活動（単語呈示後 200 ミリ秒程度の早期の活動）が弱いことを報告している。このことは，手がかり刺激に対する視覚連合野や海馬傍回の特異的な反応が海馬などの活動を促し，過去に見た刺激の無意図的想起を引き起こしている可能性を示唆している。

3. 自伝的記憶の無意図的想起

　ここまで紹介した研究は，あくまで実験室内で記銘した刺激を無意図的に想起する際の脳活動を調べたものである。では，自伝的記憶の無意図的想起についても，これらの知見をそのままあてはめることができるのであろうか。前述のように自伝的記憶を意図的に想起することには広範な脳領域が関与するが，それらは必ずしも実験室内で記銘した刺激の想起に関わる脳領域とは一致しない。たとえば，単語や写真に対する記憶の研究では，検索に関わる活動として右・前頭前野外側部の活動が見られるが，自伝的記憶の研究では，それに相当する活動として，むしろ左・前頭前野外側部の活動が見られることが多い（Gilboa, 2004; Svoboda et al., 2006）。このことは，無意図的想起についても，単語などの想起と自伝的記憶のそれとで，背後にある神経機構が異なる可能性を示唆している。前述のように，現時点では自伝的記憶の無意図的想起の脳活動を直接調べた研究は存在しない。しかしながら，関連する研究として，過去の出来事の無意図的想起を誘発しやすい刺激である音楽（雨宮ら，2011）を用いて，それによる自伝的記憶想起の脳活動を調べた研究があるので，それを手がかりに無意図的想起の神経機構を考察したい。

Janata（2009）は，参加者が7-19歳のときに発売された様々な音楽を呈示し，それを聴いている際の脳活動をfMRIにより調べた。参加者は，それぞれの曲の聴取後に，自分の過去との関わりの程度などを評定した。その際，自伝的記憶の想起は求めなかったが，あとのアンケートにおいて，多くの参加者が，過去と関わりの深い曲からは当時の出来事が鮮明に想起されたと報告した。実験の結果，過去との関わりの程度に比例して，前頭前野内側部の活動が強くなった。前頭前野内側部は，自己関連情報の処理に関わるとされる領域であり（図11-1参照），このことから前頭前野内側部において音楽と自己情報とが結びつけられることで，過去との関わりの程度が評価されたと考えられる。また前頭前野内側部は，音楽だけでなく，同じく過去の出来事の無意図的想起を誘発する刺激である匂い（4章参照）についても，なじみのある匂いに対し，より強く活動することが知られている（Plailly et al., 2007）。これらの知見と，ここまで述べた写真などに対する無意図的想起のメカニズムをあわせて考えると，音楽などの外的な想起手がかりが前頭前野内側部の働きにより自己と関連づけられ，それを契機に海馬など回想に関わる領域が活動することで，前頭前野外側部の働きなしに自伝的記憶が無意図的に想起されるのかもしれない。ただし，Janata（2009）の研究では，記憶想起に伴う海馬などの活動は見出されておらず，自伝的記憶の無意図的想起に海馬や頭頂葉など他の記憶関連領域がどのように関わるかは，今後の検討が必要である。

4. 極めて優れた自伝的記憶をもつ人たちの過剰な無意図的想起

　記憶の神経機構の研究は，脳の損傷により健忘症となった人たちの症例の検討から発展してきた歴史をもつ。では，何らかの理由で無意図的想起に失調をきたした人の例はあるのであろうか。ここでは健忘症と逆に，驚異的な自伝的記憶の能力をもつが故に，その過剰な無意図的想起に苦しむ人の例を紹介したい。

　Parkerら（2006）は，極めて優れた自伝的記憶の能力（highly superior autobiographical memory, HSAM）をもつ41歳（当時）の女性AJの症例を報告している。AJは，10代初期からの毎日の出来事を詳細かつ正確に記憶しており，たとえば，特定の日付を指示されると，その日に起こったことを，今まさにそれを体験しているかのように鮮明に思い出すことができる。この報告のあと，AJは自伝を出版し（Price & Davis, 2008），その中で自身の生活の様子を詳しく述べている。それによると彼女の記憶の特徴は，1）14歳以降（症状の始まりは8歳から）のすべての日の出来事を驚くほど正確に想起できること，2）過去の出来事の想起が自動的に生起し，ときには自分がやめたいと思っても，それが止まらないこと，の2点にまとめられる。このようにAJは，単に過去の出来事に対する驚異的な記憶能力をもつだけでなく，暴走とも言えるほど過剰な無意図的想起の症状をもっており，そのことが日々

の生活において彼女を様々な形で苦しめている。たとえば彼女は，その様子を次のように語っている。

"たまたまだれかが特定の日付や名称を口にしたことが引き金となって，記憶が蘇る場合もある。あるいは，ラジオから流れてきた歌によってふと過去につれもどされることもある。私自身がその過去の記憶をたどりたいかどうかはまったくお構いなしに記憶の操るままに私はその瞬間につれていかれ，記憶の走馬燈のなかをひたすらめぐり続けなければならない。"（Price & Davis, 2008, 橋本（訳）『忘れられない脳 - 記憶の檻に閉じ込められた私』p. 12）

では，彼女のようなHSAM者の脳は，一般人の脳とどのような点で異なるのであろうか。LePortら（2012）は，AJを含む11名のHSAM者の脳と一般人の脳との構造的な違いをMRIにより調べた。その結果，HSAM者の脳は，一般人の脳と比べて，灰白質（gray matter）の密度が内包前脚（anterior limb of internal capsule）周辺と淡蒼球後部（posterior pallidum）で高くなっており，一方，大脳表面の側頭葉前部，頭頂間溝（intraparietal sulcus）ではその密度が低くなっていた。また白質（white matter：神経繊維からなる脳内の情報伝達に関わる組織）に注目すると，内包前脚周辺，淡蒼球後部，側頭葉前部，そして後頭葉の舌状回（lingual gyrus）において密度低下が見られ，さらに鉤状束（uncinate fascicle），大鉗子（forceps major）といった連合繊維，そして海馬傍回においても白質構造の差異が認められた。こうした脳の構造的特徴が，具体的にどのようにHSAM者の記憶能力につながっているのかは，現時点では明らかでないが，LePortら（2012）は，このうちの鉤状束の差異に注目している。鉤状束は，側頭葉前部と前頭前野眼窩部とを結ぶ両方向性の連合繊維で，海馬や扁桃体もこれにより前頭前野と結ばれる（図11-3）。HSAM者の鉤状束では，一般人の脳に比べ繊維路の異方性比率（fractional anisotropy：白質線維の走行方向の一貫性を表す）が高くなっていたが，これは白質による情報伝達がより効率的であることを意味している。鉤状束は，エピソード記憶に重要であり，たとえばSchottら（2011）は，前頭前野と側頭葉内側部を結ぶ鉤状束の繊維密度が個人の記憶課題成績と正の相関を示すことを報告している。このことは，鉤状束の情報伝達効率の違いが，HSAM者の驚異的な自伝的記憶能力および／または過剰な無意図的想起につながっている可能性を示唆している。HSAM者は，必ずしもAJのように過剰な無意図的想起に悩む者ばかりではないが（LePort et al., 2012），今後，彼ら・彼女らの脳についてより多くのことがわかることで，無意図的想起の神経機構の理解も進むかもしれない。

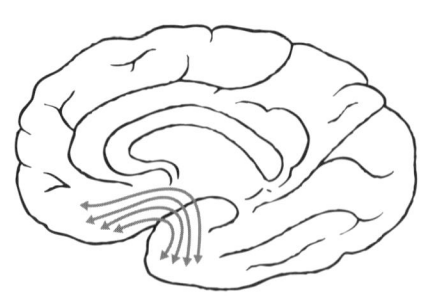

図11-3 鉤状束（矢印線で示された神経線維束）

3節 マインドワンダリングの神経基盤

　何らかの課題を行っている際に，注意が外界から離れて課題と無関係な思考に向かうことをマインドワンダリング（mind wandering，以下MW）という（Smallwood & Schooler, 2006）。7章で説明したように，近年この現象に関する研究が活発化しており，その神経機構についても多くのことがわかってきた。

1. 脳のデフォルトモード・ネットワーク

　MWは，当初から脳のデフォルトモード・ネットワーク（default mode network，以下DMN）と関連づけて考えられてきた。DMNとは，参加者が何の課題も行っておらず，注意が外界に向いていないとき，すなわち脳が休んでいる時に相関して活動を強める一連の脳領域のことであり（Buckner et al., 2008; Greicius et al., 2003; Raichle et al., 2001），前頭前野内側部（腹側部，背側部，前帯状皮質），後帯状皮質および脳梁膨大後部皮質，下頭頂小葉（inferior parietal lobule，頭頂葉腹側部），側頭葉外側部，そして海馬とその周辺がそれに含まれる（Buckner et al., 2008；図11-4左）。DMNは，休止状態だけでなく，自伝的記憶の想起や未来についての思考（Addis et al., 2007；8章参照），他者の視点取得を伴う「心の理論」課題（Saxe & Kanwisher, 2003），特定状況での正しい振る舞いを考える道徳判断課題（Greene et al., 2001）を行う際にも活動することが見出されており，これらの知見より，様々な時間や場所，状況，視点へと自己を投影し，心の中でシミュレーションを行うことに関わるとの見方が有力である（Buckner et al., 2008; Buckner & Carroll, 2007）。すなわち，DMNが働いている間，脳は何も考えていないのではなく，むしろ注意が内的世界に向いた状態で，様々に考えをめぐらせている状態にあるのである。

デフォルトモード・ネットワーク　　前頭・頭頂制御ネットワーク

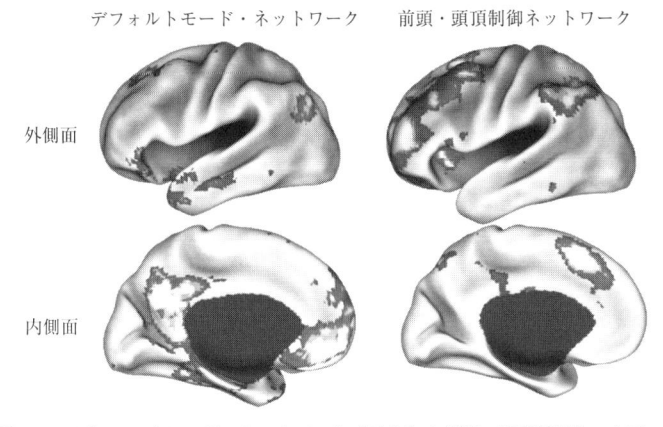

外側面

内側面

図 11-4　デフォルトモード・ネットワーク（DMN）と前頭・頭頂制御ネットワーク
（Vincent et al., 2008 の図を改変）

　Mason ら（2007）は，MW と DMN の関係を検証するために，MW が生起している際の脳の状態を fMRI で調べた。実験では，参加者に短期記憶課題を行わせ，MW が生起しやすいブロック（練習を重ねた刺激系列のみの簡単なブロック）と，MW が生起しにくいブロック（未経験の刺激系列のみのブロック）とで脳活動の比較を行った。その結果，MW が生起しやすいブロックでは，そうでないブロックに比べ，前頭前野内側部（腹側部，背側部，前帯状皮質），後帯状皮質，下頭頂小葉，島皮質（insular cortex），側頭葉外側部など，DMN の領域が強く活動していた。また，参加者の日常における MW 頻度とこれらの領域の活動強度との関係を調べたところ，多くの領域で $r > 0.50$ の正の相関が見出された。

　さらに Christoff ら（2009）は，MW 生起中の脳の状態をより直接的に検討するために，課題中にランダムなタイミングでその時の意識経験をたずねる方法（思考サンプリング）で，MW が生起していたその瞬間（質問直前の 10 秒間）の脳の状態を fMRI で調べている。その結果，やはり MW 生起中に前帯状皮質の腹側部，後帯状皮質から楔前部，下頭頂小葉といった DMN 領域の活動が生じており，しかもこれらの活動は参加者が MW を自覚していた時よりも，自覚していない時でより強くなっていた。こうした MW 中の DMN の活動は，その後の研究でも繰り返し報告されており（Andrews-Hanna et al., 2010; Hasenkamp et al., 2012; McKiernan et al., 2006; Stawarczyk et al., 2011）。MW の神経基盤が DMN の活動にあることは確立された知見だと言えよう。

2. マインドワンダリング生起のダイナミクス

　一般に DMN の活動は，何もしていない休止状態時の脳の活動を測定することで記録される。しかしながら，MW は休止状態だけでなく，本を読んでいる時や単純作業をしている時など，何かの課題に従事している時にも生起する。では，課題に集中した状態から MW へと移行するなかで，脳の活動はどのように変化するのであろうか。

　課題遂行に重要な脳内ネットワークに，背側注意ネットワーク（dorsal attention network）がある。背側注意ネットワークは，前頭眼野（frontal eye field），上頭頂小葉（頭頂葉背側部），側頭葉後部の MT 野などからなる一連の脳領域で，外界の対象に注意を向けている際に活動する（Fox et al., 2005）。このネットワークの活動は，DMN の活動と逆相関（anti-correlation）することがわかっており，一方の活動が強くなると他方の活動が弱くなる。また，近年では，同じく課題遂行に関わる脳内ネットワークとして，前頭前野背外側部，前帯状皮質の背側部，下頭頂小葉前部などからなる前頭・頭頂制御ネットワーク（fronto-parietal control network，図11-4右）も見出されており，課題遂行のための実行制御（executive control）に関わると考えられている（Vincent et al., 2008）。これらのことから考えると，課題に注意が向いている際には背側注意ネットワークや前頭・頭頂制御ネットワークの活動が優位であり，それが弱くなって，DMN の活動が強くなることで MW の状態に移行するのだと推測できる。

　Hasenkamp ら（2012）は，こうした MW 生起のダイナミクスを明らかにするために，注意を呼吸に向けて瞑想している時の心的活動を，1）呼吸への注意維持，2）MW, 3）MW への気づき，4）呼吸への注意シフトの4つのプロセスに分け，それぞれに対応した脳の活動を fMRI で調べている。具体的には，参加者に MW 状態に気づいたらボタンを押すことを求め，ボタンを押した瞬間を含む3秒の区間を「気づき」の区間，その前の3秒間を「MW」,「気づき」後の3秒間を「注意シフト」，そしてさらにその後の3秒間を「注意維持」の区間と考え，各区間の脳活動を分析した。その結果，呼吸へ注意を維持している間は，前頭・頭頂制御ネットワークに含まれる右・前頭前野背外側部が活動し，一方，MW 状態では DMN の活動が見出された。また，MW の気づきに際しては島皮質，前帯状皮質背側部などが活動し，その後の注意シフトでは再度，前頭・頭頂制御ネットワーク（右・前頭前野背外側部と両側の下頭頂小葉）が活動していた。この結果は，右・前頭前野背外側部の働きを通じて課題遂行のための実行制御（課題目標の維持と注意制御）が行われ，それが DMN の活動と入れ替わることで MW が生起すること，そして，それに気づいたあと，実行制御のネットワークが再び働くことで本来の課題へ注意が戻るという形で，MW の生起を繰り返しつ

つ課題が遂行されることを示している。

3. マインドワンダリングと実行制御

　一方，MW 中の脳活動を調べた研究の中には，課題に集中している時だけでなく，MW 中にも実行制御に関わる脳領域が活動することを示すものもある。たとえば，上述の Christoff ら（2009）は，MW 中に DMN に加えて，前頭・頭頂制御ネットワークに含まれる前頭前野背外側部と前帯状皮質背側部が活動することを報告している。同様に Qin ら（2011）も，脳波を使った研究で，MW 中にガンマ帯域（30-70 Hz）の脳波成分が強くなることを見出し，その発生源が前頭前野外側部にあることを示している。7 章で述べたように Smallwood と Schooler（2006）は，課題と無関係なことを考えること自体が実行制御の働きを要すると主張している（切り離し仮説，decoupling hypothesis）。また，前頭・頭頂制御ネットワークの活動は必ずしも DMN の活動と逆相関するわけではなく，将来の計画を立てる課題などで協働して活動することも見出されている（Spreng et al., 2010）。これらのことを踏まえると，上記の結果は，MW そのものに実行制御の働きが関与することを反映したものと解釈可能である。

　ただし，これらの結果については，必ずしも他の研究で再現されているわけではない。たとえば，上述の Hasenkamp ら（2012）では，前頭前野背外側部の活動は注意維持および注意シフトの場面でのみ見られ，MW 中はあくまで DMN 領域のみが活動していた。この結果の相違について彼女らは，Christoff ら（2009）の研究では脳活動の分析区間が MW 報告前の 10 秒間と長いものであったため，MW だけでなく，それに先立つ課題への注意維持に関係した脳活動が含まれてしまった可能性を指摘している。また，Doucet ら（2012）は，安静時の脳活動における脳領域間の機能的結合を調べた研究において，MW 中には，むしろ DMN の活動と前頭・頭頂制御ネットワークの活動の相関が弱くなることを報告している。MW が実行制御領域の脳活動を伴うか否かは，その認知・神経メカニズムを理解する上で極めて重要な問題であるが，これらの知見を踏まえて考えると，現時点では明確に「そうである」と結論づけることは難しい。この問題については，課題の種類や MW の深さ，思考内容の違いなどによって実行制御の関与が異なる可能性も考慮しながら，さらなる検討が必要であろう。

4節 ひらめき（洞察）をうむ脳

それまで解けなかった問題に対し，突然その答えが頭にひらめくことを洞察（insight）と言う（6章参照）。洞察による問題解決が脳のいかなる活動と結びついているかに関する研究も，2000年代前半より脳機能画像法を用いて活発に行われてきた（レビューとして，Dietrich & Kanso, 2010）。

1. アハ体験と前帯状皮質

洞察問題解決において，突然答えがわかった瞬間に生じる「あー，わかった！」という特有の心的反応をアハ体験（Aha! experience）という。Luoら（2004）は，アハ体験が生じたときの脳の状態を調べるために，参加者に意味のわかりにくい文章を呈示し（例：その布が裂けたので，その干し草の山が重要であった），その後，意味を理解するための手がかり（例：パラシュート）を与えることで，文章の意味がわかった瞬間の脳活動をfMRIで記録した。その結果，アハ体験が生起した試行では，そうでない試行に比べ，前帯状皮質の背側部と左・前頭前野外側部が活動することが見出された（図11-5）。解にたどり着いた時の前帯状皮質背側部の活動は，このほかにも，なぞなぞ課題（Mai et al., 2004），遠隔連想テスト（Anderson et al., 2009），アナグラム課題（Aziz-Zadeh et al., 2009）など様々な課題の研究で報告があり，洞察問題解決に関わる比較的一貫性の高い知見といえる。前帯状皮質背側部は，脳内で生じた複数の反応・処理の競合のモニタリングに関係するといわれている（Bush et al., 2000）。Luoら（2004）の実験では，手がかりが与えられた瞬間に，参加者の理解を

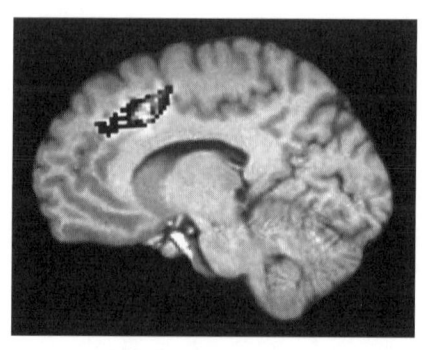

図11-5　洞察生起時の前帯状皮質背側部の活動
（Luo et al., 2004 の図をもとに作成）

制約し，行き詰まり（impasse）をもたらしていた解釈（例：布＝何か着るもの）と，手がかりによって生じた新しい解釈（例：布＝パラシュート）とが競合する。前帯状皮質背側部の活動はこの競合状態の検知に関与し，それによって考え方の転換をもたらすことで問題解決，アハ体験へと導くのかもしれない。

2. 洞察にいたる脳の働き

上述の Luo ら（2004）では，文章の意味を理解するための手がかりが，実験者により外的に与えられていた。しかしながら，多くの洞察問題解決ではそうした手がかりなしに，自らの力で解を導くことが求められる。では解のひらめきは，どのような脳の働きを通じて生起するのであろうか。この問題については，遠隔連想テスト（remote associates test）を用いた検討が多く行われている。遠隔連想テストとは，3つの単語（例：surprise, line, birthday）を見て，それに共通して結びつく1語（例：party）を答えるというものであり，脳機能画像研究での使用に際し，様々な問題を繰り返し呈示可能という利点がある（Bowden et al., 2005）。Jung-Beeman ら（2004）は，遠隔連想テストの解が突然のひらめきによって得られた場合の脳活動を fMRI により調べ，洞察による解決では，そうでない場合に比べて右・上側頭回前部の活動（解の報告が得られる 0.3 秒前に生起）が強くなることを見出した。この右・上側頭回前部の活動は，この領域が担う意味統合の処理（Humphries et al., 2001）を反映した，遠隔連想テストに特有の反応だと考えられる。一方で，Qiu ら（2010）は，漢字の部首を使ったクイズによる研究で，洞察問題解決に伴い，視覚処理に関わる下後頭回の活動が強くなることを報告している。このように洞察は，課題に共通した〈ひらめき〉専門の脳領域の働きによって引き起こされるのではなく，それぞれの課題に特有の脳領域で生じた何らかの変化によりもたらされるものと考えられる。

なお，いくつかの研究は，洞察問題解決の際に前頭前野外側部が活動することを報告している（Anderson et al., 2009; Aziz-Zadeh et al., 2009; Luo et al., 2004; Qiu et al., 2010）。これらの知見より，前頭前野外側部を課題に共通の洞察領域と見なすこともできるかもしれないが，この領域の活動については，問題の難しさを反映した解探索の努力に関わる可能性も否定できない（Dietrich & Kanso, 2010; Luo et al., 2004）。また神経心理学的な研究では，健常者に比べ，前頭前野外側部を損傷した患者の方が洞察問題解決の成績がよいという知見も得られており（Reverberi et al., 2005），前頭前野と洞察の関係については，さらなる検討が必要である。

3. 洞察を生起させやすい脳の状態—おわりに

どんなに真剣に考えても得られない答えが，日常生活のふとした瞬間にひらめくと

いうのは，誰しもが経験のあることであろう．では実際のところ，洞察は脳がどのような状態のときに生起しやすいのであろうか．この問題に関し Kounios ら (2006) は，参加者に遠隔連想テストを課し，各試行における〈問題を呈示する直前〉の脳活動を fMRI で記録することで，洞察が生起しやすい脳の状態を調べている．その結果，洞察で問題が解かれる前には，そうでない場合に比べ，前帯状皮質，後帯状皮質，上側頭葉後部の活動が強くなっていた．さらに続く研究において Subramaniam ら (2009) は，参加者のポジティブ気分が前帯状皮質の活動を高め，それが洞察による問題解決をもたらしやすくすることを報告している．こうした結果について Subramaniam ら (2009) は，洞察の生起には，優勢な考え方を捨て，新しい発想を行うことが重要だが，競合の検出と解消に関わる前帯状皮質が事前に準備状態におかれることで，それを行いやすくなると考えている．

　一方で，アルキメデスの故事にあるように，ずっと悩んでいた問題の答えは，散歩中や就寝前などリラックスした瞬間に思いつくことが多いとよく言われる．これをそのまま受け取るならば，洞察は，MW の神経基盤である DMN の働きが優位であるときに生起しやすいのかもしれない．実際，Kounios ら (2006) の研究で見出された洞察の準備状態に関わる領域は DMN に重なっている．さらに，近年の研究は DMN 領域の機能的結合の強さが，創造的思考の傾向と関係することも示している (Takeuchi et al., 2012)．

　このように洞察と MW は，DMN を通じて何らかの関係をもっている可能性がある (7 章参照)．一方で，図 11-1 と図 11-4 を比べると，1 節で述べた自伝的記憶想起に関わる脳の領域もまた，DMN に多く重なることがわかる．実際，過去の出来事を意識上で再体験することと MW は，ともに注意が内的世界に向けられ，意識上で様々なイメージが広がるという点で共通している．これらのことから，本章で述べた自伝的記憶想起，MW，そして洞察問題解決の 3 つの心の働きは，大脳内側部の活動を中心とした DMN の働きを介して互いに関係している可能性が考えられる．

　ここまで見てきたように，ふと浮かぶ記憶と思考の神経機構については，2000-2010 年代にかけて様々な研究が行われてきたが，いまだ多くの問題が答えが曖昧なまま残されている．これらの研究をそれぞれ個別に検討するだけでなく，いずれもが無意図的な心の働きを反映するという共通の枠組みから考えることで，その認知・神経メカニズムについてより深く理解することができるかもしれない．そうした可能性を今後の展望として，本章の締めくくりとしたい．

12章 ふと浮かぶ思考と自由意志の感覚

及川昌典

1節 はじめに

　私たちの心の働きには，自らの意志（will）とは関係なく生じたように感じられるものや，あるいは自らの意志に反して生じたように感じられるものもある。本書の各章で解説されている，これらの現象はどれも興味深く，驚きにあふれている。なぜなら，私たちは心の働きの大部分を，自らの意志で生じさせているように感じるためだ。しかし，そもそも意志とは何だろうか。自らの意志で生じさせたように感じられることと，自らの意志以外から生じたように感じられることとの間には，どのような違いがあるのだろうか。本章では，この問題についてあらためて考える。

2節 心に浮かぶ世界

　私たちの心には，心の外側の世界についての情報だけでなく，自らの心の内側の仕組みについての思考も浮かんでくる。心から私たちに伝えられる内省報告は，一見よくできているため，あたかも自らの心の働きや仕組みの全貌について，詳細に把握できているかのような錯覚に陥る。

　心の内省報告によれば，私たちは自らの意志で行動する。たとえば，右手の人差し指を上げようと思えば上がり，下げようと思えば下がる。指を上げ下げしようという思考が浮かび，そのとおりの行動が観察される。このようなことから，行動を生じさせたのはその思考であり，その思考を生じさせたのはほかでもない自分自身であるように感じられる。

　しかし，心は自らを単純化して報告する。人間の心の働きには，その単純な内省報告には反映されない，複雑な仕組みが関与している。たとえば，並列的な脳部位の賦活，意識の外で進行する認知過程，運動に関わる神経伝達など，裏方の仕事は私たちには報告されることはない。ふと意識に浮かぶ，単純化された心の一面だけを見てい

るのだとしたら，心の仕組みの理解にどのような影響があるだろうか。

　単純化された心の報告を額面どおりに受け取るならば，自らの意志によって自由に行動する，〈自己〉は実在することになる。もしも，本当にそうであるならば，自由意志（free will），自己決定（self-determination），自己責任（self-responsibility）など，自己を行動の主体とする考えに疑いをもつことはない。

　しかし，実際は，自らの意志で行動する自己などというものはなく，そんな幻想を抱かせる仕組みがあるだけかも知れない。現代の科学者や哲学者たちの多くは，この立場を貫いている。私たちが自らの意志で行動する仕組みとして，あたかも搭乗型ロボットのパイロットであるかのように，脳の操縦席から指令を下す小人のような存在（ホムンクルス，homunculus）を想定することには問題がある。これでは，小人の中にもさらに小さな小人を想定することになり，いつまでも自己の実体や仕組みにはたどりつけない。だとすれば，自己とは実体をもった何かではなく，その機能を果たす心の現象ということになる。

　いずれにしても，心を無視することはできない。科学者たちがどれだけ証拠や論理を突き付けたとしても，心はお構いなしに自らを単純化して私たちに報告し続け，私たちはそれを信じてしまう。ふと意識に浮かぶ，自らの行動に関する思考には，自己の存在に説得力をもたせる巧妙な仕組みが隠されているようだ。それはどのような仕組みだろうか。心は，私たちにいったい何を伝えているのだろうか。どうして，その報告はこうも単純化されているのだろうか。そして，なぜ私たちはそれを信じてしまうのだろうか。

❮3❯節　己を知ることの功罪

　自らの意志で行動していると信じて疑わないロボットを開発するにはどうすればよいだろうか。そんな思いあがったロボットが何の役に立つかは別として，そのようなロボットからは，多くの情報を隠しておく必要があるだろう。とりわけ，自らの意志で行動するロボットを開発することはできないという事実は最高機密だが，その漏えいを避けるためには，自らの仕組みに関わる情報の大部分が機密扱いとなる。自分が行動したことはわかるが，どうやって行動したのかはわからないロボット。このロボットや私たちが，自らの仕組みに関わる情報の大部分にアクセスできないようにつくられているのはなぜだろうか。

　自らの心について自己洞察（self-insight）を得ようと試みたとしても，その見返りは少ない。人間の心は複雑で，その内側の仕組みを隅々まで明らかにしようとすれば，

それは限りなく大変な作業になる。一方で，私たちが作業に割くことのできる心の資源は限られており，それは日常の活動に必要となるたくさんの認知機能の実行のために，すでに配分されている。

　あえて自らの心の仕組みについて知ろうとすれば，自己洞察に心の資源を割くために，ほかの認知機能の実行を一部中断しなければならない。よって，ほとんどの場合，へたに思考の迷路に踏み込んでも，払った資源に見合うだけの効用は得られない（Nisbett & Wilson, 1977）。自己洞察には心の資源がごくわずかしか割かれていないのだとすれば，その内容が単純化されたものであったとしても不思議ではない。

　もっとも，たとえ自己洞察の効用がすぐには得られなかったとしても，余裕を見つけては自己洞察を得ることを繰り返していれば，いずれは心の仕組みについてよりよく把握できるようになるかも知れない。ただし，心はいつまでも同じところに留まっているわけではなく，その内容や仕組みは更新され続けている。そのため，たとえば学生時代に得た自己洞察が，社会人になってからも有効であるとは限らない。完全な自己洞察を得ようとすることは，容量制限の点で難しいだけでなく，私たちのような更新され続けるシステムにとっては，あまり役に立たないのである（McDermott, 2002）。むしろ自己洞察にこだわれば，自己が更新される可能性や心の柔軟性を制限することにもなりかねない。このように，自己洞察と心の働きはトレードオフ関係にある。私たちの自己洞察を制限することで，心の描写は厳密さを欠いたものになるが，自由な自己理解と柔軟な活動が可能になることは，その対価として見合っているだろう。

4節　われ思うかのように感じる仕組み

　自らの意志で行動したと感じてしまうのはなぜだろうか。おかしな疑問をもつものだと思われるかもしれない。指を上げようと思えば上がり，下げようと思えば下がる。このような単純な観察からも，私たちが自らの意志で行動することは疑いようがないように感じられる。

　自らの意志で行動したと感じることは，心と行動の因果関係（心的因果，mental causation），つまり，行動しようという思考が原因となって，その結果としてその行動が生じたことを示す証拠ではないか。残念ながら，必ずしもそうとは限らない。感覚はあくまでも感覚に過ぎず，実情を正しく反映しているという保証はない。また，私たちに伝えられる情報は意識できる範囲に限定されているため，意識できない範囲で起きていることは，私たちからは隠されている。

　自らの意志で生じさせたと感じられる行動も，実際には，無意識の脳内活動から生

じている。たとえば，指を上げようと思えば上がり，下げようと思えば下がる。この
とき，指の動きを生じさせているのは，本当に私たちの意志なのだろうか。まさに指
を動かそうと意識したその瞬間に，時計の針がどこを指していたかを記憶しておけば，
行動しようという意志が生じたタイミングがわかる。同時に，頭皮にセンサーをつけ
て脳内の電位活動（brain potentials）を計測しておけば，意識できない脳内活動，す
なわち，無意識の指令のタイミングがわかる。もちろん，指が実際に動いたタイミン
グも記録しておく。

　もしも，本当に自らの意志で指を動かしたのであれば，指を動かそうという意志か
ら始まり，少し遅れて指を動かすための脳内の電位活動が生じ，さらに少し遅れてか
ら指が動くはずである。しかし，実際にこのような実験を行ってみると，最初に脳内
の電位活動が生じ，それから300ミリ秒ほど遅れて指を動かそうという意志が心に浮
かび，さらに200ミリ秒ほど遅れて指が動く（Libet, 1985）。

　何かを行おうという意志が生まれる300ミリ秒ほど前には，無意識の指令がすでに
下されていることになる（図12-1）。このように，あたかも自らの意志から生じたよ
うに感じられる行動も，実際には，無意識の脳内活動から生じていることがわかる。

　実際に行動を生じさせているのは無意識の脳内活動であるならば，あたかも自らの
意志で行動しているかのように感じられるのはなぜだろうか。本当の因果関係と，見
せかけの因果関係とを区別することは簡単ではない。たとえば，夏の浜辺でビールが
売れた日には，水辺の事故も多いというデータだけを見せられたとしよう。ビールが
原因となって，その結果として水辺の事故が生じているように見えるかも知れない。
しかし，必ずしもそうとは限らない。たとえば，浜辺の混雑具合という第三の変数が，
ビールの売り上げと水辺の事故の両方を生じさせる原因となっていたならば，実際に
はビールと水辺の事故との間に因果関係がなかったとしても，あたかもそこに因果関
係があったかのように見せかけられてしまう。

　自らの思考と行動の観察においても，意識されない第三の変数（脳部位の賦活や無

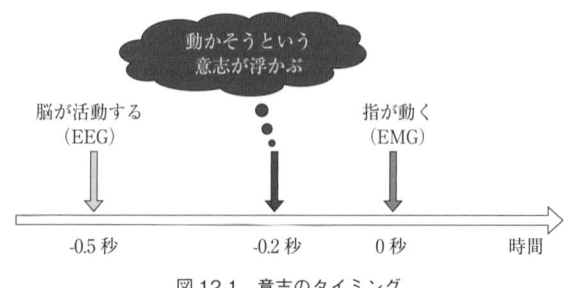

図 12-1　意志のタイミング

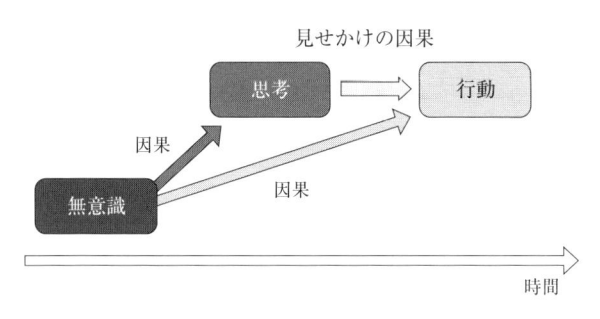

図 12-2　見せかけの心的因果

意識の認知過程）が原因となって，思考と行動の両方が生じていたならば，実際には思考と行動との間に因果関係がなかったとしても，あたかも因果関係があったかのように見せかけられてしまう（見せかけの心的因果，apparent mental causation; Wegner & Wheatley, 1999）。

　自らの思考が行動を生じさせたという因果推論が成立すれば，たとえそれが見せかけであったとしても，自らの意志で行動したように感じてしまう（図 12-2）。私たちに伝えられる思考と行動についての情報は，意識できる範囲に限られているため，このような第三変数が関与している可能性は常に存在する。しかし，本当の心的因果と見せかけの心的因果とを区別することは難しい。たとえ意識的な思考と行動の両方を生じさせる無意識の働きがあったとしても，それは私たちからは隠されているため，いずれにしても，自らの意志で行動したように感じてしまう。

　心的因果の推論が成立するには，どのような条件が必要だろうか。たとえば，コーヒーを飲むという行動は，自らの意志によるように感じられることもあれば，気づくと自動的にやっていたように感じられることもある。思考と行動の一貫性は重要である。コーヒーを飲もうという思考が浮かんでから飲んだならば，いかにも自らの意志で飲んだように感じられるだろう。しかし，何か別のことを考えながらコーヒーを飲んでいたことに気づいたならば，自らの意志で飲んだようにはあまり感じられないだろう。

　また，思考が浮かぶタイミングも重要である。自らの意志で飲んだという感覚は，飲もうと思ってすぐに飲んだときに，つまり思考が行動の直前に生じたときに，最も強く体験される。飲もうと思っていたことを忘れてしまうほど前や，飲んでしまった後に飲もうという思考が浮かんだとしても，自らの意志で飲んだようにはあまり感じられない。

　さらに，自らの思考のほかに，行動を生じさせたかも知れない原因が存在するかど

うかも重要である。たとえば，もともとコーヒーを飲もうと思っていたとしても，誰かにコーヒーを飲むようにと強要されたならば，自らの意志で飲んだようにはあまり感じられなくなる。

このように，自らの意志で行動したという感覚を生じさせるためには，見せかけの心的因果を成立させるための条件となる，思考と行動の一貫性（consistency），思考の直前性（priority），他の原因の不在（exclusivity）の3点が重要となる（Wegner & Wheatley, 1999）。以降では，これら3つの条件について詳しく見ていく。

1. 思ったとおりに行動する（思考と行動の一貫性）

思考が行動の原因と見なされるためには，その思考と行動とが結びつけられる必要がある。たとえば，指を上げようと思ったら上がった場合，いかにも自らの意志で行動したように感じられる。しかし，指を上げようと思っていなかったにもかかわらず，脳の運動野（motor cortex）を電気的に刺激されたことで指が上がった場合，自らの意志で行動したようには感じられない（Penfield, 1975）。行動と一貫した思考がなければ，思考が行動と結びつけられず，心的因果の推論は成立しないのである。

思考と行動が一貫していれば，見せかけの心的因果の推論が成立するため，実際には思考と行動に因果関係がなかったとしても，自らの意志で行動したように感じられる。たとえば，ある実験では，〈自動タイピングの実験〉と称して，参加者はコンピュータのキーボードを5分間目隠しでランダムに打つように求められた（Gibson & Wegner, 2003）。その後，リストされた単語を自ら打ったと感じる程度を報告するように求められた。リストには，実際に打たれた単語は1つも含まれていなかったにもかかわらず，この課題の前に行った別の課題中に接触していた単語やその関連語に対しては，ほかの単語に比べて，自ら打ったと感じる程度が高く報告されていた。このような実験から，行動と一貫した思考があれば，見せかけの心的因果の推論が成立するため，実際にはやっていないことであっても，自分がやったことであるかのように感じられてしまうことがわかる。

私たちの心は楽観的で，一般に課題の失敗よりも成功を思い浮かべる傾向がある。そのため，成功は失敗よりも思考と行動との一貫性が成立しやすく，自らの意志で生じさせたように感じられやすい（Langer & Roth, 1975）。また，抑うつ（depression）患者など，成功について考えることが少ない者においては，逆に成功よりも失敗が自らの意志で生じさせたように感じられやすい（Alloy & Abramson, 1979）。このような，成功や失敗を自らの意志で生じさせたという感覚は，コントロール感（sense of control）と密接な関係にあり，一般的に肯定的な自己観や，抑うつ患者におけるコントロール感の低さ，また，実際にはコントロールが及ばないギャンブルの結果をコ

ントロールしているという幻想などを支えている。

　Custersら（2009）の実験では，コンピュータ課題を行い，課題ブロックを終えるごとに表示される誰かの成績が，自分のものだと感じる程度を報告するように求められた。この実験に用いられた課題は，コンピュータ画面上にサブリミナル（subliminal）で表示される文字列が単語か否かを判別することを求めるもので，実際には，参加者のコントロールがまったく及ばないものだった。それにもかかわらず，事前に成功についての思考が促されると，高い成績を自分のものだと感じる程度が高くなり，低い成績を自分のものだと感じる程度が低くなった。これらのことから，実際にはコントロールがまったく及ばないような場合でも，思考と一貫した結果は，自ら生じさせたように感じられてしまうことがわかる。

　通常であれば，行動と一貫した思考が事前に浮かぶことで，自らの意志で行動したという感覚が得られる。しかし，自らの思考と行動が結びつけられない特殊なケースでは，自らの意志で行動したという感覚が得られないことがある。たとえば，統合失調症（schizophrenia）患者は，しばしば幻聴の症状を訴える。実際には，彼らが聴いている声の正体は自らの思考や発話であることがわかっている。ただし，その声の主は自分ではなく，別の何かであるように感じられる。それまでの自らの思考と一貫しない発話に対しては，心的因果の推論が成立しないため，自らの意志とは別の何かが，頭の中に語りかけているように感じられてしまうのである（Hoffmann, 1986）。

2. 思ったときに行動する（思考の直前性）

　因果推論において，タイミングは重要である。原因は，結果よりも先でなければならない。また，結果の直前に生じた事象ほど，原因として推定されやすい。心的因果の推論の場合，思考が行動の直前に浮かんだ場合に，自らの意志で行動したという感覚が最も強く体験される。思考と行動の間隔が空いた場合や，行動のあとに思考が浮かんだ場合など，思考と行動のタイミングがずれるほど，自らの意志で行動したという感覚は損なわれる。

　WegnerとWheatley（1999）による実験では，参加者は2人で1つのマウスを動かし，コンピュータ画面上の絵のどれかをカーソルで選ぶように求められた。その後，カーソルの止まった位置の絵（例：白鳥）を自ら選んだと感じる程度を報告するように求められた。また，課題中に妨害刺激（distracter）として，ヘッドホンをとおして画面上の絵のどれかの名称（例：白鳥）が不規則なタイミングで流されることがあった。実際には，マウスを動かしている1人は実験協力者であり，参加者に気づかれないように，カーソルの止まる位置とタイミングを決定していた。

　このように，参加者がカーソルの止まる位置を選ぶことはできなかったにもかかわ

らず，行動に関する思考をカーソルの止まる直前（1秒前，または5秒前）にヘッドホンの音声によって誘導されると，カーソルの止まった位置の絵を自ら選んだと感じる程度が高く報告されていた。行動に関する思考の誘導は，カーソルの止まる30秒前，または1秒後では効果がなかった。なお，カーソルの止まる位置を実験協力者が決定せず，参加者に決定させた場合，行動に関する思考を誘導しても，カーソルの止まる位置への影響はなかった。

　これらのことから，行動に関する思考がタイミングよく生じれば，見せかけの心的因果の推論が成立するため，実際には行動の決定権がなく，また，思考が偶発的なものであったとしても，自分が選んでやったことであるかのように感じられてしまうことがわかる。

3. 他に思い浮かばない（他の原因の不在）

　他者からの指示に従っている場合など，自らの思考以外に行動の原因が思い浮かぶと，自らの意志で行動したという感覚は割り引かれる。Milgram（1974）は，服従に関する古典的な実験において，実験者の指示に従っている間，参加者は代理状態（agentic shift）に陥り，自らの意志で行動しているという感覚が失われることを指摘している。

　ほかの原因が思い浮かぶ場合には，実は自らが行動していたとしても，そのように感じられないこともある。たとえば，自閉症（autism）などの言語障害に悩む患者たちのコミュニケーションを支援する目的で開発された，ファシリテッド・コミュニケーション（facilitated communication）と呼ばれる技法がある。支援者は，キーボードの上で患者の指を支えることで，患者のタイピングを支援するが，もちろん支援者は自らタイピングをしないように細心の注意を払う。生涯において一度も話したことのない患者たちが，驚異的に精緻な文章を作成したことで，この技法は多くの注目を集めた。しかし，患者と支援者にヘッドホンをとおして異なる質問をした実験の結果，反応は支援者への質問に対するものであり，患者への質問に対するものではないことがわかった。一方で，支援者はその反応は完全に患者のものであると感じており，自らの反応であるとは感じてはいなかった。このように，支援には効果があるという希望的観測や，患者は適切な支援さえあればコミュニケーションができるという確信によって，支援者自らが行動したという感覚が損なわれることがわかる（Wegner et al., 2003）。

　一方で，たとえほかの原因が存在していたとしても，それが明確に自覚されていなければ，自らの意志で行動したという感覚が十分に割り引かれないこともある。たとえば，合図が聞こえたら右手か左手の人差し指を動かすように求めた実験では，経頭

蓋磁気刺激（transcranial magnetic stimulation, TMS）によってどちらかの動きを阻害すると，反対側の手の指の動きが促進されていた。すなわち，TMSは確かに行動に影響していた。それにもかかわらず，参加者はTMSが自らの行動に及ぼした影響に気づいていなかったため，自らの意志で選んだ指を動かしているものと感じていた（Brasil-Neto et al., 1992）。

　行動や決定の原因として，自己の役割が強調される程度は，文化によっても異なる。たとえば，欧米諸国などの西洋文化圏では，自らの意志で行動を決定する個人としての特徴が重要視される，相互独立的（independent）な傾向が強い。一方で，アジア諸国などの東洋文化圏では，社会的な規範や慣習に制約された集団の意志で行動する集団成員としての特徴が重要視される，相互協調的（interdependent）な傾向が強い（Markus & Kitayama, 1991）。Aartsら（2010）の実験では，日本人参加者とオランダ人参加者は，コンピュータ制御されたルーレットの結果を，自ら生じさせたと感じる程度を報告するように求められた。参加者は，コンピュータ画面上のルーレットの回転を，停止の合図が出たらキーを押して止めるように求められた。実際には，ルーレットの結果は完全にコンピュータによって制御されており，参加者が結果をコントロールすることはできなかった。それにもかかわらず，事前にルーレットの結果と一貫した思考が誘導されると，ルーレットの結果を自ら生じさせたと感じる程度が高く報告されていた。このような，見せかけの心的因果の効果は，日本人参加者においてもオランダ人参加者においても同様に観察された。ただし，日本人参加者は，オランダ人参加者に比べて，自分が結果を生じさせたと感じる程度を，全体的に低く報告していた。これらのことから，心的因果の推論に関わる基礎的な仕組みは，洋の東西を問わず普遍的に備わっているものの，集団の意志が尊重される東洋文化圏では，西洋文化圏に比べて，行動や決定に自己が果たす役割が感じられにくいことがわかる。

　思考と行動の一貫性，直前性，ほかの原因の不在は，心と行動を結ぶ因果推論を司る重要な原則である。ただし，これらはあくまでも見せかけの心的因果の成立条件に過ぎず，そこから自らの思考と行動との間に本当の因果関係があるかどうかを特定することはできない。

〈5〉節　意志とは何か？

　私たちはあたかも自らの意志で行動しているかのように感じるが，意志が原因で行動が生じること（あるいは意志以外が原因で生じる行動との区別）を裏づける科学的な証拠は存在しない。科学的な検証の結果からわかったことは，意志とは実際に行動

を生じさせる原因ではなく，次の行動を事前に知らせる予告に過ぎないということである。この予告によって，あたかも自らの意志で行動しているかのように感じさせる，見せかけの心的因果が成立する。自らの意志が感じられる行動と，感じられない行動の違いは，この予告のありなしということになる。

　私たちの心は，行動の直前に，それと一貫した思考を浮かばせる。指を上げようと思えば上がり，下げようと思えば下がる。私たちは意志という行動の予告を受けとることで，自らの行動が生じる前に，すでにそれを知っていることになる。実際には，思考が行動の原因であるとは限らないとしても，このような行動の直前に浮かぶ予告は，心的因果の推論を成立させる強力な手がかりとなる。また，たとえ行動の背後に無意識の仕組みの数々が関与していたとしても，それらは隠されているため，私たちには自らの思考が行動を生じさせたようにしか見えない。

　私たちの意志が行動の原因ではなく，行動に随伴して浮かぶ予告に過ぎないのだとしたら，それはいったい何の役に立つのだろうか。たとえば，意に反した行動を予告されたとしても，行動はすでに決定されており，変更できないのだとしたら，それは何のための予告だったのだろうか。

　行動の予告が果たす重要な役割の1つは，人と人とを結ぶことである。たとえば，車の進行方向はすでに決定されていたとしても，それをほかの車に伝えるウィンカーは，安全な交通において重要な役割を担っている。また，コンピュータのデスクトップの表示は，コンピュータ自体からすれば，行われている計算の様子を単純化したものに過ぎないが，コンピュータとユーザーとを仲介する機能を果たしている（Norretranders, 1999）。同じように，たとえ行動はすでに決定されていたとしても，それを他者に向けて予告することは，社会的な信号システムを支える重要な役割を担っており，人と人とを結ぶインターフェイスとしての機能を果たしている。自らの行動の予告を受けとることができなければ，自分が次にとる行動がわからず，それを他者に伝えることもできない。

　行動の予告が果たすもう1つの重要な役割は，心的因果の推論を通じて，自らの意志で行動したという感覚を生じさせることである。心的因果の推論に限らず，自動化された推論は意識から抜け落ち，その結果だけが，当然のことのように感じられる。それは単なる推論を超えた実感を伴い，即座に反応や行動を導くソマティック・マーカー（somatic marker）として働く（Damasio, 1994）。痛みの感覚が損傷に問答無用のリアリティを与えるように，自由意志の感覚は私たちが自らの意志で行動しているという前提に，疑いようのない説得力をもたせている。

　自由意志の感覚，すなわち，自らの意志で行動していると感じられることは，私たちの自己観や社会を支える重要な前提である。自らの意志で行動したと感じられるこ

とに対しては，さらに責任，誇り，罪悪感など，自己意識やモラルに関わる一連の感情が体験される。もしも，自らの意志で行動したという感覚がなかったならば，自己の責任，モラル，信頼など，私たちの社会の礎となる重要な概念の数々は，その実感を失ってしまうことになる。

　このように，私たちが自らの意志で行動しているという感覚は，ふと意識に浮かぶ，行動に関する思考に支えられている。行動の直前に，それを予告する思考が，他の原因が存在しない条件で浮かぶと，自らの意志で行動したように感じられる。私たちの自己洞察が意識できる範囲に限定されていることや，心の描写が単純化されたものであることは，このような見せかけの心的因果の舞台裏，すなわち，私たちの行動の本当の原因を隠す役割を果たしている。私たちの自己，そして社会を支える自由意志の感覚は，こうした巧妙な仕組みの恩恵であるといえる。

13章 ふと浮かぶ思考と抑うつ

服部陽介

1節 抑うつと「ふと浮かぶ思考」

　自らの意図と無関係に生じる思考を「ふと浮かぶ思考」と広義に捉えるならば，抑うつ（depression）は様々な「ふと浮かぶ思考」と関連しているといえるだろう。本章では，まず，抑うつについて述べたあとに，侵入思考（intrusive thought）やマインドワンダリング（mind wandering）など代表的な「ふと浮かぶ思考」と抑うつの関係について，近年の研究を概観する。そののち，抑うつとの関連が盛んに議論されている「ふと浮かぶ思考」である反すう（rumination）を取り上げ，反すうが抑うつとどのように関連するのか，また，なぜ反すうが頻繁に生じるのかについて詳細に述べる。最後に，反すうを乗り越えるための方法について議論する。

1. 抑うつとは

　抑うつは，(1) 空虚感，悲しみ，落ち込みなどの滅入った気分である抑うつ気分，(2) 抑うつ気分とともに生じやすい認知的・行動的・身体的症状の症候群，(3) 特定の基準を満たした疾病単位としてのうつ病という3つの意味で用いられるとされている（坂本ら，2005）。

　近年，精神疾患の診断システムは，非臨床群（non-clinical samples）と臨床群（clinical samples）の症状の連続性を仮定するモデルへと変化しつつあるといわれており（杉浦，2009），非臨床群の経験する抑うつと臨床群の経験する精神疾患としてのうつ病は，抑うつの重症度という次元上で連続していると考えられている（e.g., Cox et al., 2001; Okumura et al., 2009）。本章では，この立場を踏襲し，臨床群，非臨床群に関わらず，抑うつ気分を含む抑うつ症候群を抑うつとし，非臨床群においてより抑うつ症候群を経験している個人を抑うつ者と呼ぶ。

　抑うつの程度は様々な指標を用いて測定されており，代表的な自己記入式尺度として，Beck Depression Inventory（Beck et al., 1961）やその改訂版であるBeck Depression Inventory second edition（Beck et al., 1996），Zung Self-Rating

Depression Scale（Zung, 1965），Center for Epidemiologic Studies-Depression Scale（Radloff, 1977）などがあげられる。これらの尺度は，本章で紹介する研究の多くで利用されている。

2. 抑うつと「ふと浮かぶ思考」

では，抑うつと「ふと浮かぶ思考」にはどのような関連が見られるのだろうか。ここでは，代表的な「ふと浮かぶ思考」である，侵入思考，自伝的記憶の無意図的想起（involuntary remembering），マインドワンダリングを取り上げる。

(1) 侵入思考

侵入思考には数多くの定義が存在しているが，その多くには，「意図に反して繰り返し生じ，遂行中の認知活動を妨げる」という共通の特徴が含まれているといわれている（Julien et al., 2007）。そこで，本章では，「意図に反して繰り返し生じる思考，衝動，イメージ，記憶」を侵入思考と呼ぶこととする。

侵入思考は，強迫性障害（obsessive-compulsive disorder）における強迫観念（obsession）や心的外傷後ストレス障害（post-traumatic stress disorder）における再体験症状（re-experiencing symptom）と類似する特徴をもち，両疾患の心理・行動モデルにおいて重要な役割を果たすことから（e.g., Ehlers et al., 2002; Purdon, 2001），これらの疾患との関連が議論されることが多い。しかしながら，近年では，侵入思考を抑うつの重要な認知的特徴の1つとして捉える立場も見られ（e.g., Starr & Moulds, 2006; Williams & Moulds, 2007），また，それを実証する知見も確認されている。たとえば，Kuykenら（1994）は，虐待経験のある女性を対象として調査を行い，侵入思考頻度や回避的行動の頻度が高い個人で抑うつの程度が高いことを示した。同様に，女性のみならず，男性を対象者に含めたBrewinら（1996）でも，抑うつの程度と侵入思考頻度の関連が確認されている。

このような抑うつと侵入思考の関係は，特にネガティブな思考を意図的に考えないようにしている状況で，より顕著に見られる。ある対象について意図的に考えないようにする試みやその過程は思考抑制（thought suppression）と呼ばれている（Wegner, 1994; 9章参照）。指標や手続きの違いはあるものの，思考抑制中に抑うつ者がより多くの侵入思考を経験することが複数の研究で示されており（e.g., Dalgleish & Yiend, 2006; Hattori & Kawaguchi, 2010），精神疾患が思考抑制に与える影響の効果量を分析したMageeら（2012）でも，抑うつ者は，非抑うつ者よりも経験する侵入思考頻度が高いことが報告されている。

さらに，侵入思考は，抑うつの悪化を予測することが明らかにされている。Brewinら（1999）は，縦断調査から，抑うつの程度が高いほど経験する侵入思考頻

度が高いことを示すとともに，経験する侵入思考頻度の高さがのちの抑うつの程度を高めることを示した。同様に，Meiser-Stedmanら（2012）は，ネガティブな出来事に関する侵入思考頻度が抑うつの悪化を説明することを示している。

これらの知見は，侵入思考が抑うつに伴って生じるとともに，抑うつの悪化をもたらす原因となることを示唆している。ただし，ここでは，強迫観念のような言語的な思考と，フラッシュバック（flashback）のような視覚的なイメージを区別せず，両者を侵入思考として取り扱った。だが，両者の発生には異なる認知過程が関わっている可能性があると考えられる。したがって，今後は，両者を厳密に区別し，これまでの知見を整理した上で，侵入思考と抑うつの関連についてさらに議論を深めていく必要があるだろう。

(2) 自伝的記憶の無意図的想起

2章および3章で述べられたように，自伝的記憶の無意図的想起とは，想起する意図がないにも関わらず，ひとりでに自伝的記憶が想起される現象を指す（e.g., Berntsen, 1998; Watson et al., 2013）。これまで，抑うつに伴って自伝的記憶の概括化（overgeneral autobiographical memory）が生じるなど，自伝的記憶の内容と抑うつの間に様々な関連が見られることが明らかにされてきた（e.g., 松本・望月，2013; Williams et al., 2007）。そして，近年では，想起意図の有無に注目した検討が行われはじめている。

しかしながら，これまでの研究では，想起意図の有無にかかわらず，抑うつに伴って自伝的記憶の想起頻度や記憶の想起に対するネガティブ反応の頻度が高まることが示されている（Johannessen & Berntsen, 2010; Watson et al., 2013）。これは，自伝的記憶の無意図的想起と抑うつの間に特別な関連が確認されていないことを意味している。とはいえ，自伝的記憶の無意図的想起と抑うつの関連についての研究は始まったばかりであり，今後の展開を注視する必要があるだろう。

(3) マインドワンダリング

現在取り組んでいる課題から注意が離れて思考や感覚などの内的情報に移る現象は，マインドワンダリング（Smallwood & Schooler, 2006）や課題無関連思考（task-unrelated thought; Smallwood, Baracaia et al., 2003）と呼ばれている（7章参照）。これらの現象と抑うつの関連を実証した研究はまだ少ないものの，いくつかの研究において，抑うつに伴いマインドワンダリングの頻度が上昇することが示されている（e.g., Smallwood et al., 2007; Smallwood, Obonsawin et al., 2003）。また，近年では，抑うつ者がマインドワンダリングをすることで，ネガティブな認知へのアクセスが促進されることも明らかにされている（Marchetti et al., 2012）。このように，抑うつと併存し，また，抑うつ的認知を促進する可能性をもつマインドワンダリングは，これ

からの研究の発展が大いに期待される現象であるといえよう。

2節 抑うつと反すう

前節では，代表的な「ふと浮かぶ思考」と抑うつの関連についてまとめ，抑うつの程度が高いほど「ふと浮かぶ思考」を経験する頻度が高くなることや，「ふと浮かぶ思考」が抑うつの悪化を予測する可能性について述べた。ただし，これらの「ふと浮かぶ思考」と抑うつの関連を示すエビデンスは，近年になって徐々に蓄積されつつあるものの，いまだ研究数が少ないという問題がある。そこで，本節では，「ふと浮かぶ思考」の中でも，抑うつとの関連について最も多くの知見が蓄積されている概念である，反すうに注目する。

1. 反すうとは

反すうもまた，侵入思考と同様に研究文脈により定義が異なるが（e.g., Siegle et al., 2004; Smith & Alloy, 2009)，ここでは，「繰り返し生じる，自分自身の抑うつ症状やその原因，その意味についての思考」という広く採用されている定義に基づいて議論する（e.g., Nolen-Hoeksema & Morrow, 1991; Nolen-Hoeksema et al., 2008)。なお，先行研究で抑うつ的反すう（depressive rumination）と表現されている概念も，反すうを扱った研究に基づいて定義されていることから（e.g., Hawksley & Davey, 2010; Watkins & Moulds, 2005)，本章では両者を区別しないこととした。

反すうは，抑うつの持続における個人差を説明するために提唱された反応スタイル理論（response styles theory; Nolen-Hoeksema, 1991）をきっかけとして注目を集めている概念である。反応スタイル理論は，抑うつ気分への対処として，自分自身の抑うつ症状についての思考や行動を繰り返す反すう（rumination）反応と，別の対象に注意を逸らす気晴らし（distraction）反応という2つの反応を仮定し，特に，反すう反応を頻繁に行うことが抑うつの持続や悪化を生じるとしている。反応スタイル理論では，反すうを安定的な反応傾向と捉えており，複数の反すうに関する理論が同様の立場をとっている（e.g., Trapnell & Campbell, 1999; Treynor et al., 2003)。一方，反すうを，特定の刺激に対して生じる一時的な状態として捉える立場もある（e.g., Wells & Matthews, 1994, 1996)。

反すうや反すうに準ずる反復的思考の程度を測定するための自己記入式尺度は数多く存在しているが（Siegle et al., 2004; Smith & Alloy, 2009)，ここでは，特に，Ruminative Responses Scale（RRS）（Nolen-Hoeksema & Morrow, 1991）と

表 13-1 反すうを測定するための尺度に含まれる因子名と項目例

尺度	因子	項目例
RRS	考え込み	「なぜ自分はいつもこのような反応をしてしまうのだろうか」と考える 「なぜ自分は物事をもっとうまく片づけられないのだろうか」と考える
	反省的熟考	なぜ自分が落ち込んでいるのか理解するために，自分自身の性格について分析する なぜ自分が落ち込んでいるのか理解するために，最近あった出来事について分析する
RRQ	反すう	本当に長い間，自分に起こったことを繰り返し考えたり，つくづくと考えたりしがちだ 最近自分が言ったことやしたことについて，頭の中でいつも思い返しているように思う
	省察	ものごとの本質や意味について深く考えることがとても好きだ もともと自己をとても探求したいと思っている

RRS の項目例は Hasegawa（2013）で，RRQ の項目は高野と丹野（2008）で使用されたものをそれぞれ用いた。

Rumination-Reflection Questionnaire（RRQ）（Trapnell & Campbell, 1999）を取り上げる。

　RRS は先に述べた反応スタイル理論に基づいて作成された尺度である。近年は，RRS の項目に，抑うつ症状を反映する項目が含まれている可能性を考慮し，それらの項目を除いて再構成された新たな RRS（Treynor et al., 2003）も利用されている。RRS は，達成されなかった自己の基準と現状を受動的に比較する考え込み（brooding）と，抑うつ症状の軽減を目的とする認知的な問題解決のために，自己の内面に注意を向ける反省的熟考（reflective pondering）における個人差を測定する尺度であり，日本語版も作成されている（Hasegawa, 2013; Sakamoto et al., 2001）。

　それに対し，RRQ は，私的自己意識（private self-consciousness）に関する研究の流れを踏襲して作成された尺度である。RRQ は，自己に対する脅威，喪失，不正によって動機づけられた，自己に注意を向けやすい特性と定義される反すう（または自己反芻（self-rumination））と，知的好奇心によって動機づけられた，自己に注意を向けやすい特性と定義される省察（または自己内省（self-reflection））における個人差を測定する尺度である。RRQ もまた，日本語版が作成されている（高野ら，2012; 高野・丹野，2008）。表 13-1 に日本語版の RRS と RRQ の項目例を示す。

　RRS と RRQ は，いずれも反すうを安定的な特性として捉える理論を背景に作成された尺度であり，また，安定的な思考や反応の傾向を測定するための教示文や質問項目で構成されていることから，いずれの尺度得点にも，特性としての反すうの個人差が反映されていると考えられる。ただし，RRS の再検査信頼性が概して中程度であることや（e.g., Nolen-Hoeksema et al., 2008），反すうが思考抑制傾向（e.g., 村山，2013; Wenzlaff & Luxton, 2003）や治療的介入（Siegle et al., 2007）の影響を受けて

変化することを鑑みると，反すうは，一定の安定性をもつものの，時間経過や経験をとおして変化し得るものであると捉える必要があるだろう。

また，RRQで測定される反すうとRRSで測定される反すうの間には中程度の相関が見られることが確認されており（Siegle et al., 2004），反映される認知的経験が多少異なる可能性はあるものの，どちらも反すうという共通した特性を反映する尺度であると考えられる。

2. 反すうと抑うつ

先に述べた反応スタイル理論（Nolen-Hoeksema, 1991）を契機として，反すうと抑うつの関係について多くの研究が行われてきた。それらの研究は実験研究と調査研究に大別され，調査研究はさらに横断研究と縦断研究に分けることができる。ここでは，それぞれの研究から得られた知見をまとめる。

まず，実験研究では，参加者を自己の身体感覚や感情，症状に関する思考に注意を向けるよう導入する反すう群と，自己の感情・症状とは無関連な対象（例：アフリカ大陸の形）についての思考に注意を向けるよう導入する気晴らし群の比較を行うという手続きが一般的に用いられている（詳細はNolen-Hoeksema & Morrow, 1993）。この手続きは，導入前後に気分などの心理変数を測定し，その変化を観察できるため，反すうがもたらす即時的な効果を検証する上で有用であると考えられる。

多くの実験研究は，導入前後の気分の変化を比較し，気晴らしを導入した場合よりも反すうを導入した方が，抑うつ気分が維持ないし悪化することを報告している（e.g., Joormann & Siemer, 2004; Park et al., 2004）。しかしながら，このような，反すうと気晴らしの効果を比較するという研究デザインは，反すうの効果と気晴らしの効果を分離することを困難にするという問題を抱えており，反すうそのものが抑うつ気分を悪化させることを明確に示すエビデンスが得られていないという指摘もされている（Thomsen, 2006）。この問題を乗り越えるためには，気晴らし群のみならず，様々な対照群を設定し，反すう群と比較することで，反すうがもたらす効果を明確に示していく必要があるだろう。

また，反すうから抑うつ気分への間接的な効果が存在する可能性も考慮しなければならないだろう。反すうは，自己に関するネガティブに歪んだ信念である非機能的態度（dysfunctional attitude; 例：「私が仕事のうえで失敗したら，私は人としても失敗者である」という考え）と抑うつ気分の関連を強める効果をもつことが示されている（Ciesla & Roberts, 2007）（図13-1）。これは，ネガティブに歪んだ認知がもたらす気分への悪影響が，反すうを通して増幅されることを示唆している。抑うつ群や大うつ病性障害（major depressive disorder）と診断された臨床群では，反すうを行うこと

13章　ふと浮かぶ思考と抑うつ

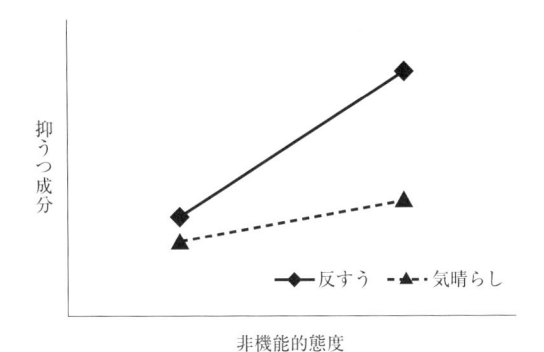

図13-1　反すうが非機能的態度と抑うつの関係に与える影響
（Ciesla & Roberts, 2007をもとに作成）

で抑うつ気分が悪化するという反すうの直接的な効果が繰り返し報告されているが（e.g., Donaldson et al., 2007; Lybomirsky et al., 1998）、これらの結果も、抑うつ群や臨床群のもつ非機能的態度のネガティブな効果が反すうによって増幅されたために得られたものなのかもしれない。

次に、調査研究の結果を概観する。まず、横断研究の結果について述べる。反すうとネガティブ感情の関連をレビューしたThomsen（2006）は、子どもや臨床群においては反すうと抑うつの関連が確認されない場合もあるものの、大多数の横断研究で両者の間に正の相関が認められることを報告している。同様に、本邦でも、日本語版のRRSやRRQを用いて、反すうと抑うつの間に正の相関があることが繰り返し確認されている（e.g., Hasegawa, 2013; 高野・丹野，2008）。さらに、精神疾患と感情制御方略の関連について検討した実験研究ならびに横断研究を対象にメタ分析を行ったAldaoら（2010）も、反すうと抑うつの間に強い正の関連が見られることを確認している。このように、横断研究では、反すうしやすい個人ほど抑うつの程度が高いという関連が安定して示されているといえる。

次に、縦断研究では、反すうが抑うつの悪化を導く可能性が示されている。たとえば、Nolen-Hoeksema（2000）は、およそ1年の間隔で2度実施された面接の結果から、1度目の面接時の抑うつの程度を統制しても、1度目の面接時の反すうが1年後の抑うつの程度を予測することを示した。すなわち、反すうしやすい個人ほど、将来の抑うつが悪化しやすいことが示された。同様の結果は複数の研究で確認されており（e.g., Nolan et al., 1998; Sarin et al., 2005）、本邦で実施された研究でも同様の結果が得られている（e.g., 長谷川・根建，2011; Sakamoto et al., 2001）。

ただし、このような反すうと抑うつの関係は、非臨床群においては顕著に認められ

るものの，臨床群を対象とした場合にはその関係が認められなくなる場合が多いといわれている（Thomsen, 2006）。たとえば，先に紹介したNolen-Hoeksema（2000）は，1度目の面接時に大うつ病性障害の診断を受けた個人における反すうの程度が，1年後の面接時の大うつ病性障害の診断を予測しないことを示した。これは，反すうが大うつ病性障害の持続に対して影響力をもたないことを示唆している。同様の結果（e.g., Arnow et al., 2004; Bagby & Parker, 2001）を受けて，Nolen-Hoeksemaら（2008）は，反すうが軽度の抑うつを大うつ病エピソードへと発展させる一因となる一方で，大うつ病エピソードの持続は，反すうではなく，コルチゾール（cortisol）の過剰分泌や持続的な睡眠の困難さなどの他の神経生物学的システムの機能によって規定されている可能性を指摘している。

　これらの知見を踏まえ，反すうと抑うつの関連についてまとめる。まず，反すうは，抑うつ気分の維持や悪化をもたらす可能性がある。反すうは，気分の改善を促す気晴らしを阻害するのみならず，過去，現在，未来に関する思考をよりネガティブに歪め，問題解決を阻害し，気分を改善する行動への動機づけを低下させ，ソーシャルサポートを低減することが知られている（レビューとして，Nolen-Hoeksema et al., 2008）。これらの過程を経て，抑うつ気分が維持される，あるいは悪化するのだろう。

　また，反すうは，非機能的態度などのネガティブに歪んだ認知による抑うつ気分の悪化を助長する働きがあると考えられる。不適応的な処理様式で繰り返し自己に関する思考を行うことで，自己概念や記憶が歪められ，よりネガティブな気分が極化してしまうと考えられる。

　さらに，反すうは，健常レベルの抑うつを重症度の高い臨床レベルの抑うつへと発展させ，ひいては大うつ病性障害への罹患リスクを高める可能性がある。反すうによる抑うつ気分の持続・悪化は，その原因の1つとなっているのだろう。したがって，非臨床群の反すうを低減することが，大うつ病性障害を予防する上で非常に重要であるといえる。一方，重症度の高い大うつ病エピソードの持続は反すう以外の要因によって生じている可能性があり，今後，特に神経生物学的システムの機能を視野に入れた慎重な検討と議論が求められる。

3節　反すうの起源を探る

　前節では，反すうと抑うつの関連についての知見をまとめ，特に反すうが抑うつの維持や悪化に寄与している可能性があると述べた。それでは，反すうはなぜ生じてしまうのだろうか。反すうは様々にモデル化されており，反すうの背景に想定されてい

る原因もまた多様であるといわれている（Smith & Alloy, 2009）。その中でも本節では，反すうをもたらすといわれる，実行機能（executive function）の障害，思考抑制，反すうに関するメタ認知的信念（metacognitive beliefs）という3つの認知的要因について述べる。

1. 実行機能の障害

　反すうは，実行機能に関わる複数の抑制的な情報処理の障害によって生じる可能性があるといわれている。Joormann（2010）は，感情制御方略と認知的制御能力の関連について議論するなかで，不適切なネガティブ情報をワーキングメモリ（working memory）から取り除けないために反すうが生じると述べている。これは，ワーキングメモリへの不適切な情報の侵入・残留を測定する複数の認知的課題を用いた研究で実証されている（e.g., Joormann & Gotlib, 2008; Owens & Derakshan, 2013）。さらに，ZetscheとJoormann（2011）は，縦断研究によって，ネガティブ情報の侵入に対する制御能力の低さが6か月後の反すうの高まりを予測することを示した。これは，抑制的な情報処理における障害が反すうを生じるという因果関係を示唆する重要な知見であるといえよう。

　とはいえ，抑制的な情報処理と反すうの関連を示したほとんどの知見は，両者の相関関係を示すにとどまっており（Joormann & D'Avanzato, 2010），今後は因果関係を検証可能なデザインを用いて知見を蓄積していく必要があると考えられる。

2. 思考抑制

　また，思考抑制を行うことがのちに反すうを生じる原因となる可能性がある。すでに述べたように，思考抑制とは，特定の対象について意図的に考えないようにする努力やその過程を指す。思考抑制は，抑制を終えたあとに抑制対象に関する思考頻度を増大させるといわれている（e.g., Magee et al., 2012; Wenzlaff & Wegner, 2000）。これは，リバウンド効果（rebound effect）と呼ばれる現象である。ErberとWegner（1996）は，反すうをリバウンド効果の一形態として捉えており，思考抑制によって抑制対象に関する思考へのアクセスが促され，繰り返しその思考が生じることが反すうとなると述べている（詳細は9章参照）。

　また，WenzlaffとLuxton（2003）は，慢性的な思考抑制傾向の高い個人がストレスフルな出来事を経験することで，10週間後の反すう傾向を高めることを示している。同様に，村山（2013）は，女子大学生を対象とした縦断調査の結果，慢性的な思考抑制傾向の高い個人が日常生活において多くのストレッサーを経験することで，反すう傾向を高めることを示した。これらの結果は，思考抑制が反すうの原因となるこ

との証左であると考えられる。

　その一方で，反すうが思考抑制の原因となるという主張もされており（Martin & Tesser, 1996），それを支持する結果も得られている（Erskine et al., 2007）。これらの知見は矛盾するものではなく，思考抑制と反すうは互いを促進し合う関係にあると考えられるが，より明確な結論を得るためには，それぞれを実験的に操作し，他方への影響の有無を検証する必要があるだろう。

3. 反すうに関するメタ認知的信念

　また，反すうをネガティブな事象への対処方略として捉えた場合には，反すうがもたらす効果に関する信念によって，反すうの利用が促されている可能性がある。反すうは，抑うつの悪化のみならず，問題解決の阻害やソーシャルサポートの減少などの様々なネガティブな結果をもたらすことが明らかにされているが（Nolen-Hoeksema et al., 2008），それでもなお，反すうが何らかのポジティブな結果を生むと信じている個人も存在する。たとえば，LyubomirskyとNolen-Hoeksema（1993）は，抑うつ者が，反すうをすることで自己の抱える問題や自己についての洞察が得られると信じている可能性を指摘している。このような，自らが遂行する認知的処理やその結果に関する信念はメタ認知的信念と呼ばれている（Flavell, 1979）。

　反すうに関するメタ認知的信念の中でも，特にポジティブなメタ認知的信念が，反すうの利用を促進すると考えられる。PapageorgiouとWell（2001）は，大うつ病性障害の患者に対する半構造化面接（semi-structured interview）をとおして得た記述をもとに，「反すうが抑うつや過去の失敗に関する理解を促す」という内容の項目群で構成される，反すうに関するポジティブなメタ認知的信念の確信度を測定する尺度を作成した。さらに，ここで作成された尺度を利用した複数の研究において，反すうに関するポジティブなメタ認知的信念の確信度が高い個人ほど，反すうを行いやすいことが確認されている（e.g., Roelofs et al., 2007; Watkins & Moulds, 2005）。また，参加者に対し，解くことのできない課題を多く含むアナグラム課題に取り組むよう求めた後に，アナグラム課題に関する反すうの程度を測定したMouldsら（2010）も，反すうに関するポジティブなメタ認知的信念の確信度が高い群の方が，アナグラム課題後に課題に関する反すうを行いやすいことを示している。このように，反すうに関するポジティブなメタ認知的信念が反すうの利用を促す原因の1つとなっている可能性がある。

4節 反すうとどう向き合うか

　前節では，反すうを生じる原因と考えられている3つの認知的要因に関する知見を概観した。それらを踏まえ，本節では，反すうに対してどのように対処できるかについて議論する。

1. 実行機能を向上させる

　反すうが実行機能の障害によって生じるという知見を考慮すると，実行機能を向上させることで反すうを低減できると考えられる。JoormannとD'Avanzato（2010）は，認知的な制御機能に対する介入に注目し，注意機能や実行機能のトレーニングが適切な感情制御の実現に有用である可能性を指摘している。この可能性については，Siegleら（2007）がそれを支持する結果を示している。Siegleら（2007）は，単極性のうつ病外来患者を対象として，実行機能を向上させるための訓練を実施した。この訓練は，Wells（2000）の注意訓練や，連続して聴覚呈示される数字を順次加算していく課題である定速聴覚連続加算課題（paced auditory serial addition task）を調整して利用することで行われた。その結果，実行機能を向上させる訓練を通常の外来患者への介入プログラムに加えることで，抑うつ症状と反すうがより大きく低減することが示された（図13-2）。

　また，ワーキングメモリへの不適切な情報の侵入を阻害する方法を提供することで，ネガティブ情報の忘却が可能になることも明らかにされている（Joormann et al., 2005, 2009）。さらに，ワーキングメモリの更新（updating）の可否が，反すうによるネガティブ感情の悪化の程度を調整することが報告されていることから（Pe et al., 2013），実行機能を向上させることで，反すうによって生じるネガティブ感情の悪

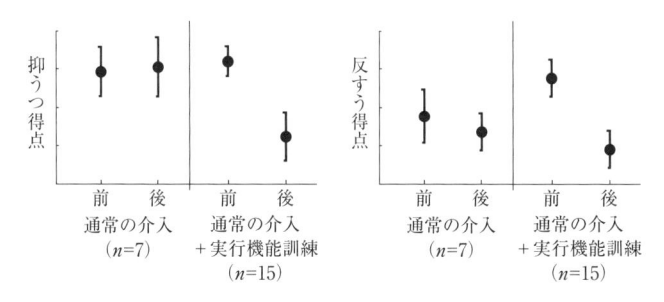

図13-2　うつ病患者に対する介入の効果の比較（Siegle et al., 2007をもとに作成）

化を抑えることができると考えられる。このように，実行機能の向上によって，反すうの頻度の低減のみならず，反すうによるネガティブなインパクトを低減することができると考えられる。

2. 思考抑制を行わないようにする

　思考抑制が反すうを促すという知見から，思考抑制を行う頻度を低減することが反すうの低減につながると考えられる。思考抑制は感情の制御を目的として用いられる対処方略の1つであり（及川, 2002），ネガティブな経験に対処するために意図的に行われていると考えられる（Wegner, 1994）。したがって，思考抑制が対処方略として選択される可能性を低下させることで，反すうの頻度を低減することができるかもしれない。たとえば，感情喚起刺激を非感情的な意味に解釈する方略である認知的再評価（Gross, 1998）のような，思考抑制にかわる適応的な対処方略の利用可能性を高めることで，思考抑制の利用頻度が低下する可能性があるだろう。

　ただし，どうしても適応的な対処方略を利用できず，思考抑制を行ってしまう場合もあるだろう。特に，直面した出来事のインパクトが大きい場合には，気分のさらなる悪化を防ぐことを優先し，その出来事から回避するための行動を選択しやすいと考えられる。このように，思考抑制を避け難い状況では，可能な限り，リバウンド効果が生じにくい方略を用いて思考抑制を行うことが肝要であると考えられる（9章参照）。たとえば，思考抑制の際に，抑制対象以外の対象について考える代替思考（replacement thoughts）は，リバウンド効果を生じにくいことが報告されている（木村, 2004）。このように，リバウンド効果を生じにくい方略を利用することが，反すうの頻度の低減につながると考えられる。

3. メタ認知的信念を修正する

　反すうに関するポジティブなメタ認知的信念が反すうの原因となるという知見から，その信念を修正することで反すうの頻度を低減できると考えられる。メタ認知的信念の修正には，メタ認知療法（metacognitive therapy; Wells, 1995）が有効だろう。メタ認知療法は，ポジティブあるいはネガティブなメタ認知的信念を修正することで不適応的な処理様式の解消を目指す心理療法であり，主に全般性不安障害や強迫性障害の患者を対象とした実証研究において，十分な治療効果が確認されている（e.g., Wells & King, 2006; Wells et al., 2010）。したがって，反すうに関するメタ認知的信念の修正にも，メタ認知療法で用いられている介入手続きが適用できると考えられる。ただし，メタ認知的信念は，意識的にアクセス可能な顕在レベルの信念と，潜在レベルの信念の両者から構成されているといわれており（Wells, 2009; Wells &

Matthews, 1994)。介入の際には，質問紙や面接などで表現された顕在レベルのメタ認知的信念のみならず，検出されにくい潜在レベルの信念が存在する可能性を考慮する必要があるだろう。

5節 展望とまとめ

　本章で概観したように，抑うつと「ふと浮かぶ思考」は密接に関連していると考えられる。いくつかの「ふと浮かぶ思考」(無意図的想起，マインドワンダリングなど)と抑うつの関連についての研究はいまだ萌芽期にあり，今後，更なる発展が期待される領域であるといえるだろう。

　一方，「ふと浮かぶ思考」の1つである反すうは，様々な角度から抑うつとの関係についての検討が行われており，数多くのエビデンスが蓄積されている。また，多くの実証研究をとおして，反すうをもたらす様々な要因が指摘されており，近年はそれに基づいた反すうへの介入も提唱されている。今後は，これらの介入の効果を定量的に示すことが求められるだろう。

　かつて反すうは，抑うつの悪化における男女差を説明する概念として提唱されたが (Nolen-Hoeksema, 1987)，近年は，様々な精神疾患の発症や悪化に関連する共通要素として注目を集めている (Nolen-Hoeksema et al., 2008)。様々な領域への応用可能性が議論されるなかで，研究の裾野が広がりつつあるといえるだろう。本邦でも，国際的に利用されている尺度である RRS や RRQ の日本語版が作成されたことを受け (Hasegawa, 2013; Sakamoto et al., 2001; 高野ら，2008, 2012)，反すうに関する実証研究は，今後，さらに発展していくと予想される。こうした実証研究の充実が，反すうに関する研究のさらなる活性化を促すとともに，抑うつの悪化の予防と大うつ病性障害への罹患リスクの低下に貢献することを期待したい。

14章 ふと浮かぶ記憶とPTSD

越智啓太

1節 PTSD（心的外傷後ストレス障害）とは何か

　大地震や台風，津波などの自然災害，車や航空機などによる事故，レイプや傷害などの犯罪，戦争や虐殺などに遭遇して，自分の命が危険にさらされたり重傷を負うような状態に置かれた場合，我々はその体験のショックから，様々な心理的な症状に苦しめられるようになることがある。このような症状のうち，きっかけとなるイベントの直後に生じる様々な症状をASD（acute stress disorder, 急性ストレス障害）という。また，1か月以上症状が継続している場合には，急性PTSD（acute post-traumatic stress disorder, 心的外傷後ストレス障害），3か月以上症状が継続する場合には慢性PTSD（chronic post-traumatic stress disorder）という。

　これに加えて最近では，長期にわたる親からの虐待やドメスティックバイオレンスなどの被害に伴って生じる同様の現象もPTSDとされることが多い。これを複雑性PTSD（complex post-traumatic stress disorder）という。また，自分自身が生命の危険を感じるような体験に遭遇したわけではないが，他人がそのような状況に遭遇したことを目撃したり，近くで体験した場合にもPTSDが発症する場合がある。救急隊員や警察官などが災害や事故の処理の過程で，他人が受けた被害に直面して，同様な症状が生じるケースなどである。

　また，トラウマ体験（traumatic experience, 心的外傷体験）の直後に症状が発生するわけでなく，かなり遅れてからPTSDの症状が生じてくる場合もある。とくに体験から6か月以上経過してから発生してくるケースを発症遅延型PTSD（delayed-onset post-traumatic stress disorder）という。ArchibaldとTuddenham（1965）は，戦争におけるトラウマ体験が15年以上経過してから症状として表れる事例について報告している。

2節　PTSDの症状

PTSDの症状は，大きく3つに整理することができる。

1. 侵入想起

先ず，第1のものは，侵入想起（intrusive remembering）である。これは，トラウマをもたらした出来事が，イメージやその他の感覚を伴った形で繰り返し，想起されることである。この想起は，本人がまったく予期しないときに突然生じる場合があり，そのため，「侵入」と呼ばれる。この想起は，トラウマ体験を再体験（re-experience）しているかのような迫真性や鮮明性をもち（フラッシュバック flashback），その時の行動や情動が再現される場合がある。このような想起が生じると，発生する恐怖や不安によって耐えがたい心的な苦痛を受けたり，日常生活が妨害されたりする。侵入想起は，悪夢の形で生じることがあり，その場合には覚醒し，再入眠が困難になるなどの症状が発生することがある。侵入想起はPTSDの中核的な症状である。

2. 回避・麻痺

第2のものは，回避・麻痺である。回避（avoidance）とは，トラウマ体験に関係した事柄について，話題にすることを避けたり，その出来事を思い出させるような場所に行くことや，刺激を見聞きすること，トラウマ体験時と同様な行動をすることを避けることである。また，麻痺（numbing）とは，いろいろなものに対する関心や興味を失ったり，友人や他者との関わりがなくなることや，あまり感情を体験しなくなり，ぼんやりしていることが多くなることである。

3. 高い覚醒状態

第3のものは高い覚醒状態（hyper-arousal）の維持である。これは不安や恐怖などの交感神経系が高まった状態が長く続き，入眠困難や夜間覚醒，怒りの爆発や集中困難などが見られる。また，ちょっとしたことで過度に動揺したり，驚いたりする過敏性が見られることもある。

3節　PTSDの諸症状が生起するメカニズム

このように様々な症状を引き起こすPTSDであるが，この症状群が発生するメカ

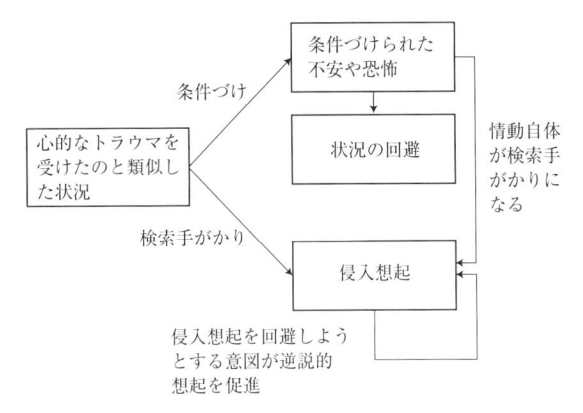

図 14-1　PTSD の諸症状が生起するメカニズム

ニズムは，条件づけと，侵入想起の制御に関する認知的な問題として整理することができる（図 14-1）。

1. PTSD における恐怖条件づけ

　まず，自らの生命が危険にさらされるような状況下に遭遇した場合，我々はそれによる恐怖や不安などの情動的な反応と，その時周囲に存在した様々な知覚要素の間に古典的な条件づけ（classical conditioning）を成立させる。この条件づけは典型的な条件づけと異なり，1 回の学習で成立する。つまり，その出来事が起きた際に目にしていたものや耳にしていたもの，感じていた刺激は，条件刺激（conditioned stimulus）になり，事件の時と類似した環境に接すれば接するほど，その時の自律神経系の活動が再現されることになる（Malloy et al., 1983）。これは主観的には不安や恐怖として感じられる。レイプの被害に遭った被害者が，犯人と類似した身なりの人を見ただけで恐怖を感じたり，また，カーブで交通事故に遭った人が，同じようなカーブを通過するときに不安を感じたり，冷や汗が出たりすることは，このメカニズムによるものである。また，地震などの自然災害に接した人が災害の発生した時間帯になると落ち着かなくなることや，その出来事の時と同じような天気や気温などの状況で胸騒ぎを起こしたりすることもあり，かなり多様な刺激が条件刺激となる。

2. オペラント行動としての回避反応

　事件や事故などに関連する刺激に触れると，このような不快な情動反応が喚起されるようになるため，これが弱化子となり，このような状況を回避する行動が生じるよ

うになる。これはオペラント条件づけ（operant conditioning）のメカニズムによるものである。PTSDの症状を形成する「回避」の部分はこのメカニズムによって生じる。この回避が生じると「車に乗れなくなったり」、「男性と話をすることが難しくなったり」して、日常生活に大きな支障を来すことになる。重度になると、自宅や自室などの、自分で統制できる刺激のある環境から離れられなくなり、ひきこもりや外出恐怖（広場恐怖、agoraphobia）などが生じたりする。

3. 侵入想起のメカニズム

　ここまで、あげてきたメカニズムは条件づけのメカニズムを基礎としたものであったが、人間の場合、これに加えて認知的なプロセスが生じる。まず、侵入想起である。これはトラウマティックな出来事のエピソード記憶（episodic memory）が想起されてしまうということである。エピソード記憶の想起過程は、検索手がかりと接触することによって発生する。PTSDにおいては、出来事が発生したときに存在していた、様々な刺激が、エピソード記憶を想起するきっかけである検索手がかりとしても働くことになる。このようなエピソード記憶想起は、同時に条件づけメカニズムに基づく条件反応も引き起こすために、情動的な反応を伴った迫真感を伴う想起となる。また、実際には、条件づけのメカニズムのほうが基本的で素早く働くので、不安や恐怖などの感情的な反応自体が一種の検索手がかりとなって出来事の再生を引き起こすことになる（Rainey et al., 1987）。

4. 侵入想起の制御過程がもたらす逆説的な効果

　トラウマ体験の想起は、それ自体が非常に不快でショックなものである。そのため、PTSDの人びとは再び、この記憶が想起されないように様々な防衛策をとるように意識的に動機づけられる。たとえば、入力された様々な情報に対して深い処理を加えることを回避すること（これによって、ぼんやりした状態が作られる）や、情報を自己に関連づけて処理することを回避すること（これによって解離〔dissociation〕などの症状が作られる）などである（Lemogne et al., 2009）。

　侵入想起が生じるとき、想起手がかりとなるものは必ずしも意識されるとは限らない。そのため、また、主観的には「なぜ、その記憶が想起されてしまったのか」わからないという状態になる。この状態では、我々は、「いつ、トラウマ的な出来事の記憶が想起されるか予測できないために、常にびくびくしている状態」になる。PTSDの患者が高い覚醒状態を持続する原因の1つはここにあると思われる。

　また、トラウマ記憶の侵入想起が生じないように常に自分の意識過程をモニターするようになってくる。これはまさに思考抑制（thought suppression、9章参照）と同

様の逆説的な効果を引き起こす原因となる。つまり，ある記憶を想起したくないと強く思い続けることによって，逆にその記憶を常に活性化させた状態を続けることになるからである。結果的に，トラウマ記憶は意図とは逆に想起されやすくなり，また，想起されるたびに様々な刺激との連合を形成してしまい，次第に想起手がかりとなるものが増加してしまう。

4節 侵入想起過程の実験研究

　ある思考を抑制しようという意図が，その思考の侵入的な想起を増加してしまう現象を，思考抑制の逆説的な効果（paradoxical effect on thought suppression，皮肉過程，シロクマ効果）という（Wegner, 1994）が，PTSDにおいては，先に述べたように，これが思考の抑制の文脈だけでなく，トラウマ記憶などのエピソード記憶の想起の文脈でも同様に生じると思われる。この現象について，検討した研究として越智と及川（2008）がある。この研究では，実験参加者に14分間の国語の授業に関するビデオを視聴させたあと，半数の参加者には「このビデオの内容を決して思い出してはいけない。思い出さないように努力するように」と教示し（実験群），残りの参加者には，「このビデオの内容を人に話さないように」と教示した（統制群）。また，彼らには身につけられるようなカードを配付し，もし，ビデオの内容の記憶が日常生活の中で思い浮かんでしまったらそれを記録するように教示した。その結果，その後，2日間でこの記憶が侵入的に想起されてしまった回数は，統制群よりも実験群のほうが有意に多くなった（図14-2）。また，3日後にこのビデオの内容についての記憶テストを行った。記憶テストは「でてきた先生は何色のズボンをはいていましたか」や「先生が黒板に最初に書いた文字はなんでしたか」などの80問からなっていた。その結果，実験群で有意に記憶成績が良かった（図14-3）。また，記憶が侵入想起された回数と記憶成績の間には$r = 0.497$の比較的高い相関があった。

　この研究は，ある記憶を思い出さないようにしようという想起抑制の意図だけによっても，侵入想起の増加が出現しうるということを示している。しかも，侵入想起が生じることによって，その記憶がリハーサルされ，想起のたびに再符号化される形になり，忘却が抑制されることが示された。従来，トラウマ記憶が鮮明に長期間保持されているのは，それが情動的な特性をもっているからだといわれていたが，この結果は，それが単なる反復想起とそれに伴う反復的な符号化によるかもしれないということを示している。

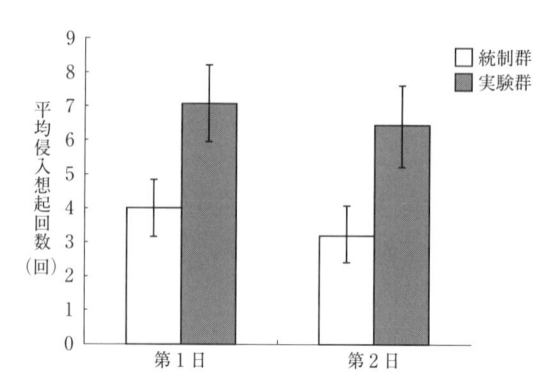

図14-2 実験群と統制群における第1日目と第2日目の侵入想起回数
(越智・及川, 2008。エラーバーは標準誤差)

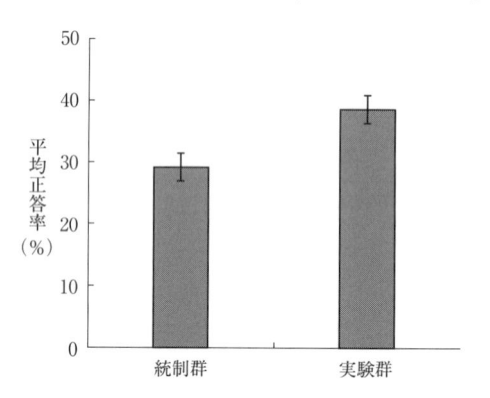

図14-3 実験群と統制群における再認成績
(越智・及川, 2008。エラーバーは標準誤差)

5節 侵入想起される記憶は本物か

1. 侵入想起はトラウマ体験のコピーであるという説

　PTSDにおいてはしばしば，トラウマ体験が迫真性をもって鮮明な形で想起される。では，この時，侵入想起される記憶は，トラウマ体験の正確なコピーなのだろうか。この点については，そのとおりだという仮説と，そうではないという仮説が存在する。

　Van der Kolkは，前者の仮説を支持している研究者である。彼は次のように述べている。

トラウマを受けた人はよく，悪夢やフラッシュバックという形でトラウマを再体験するが，それはしばしば，実際に受けたトラウマ体験の寸分違わぬ再現である（Van der Kolk, 1987）。

　侵入想起で彼ら（PTSDの患者）に想起されるものは，トラウマ体験において彼らが感じたことの正確な反映であると，彼らは一貫して述べる（Van der Kolk & Fisler, 1995）。

このコピー仮説は，その前提として，2つのメカニズムの存在を仮定する。第1のメカニズムは，トラウマ体験などの感情が極度に喚起される状況に置かれると，その体験を，そのままの形で符号化するような特殊なメカニズムが発動し，そのときの知覚や思考の状況が(普段よりも)正確に記憶されるというものである。Terr（1990）は，次のように述べている。

　トラウマを記憶するレンズは，あらゆる細部を拾い上げるレンズである。そのレンズは，どんな線もしわもシミも見逃さない。通常の環境で普通の目が見る場合には，到底残らないような詳細なことまで，刻み込まれるのだ（Terr, 1990）。

第2のメカニズムは，このようにしていったん記憶されたものは，そのあとに体験する様々な出来事や情報などによる干渉効果から切り離された形で保持され，忘却もされないというものである。フラッシュバックはこの切り離された記憶表象がそのままの形で意識のなかに送り込まれる現象だというのである。

2. ナウ・プリント仮説

　トラウマ体験などの感情喚起状況を符号化する特殊なメカニズムとして，よく知られているのはフラッシュバルブメモリー（flashbulb memory）における「ナウ・プリント（Now Print!）仮説」である（Brown & Kulik, 1977）。フラッシュバルブメモリーとは，ケネディ大統領暗殺や，スペースシャトル・チャレンジャー号爆発事故，9・11テロなど情動を喚起するような公共ニュースに遭遇すると，そのとき自分が何をしていたかなどの情報（これは，事件自体の情報に対してささいで重要度の低いものである）が非常に長期間，鮮明に記憶されている現象である。この現象を説明するために，BrownとKulik（1977）は極度に感情が喚起される状態に置かれると「そのとき感じているさまざまな知覚的情報を，そのままの形で刻み込め（プリントせよ）」

という命令が脳内で発生し，そのとき知覚していた事柄が，写真に撮るような形で記銘されるというメカニズムがあるとした。

3. 通常記憶仮説とフラッシュバルブメモリーの変容

一方で，侵入想起される記憶は出来事の正確なコピーではないという仮説も存在する。この仮説では，トラウマ記憶は特殊なメカニズムによって符号化，保持されているわけではなく，通常の記憶と同様なメカニズムによって処理されていると考える。そのためにトラウマ記憶であろうとも，普通の記憶と同様に，変容，忘却が発生すると考えるのである。

この説を裏付ける研究が1980年代から1990年代にかけて多数報告された。フラッシュバルブメモリーがそれほど正確ではないということを実証した研究がその例である。たとえば，NeisserとHarsch（1992）は，スペースシャトル・チャレンジャー号の爆発事故というトラウマティックな出来事を題材としてこのことを明らかにする研究を行っている。この研究では，チャレンジャー号の爆発の直後とその一年後に大学生から，その事故を知った瞬間に何をしていたかについて聞き取る調査が行われた。もし，トラウマ記憶がそのままの形で記憶に刻み込まれ，干渉から切り離されているならば，記憶の変容はほとんど生じないはずである。ところが実際には，同じ実験参加者の報告であっても，多くの食い違いが見られることがわかった。

また，我が国でも，大阪教育大学付属池田小学校に大量殺傷犯人が侵入し，児童8名が殺害され，児童13名・教諭2名に傷害を負わせた事件のフラッシュバルブメモリーの変容の研究が越智と相良（2003）によって行われている。この研究では，事件の3日後とその17週間後の2度，大学生96人に対して，事件を知った瞬間の出来事についての質問が行われ，その内容が比較された。その結果，やはり記憶は様々な変容を受けることがわかった。たとえば，事件が起きたときに何をしていたのかについては25％の，そのときどこにいたかについては14％の，直後に何をしたかについては40％の実験参加者が，3日後と17週間後に異なった報告をした。事件の3日後には，「事件を知ったのは学校の教室で，先生がついさっき起きたばかりのこの事件のことを話した」としていたのに，17週間後には「家でテレビを見ているときにこの事件がニュースでやっていて，それで知った」という実験参加者もいた。

また，情動喚起による特殊な符号化によって記憶が焼き付けられるという仮説に従えば，事件を知った時の衝撃が大きければ大きいほど，記憶は変容を受けないということが予測されるが，実際にはこれと反対に，事件の時に衝撃を受けた度合いが大きいほど記憶が変容しやすいという結果が得られた。

これらの研究結果はいずれも侵入想起される記憶が実際の出来事の正確なコピーで

はないという可能性を示すものである。

このような主張に対して，フラッシュバルブメモリーなどの記憶は確かに高いレベルの情動喚起を伴った記憶であるが，それは侵入想起を引き起こすような深刻なトラウマ記憶ではなく，フラッシュバルブメモリーで記憶の変容が見られたからといって，それはトラウマ記憶が変容することの証拠にはならないという批判がなされる（Terr, 1990）。しかし，銀行強盗の場に居合わせるといったような，PTSDを引き起こすようなトラウマ体験においてもやはり，記憶の変容が生じるという現象（Tollestrup et al., 1994）も示されており，現在のところ，侵入想起されるトラウマ記憶は出来事の正確なコピーとは限らないという仮説のほうが有力であるといえよう。

4. 侵入想起のデフォルメ化現象

では，トラウマ記憶はどのような変容を受けるのであろうか。興味深い変容パターンとして，デフォルメ化現象（exaggeration）がある。これは，実際に体験した記憶がより極端な形で想起されてしまう現象である。

たとえば，Merckelbachら（1998）は，トラウマティックな出来事を最近経験し，侵入想起が見られる人に対して，その記憶の内容をたずねる調査を行った。その結果，侵入想起されるトラウマ記憶について，自己のトラウマ体験の正確な再現であるとしたものが78％いたが，残りの22％は，実際に生じた体験よりもより悪いシナリオの体験が侵入想起されていると報告した。つまり，危機一髪で車に轢かれかけた人が，実際に車に轢かれた体験を侵入想起してしまうのである。このような現象は手の負傷というトラウマ体験をもつ患者のフラッシュバックを研究した，Grunertら（1988）のグループによっても指摘されている。

興味深いのは，侵入想起の頻度が大きい人のほうが，より侵入記憶のデフォルメ化現象を引き起こしていたという点である。これは，反復して侵入想起が行われるたびに，記憶が次第に変容して，その内容が悪化していくというトラウマ記憶の拡大再生産的なループが存在する可能性を示している。

5. フォールストラウマ記憶とその侵入想起

トラウマ記憶がこのように様々な干渉や変形を受けると考えると，その最も極端な形態として考えられるのは，フォールストラウマ記憶（false traumatic memory），つまり実際には存在しなかった記憶がトラウマ記憶として我々を苦しめたり，侵入想起をするという現象である。

この具体例として，Lenore Terr（1990）が報告しているウィニフレッドの事例がある。ウィニフレッドが，2歳の時に姉がプールで体外に腸が飛び出すほどの大けが

をした。このとき，ウィニフレッドは近くにはいたが，姉の事故を直接は目撃していなかった。もちろん，仮に目撃していたとしてもこの年齢ではそれがエピソード記憶として残ることはないはずである。実際，彼は，4歳の時には，姉の事故を記憶していないと話していた。ところが，その後，彼は姉の事故を次第に詳細に「思い出せる」ようになっていった。最終的には姉の体からはみ出した腸や姉を抱きかかえる父親までも「思い出した」。姉はこの事故が原因で長年自宅で療養し，最終的には亡くなったのだが，この姉と一緒に暮らしていて，その事件の話を何回も聞き，頭の中で繰り返すに従って，次第に，この事故の記憶が形成されていったのではないかと考えられる。

　実は，このようなケースは珍しいわけではない。実際には，自分が見聞きしていないトラウマ記憶が侵入想起されたり，夢に現れたりするケースは少なくない。たとえば，自分は離れた場所にいて直接目にしていなくても自分の家族が死んだ瞬間がフラッシュバックするケースなどである。

6節　トラウマ記憶は抑圧されるのか？

1. トラウマ記憶の抑圧仮説

　PTSDの中核的な症状は，トラウマ記憶の侵入想起であり，これはトラウマ記憶が意図しないときに「過剰」に想起されてしまうことの障害である。ところが，この問題に関しては，まったく反対の主張，つまり，トラウマ記憶は逆に想起されなくなってしまうもので，なんらかのメカニズムによってトラウマ記憶の想起がブロックされて意識化できなくなってしまうのだという説がある。これを「抑圧（repression）」仮説と呼ぶ。そして，一般の人においては，むしろこの「抑圧仮説」のほうがポピュラーである。

　抑圧仮説は，精神分析（psychoanalysis）にその起源を持つといわれる。Freudは特に初期の著作において，トラウマ記憶が，防衛メカニズムのために意識には上ってくることができないように抑圧されており，それがヒステリーなどの精神症状の原因になっているというモデルを提案した（これに対して，後期の著作になると，抑圧されるのはトラウマ記憶というよりは欲動だと考えられている）。彼は以下のように述べている。

　　　ただ一度の診察だけでは，（ヒステリーの病因である）発端は明らかにできない。

しばしば誘因となった出来事が，患者にとって語るのが不愉快な体験であるからだが，しかし，その主要な理由は，患者がそうした体験を実際，想起できないところにある（Breuer & Freud　ヒステリー研究（初版））。

> 症状の存在には，何らかの心の出来事が健常な仕方で最後まで導かれて意識化されるようになり得なかったということが前提になります。症状とは，そのときなされなかった代替物なのです。(中略) 当該の心の出来事が意識にまで突き進む事に対して，激しい反抗が持ち上がったのに違いないのです。だからそれ（症状の原因となるトラウマ記憶）は，無意識のままだった（のです）。（フロイト　精神分析入門講義）

この抑圧された記憶は，夢や書き間違い，言い間違い，もの忘れ，誇張された性格的特徴，置き換えられた記憶などの形をとって間接的に，部分的に，あるいは象徴的に姿を現すことがある。そして，これらの徴候から，抑圧された記憶を再構成していくという作業が精神分析療法の中で行われる。精神分析療法では，この記憶を想起させることによって，ヒステリーなどの症状を消失させることができると考える（Breuer & Freud, 1895）。

2. トラウマ記憶は抑制されないという仮説

しかし，トラウマ記憶は抑圧されるというこの説に対して，多くの実験心理学者は否定的な見解を述べている。トラウマ記憶などの情動喚起記憶が想起不全になる現象を実験的に再現することが非常に困難だからである。むしろ，多くの研究結果はまったく逆，つまり，情動喚起の度合いが大きければ大きいほどその記憶は，よく記憶されており，想起も容易であるという結果が得られるのが普通である。これは実験室において，単語や文章，画像や動画を用いて行われる研究（Hamann, 2001）でもそうであるし，また，実際の人生の中での様々なイベントを想起させるような研究でも同様である（e.g., Rubin & Kozin, 1984; Baker-Ward et al., 1993）。

3. トラウマ記憶の想起不全の臨床報告

確かに，侵入想起などに典型的に見られるようにトラウマ記憶の問題はそれが抑圧されることではなく逆に過剰に想起されてしまう事なのは確かであろう。しかし，だからといって，実験心理学者たちのように抑圧現象を否定してしまうのも少し極端であると思われる。臨床的な報告の中には，トラウマ体験の想起不全のような現象がむしろ普通に見られるからである（Terr, 1990; Van der Kolk, & Fisler, 1995）。

また，遁走（fugue）といわれる現象は，ある人物が，予期していないときに突然，家庭または普段の職場から離れて放浪し，過去を想起することができなくなるという症状である。ある日突然，失踪し，しばらくしたあとでまったく異なった地域で別人として生活している本人が発見されたり，失踪後，しばらくたってから突然，自宅に戻ってくるが，失踪中の出来事を想起できないという形で症状が表れる。遁走は，全人口の0.2％程度で発生する症状で，まれな症状であるものの，アメリカ精神医学会の診断基準DSMにも診断基準が掲載されている。遁走には，様々な原因があるが，その最も大きな原因の1つとして，心的なストレスやトラウマ体験があると考えられている。遁走の事例では，明らかな健忘（amnesia）が見られることが多いが，これも，一種のトラウマ記憶の抑圧現象であると考えることができる。

　このようなことから，トラウマ記憶は通常は，侵入想起などの過剰な想起をもたらすのが基本であるが，ある条件が加わることによって，想起不全の状態が作られることもあると考えるのが，現段階では妥当であろう。ただし，このような情動喚起刺激の想起不全現象は，現在のところ実験的には再現することが困難である。そのため，今後は，この現象を実験的に再現するための方法論を開発するとともに，その認知的なメカニズムを明らかにしていくことが必要だろう。

15章 ふと浮かぶ記憶・思考とのつきあい方

杉山 崇

1節 はじめに

　ふと浮かぶ記憶や思考，すなわち無意図の心理現象の存在が示唆することは，私たちが日常的に「意図」として意識している心理現象とは別に，それを促す「無意識的な意図」とでもいうべきものが存在する可能性といえる。無意識的な意図は必ずしも敵ではなく，むしろ陰で私たちを支えることは本書の各章で論じられてきた。しかし，時に私たちを苦しめることも13章，14章で示されている。

　さて，心理療法／臨床心理学の目的の1つは，無意識的な意図に悩まされる人たちの心理学的援助である。心理療法には諸学派があり，それぞれにおいてふと浮かぶ想起や思考との上手なつきあい方が，多様に考案されている。なかでも S. Freud（1856-1939）の精神分析（psychoanalysis），C. Jung（1875-1961）の分析心理学（analytical psychology），そして認知行動療法（cognitive behavioral therapy，以下 CBT）は個人の内的過程への関心が強い。この章では，これらの心理療法が提案するふと浮かぶ記憶や思考とのつきあい方とその実態，そして現在のところ無意識的な意図はどのように理解できるのかを検討し，それとの幸せなつきあい方を考えてみよう。なお，本章に関連する臨床事例の実際は，杉山（印刷中a）に紹介されているので併せて読んでいただきたい。

2節 正体不明の存在への4つの態度

　ところで，正体不明の有力な存在への態度（つきあい方）としては，1. 正体を暴いて統制する，2. 性質を理解して合理的な対処を考える，3. 神格化して受容する，4. 無害または有益と信じて好きにさせておく，の4つが代表的な態度だろう。ここまで本書を読んできたあなた自身の無意図の心理現象への態度は，この中ではどれに近いだろうか？

表15-1 心理療法の4大アプローチと無意識的な意図への態度

アプローチ	態度	主な学派
力動論	統制,受容	精神分析,分析心理学
認知行動	理解と対処	行動療法,認知療法
人間性	信じる	クライエント中心療法,論理情動療法,ゲシュタルト療法
システム論	—	家族療法,対人関係療法

　心理療法は無数に提案されているが,今日ではそれらを4大アプローチに大別できると言われている(表15-1)(Cooper, 2008；杉山ら,2012)。それぞれの心理療法が提案してきた無意図の心理現象への態度は,その強度を脇におけば表15-1のように統制,理解と対処,受容,信じる,の4つの極に集約できる。各アプローチは複数の技法を含むので上述の4つの態度と4つのアプローチは必ずしも一対一に対応していないが(たとえば,力動論には統制と受容の2つの態度がある),ここからそれぞれの態度ごとに無意識的な意図とのつきあい方のコツを考えてみよう。なお,4つのアプローチのうちシステム論は,ふと浮かぶ記憶や思考を考慮はするが,随伴する情緒をより重視し,ふと浮かぶ情緒のきっかけになる社会システムに注目するアプローチである。このため無意識的な意図そのものにあまり向きあおうとはしていない。

3節　無意識的な意図を信じる人間性アプローチ

　まず,「信じる」態度については人間性アプローチが該当する。このアプローチの特徴は,それぞれの創始者が考案した適応的な人間に関する思想に基づいて,支援や助言・指導を行うことである。このアプローチでは,人間は本来的に人生に希望や喜びを見出そうとする潜在的な力(本章でいうところの無意識的な意図の1つ)を持つという人間観や哲学に基づき,創始者が考える本来の力を引き出す条件(「母性的な場」,「気づきのきっかけ(図と地の反転など)」,「ユーモアたっぷりの説得」など)を提供する方法論を取っている。いずれも症状としては軽度で社会適応がある程度保たれた人を対象にしている。

　この「信じる」態度と関連して,近年の筆者は心理学研究に基づいた心理療法家の立場から,気分不一致効果(mood incongruent effect)に注目している。想起や推論がその時の気分に沿った方向に展開する気分一致効果(mood congruent effect)は,繰り返し確認された無意識的で自動的な現象である。これに対し気分不一致効果は,

気分一致効果が生起したあとに,感情調整の働きとして気分を変えるような何かが心に浮かんで,気分を切り替えてくれる効果である(Forgas & Ciarrochi, 2002)。この効果には「ポジティブ⇒ネガティブ」,「ネガティブ⇒ポジティブ」の両方向のものが確認されているが,後者に関しては特にネガティブな気分への気づきが引き金になるといわれており,必ずしも自動的・無意図的な現象というわけではない。

たとえば不快な気分になった理由が気になって意図的に不快感に注目する場合や(Derryberry & Reed, 1994),自己評価が低く自分はネガティブな気分にとどまるべきだと考える場合など(Smith & Petty, 1995),何らかの意図をもって不快な気分を志向する場合に気分不一致効果が見られにくいことが指摘されている(Sedikides, 1994)。逆にいえば,そうした特別な意図がない場合は,気分不一致効果が生じることが多いらしい。また将来に向けた予定がある場合には気分不一致効果が起こりやすいとの指摘もある(Forgas & Ciarrochi, 2002)。ここから考えると,正常に機能している人間には,今と将来を上手に生きるように心を整える無意識的な意図があるのかもしれない。これと同様のことは,マインドワンダリング(mind wandering)の研究でも指摘されており(7章参照),人間性アプローチが推奨するように,無意識的な意図を信じて身を委ねるのも1つのつきあい方といえるだろう。

4節 力動論から見た無意識的な意図

1. S. Freud の精神分析と無意識的な意図の統制

一方で,力動論は無意識的な意図が私たちを支えてくれると信じるだけでは軽減できないような苦悩を扱っており,それへの対処として様々な試行錯誤や工夫を行ってきた。そして,その中で無意識的な意図を統制しようという態度から受容してつきあう方向へと発展している。

S. Freud は無意識的な意図(葛藤・力動)と社会適応的な意図(意識)の利害が一致しない可能性を考えていた。葛藤・力動としては,依存性(甘え)や攻撃性などの生存・生殖に関連した衝動が想定されている。これらの衝動は時に社会適応に向けた意図と相容れない。そして,意識や身体が無意識的な意図に強く影響を受けて適応を損ねると,本人または家族がそのことで悩み,治療を求めるようになる。この状態が S. Freud の主要な心理療法の対象であった。

S. Freud はこうした無意識的な意図とのつきあい方として,葛藤・力動を自覚した状態である「洞察(insight)」を重視する。洞察という一種のメタ認知で意識

的な意図をエンパワメントし，無意識的な意図を意識が統制できることを目指しているといえるだろう。なお，衝動が相互に葛藤することも想定しているが（たとえば，同一の対象に依存性と攻撃性を同時に向ける原初的防衛機制，primitive defense mechanisms），それについて詳しくは杉山ら（2007）などで実例が紹介されている。

2. 精神分析の推奨する「意識＞無意識」の関係

さて，洞察を強化する目的は「意識＞無意識」の力関係に導くことともいえる。これに対し，葛藤・力動に含まれる「誰かにすがりたい」という依存性や「あいつが気に食わない」といった攻撃性が喚起される状況は「思い通りにならない事態」，すなわちストレス状況である。ストレス状況では認知資源が削減されて意識の統制力が弱体化するだけでなく，無意識がエンパワーされると考えられている（この現象は，現在ではストレス状況下でのコルチゾール分泌に伴う前頭葉機能の低下と扁桃体の過活動と考えられている，Bremner, 2004; Oei et al., 2006）。そこで，ストレスの軽減策による無意識的な意図（衝動）の沈静化も技法として体系化されている。

その主な方法はカタルシス（catharsis：近年では，イメージを活用したエキスポージャーによる脱感作とも理解されている，Wachtel, 1997），治療関係や対象関係（他者表象）の調整，などである。これらは無意識的な意図が発するエネルギーを軽減して，意識が無意識を統制できる状況を作ることを目指しているといえる。たとえば，何かに腹を立てている自分に気づいたら，利害関係がなくて信頼できる誰かにあなたの苛立ちを盛大に聴いてもらおう（カタルシス）。そして，聴いてくれる知人がいることに感謝し（安定した他者表象），その何かにこだわって自分を見失う自分（洞察，メタ認知）から離れて，あなたらしい日常に戻ってみてはどうだろうか。近年の実証的心理療法研究（empirical psychotherapy research）の文脈では（e.g., 杉山ら，2012），心理療法の効果は技法と対象者のマッチングに依存することが指摘されており，こうした精神分析の提案するつきあい方もマッチする対象者には一定の効果があることが報告されている。ただし，筆者の経験では，腹が立った状況を語れば語るほど自分の無力さを実感してしまう状況では，一般的な臨床心理士以上に聴き上手で安心感や効力感を供給できる人（有力者，重要な他者など）に話さない限りカタルシスの試みは逆効果なことが多い。したがってカタルシスの試みは，常にお勧めできるわけではない。

3. C. Jung の集合的無意識と補償

C. Jung は，S. Freud とは違う無意識，すなわち個人の経験を超越した普遍的な無意識，集合的無意識（collective unconscious）に注目した。これは個人的な意識

や経験を超越したもので,「ヒト」としての人生で遭遇する様々な対象や事象の先天的なイメージである元型（archetype）を含み，私たちの人生を導くと考えられている。そして，私たちの生活に「足りないもの，必要なもの」を訴えてその補償（compensation）に動機づける。補償の過程は個性化（individuation）や自己実現（self-realization）と呼ばれているが，この動機づけが適応的で意識的な意図の方向性に沿っていれば，違和感なく「生きる意欲」として体験されるだろう。

しかし，補償の動機づけは必ずしも，「この世」で実現できるとは限らない。適応的で意識的な意図に沿わない場合もある。すると集合的無意識は正体不明の衝動，一種の無意識的な意図として体感される。たとえば，中年期に若年期から思い描いていた成功を収めた人が，何の不満もないはずなのに正体不明の不全感に悩まされる状態を「不満のない不満」という。C. Jungはこのような状況も心理療法の対象に想定したが，そこには意識的な意図（満足したい）と無意識的な意図（何かが足りない，何かが違う）の乖離を解消しようとしたり，無意識を沈静化させるという発想はない。

4. 無意識的な意図の神格化とつきあい方

C. Jungには霊的な存在などの人智を超えた存在を実感することへの親和性があり，集合的無意識もそのように見なしている。たとえば，集合的無意識は「祖父が大事にしていた時計が祖父の死と同時に壊れる」という超常現象（共時性, synchronicity）を引き起こすともしており，無意識的な意図をある意味で神格化したといえるだろう。超越的な存在は正体を暴いたり，統制したりする対象ではない。そのため，C. Jungはその存在を実感して，その動機づけの意味を味わい，それとともに佇むことで「自分」という意味を実感することを推奨している。類似した態度はC. Cloningerの社会適応を支える獲得性のパーソナリティの研究にも見られる。C. Cloningerが大規模な縦断研究から見出した自己超越性（self-transcendence：人智を超えた大きな存在の一部として自己を実感する感性）は，中年期以降の人生の満足度に関わることが知られている（Cloninger, 1997）。C. Jungの発想は，中年期以降に何らかの適応的な意味があるのかもしれない。

たとえば，あなたと同年代で対照的な人生を歩んでいる人のことがふと気になって，複雑な気持ちになったとしよう。心理学研究者なら芸能界やマスコミなどの違う分野で活躍している人や，家族の持ち方が自分とは違う元同級生のことなどが浮かぶだろう。これは「影」(shadow, 生きてこなかった人生)」と呼ばれる元型を象徴するとされ，集合的無意識が「影」を無視するべきでないと教えてくれているのかもしれない。また，「大人だから」という大義で理不尽な権限・権力への不平・不満を飲み込んで迎合・妥協することへの違和感がふと浮かんだら，それは「永遠の少年」（puer aeternus）

といわれる元型からのメッセージかもしれない。同じく，あなたに対する支配性のない英知にすがりたくなったら，「老賢者」（wise old man）と呼ばれる元型があなたに必要なものを訴えているのかもしれない。それをどうこうしようとは思わずに，ふと浮かぶ思いのなかに人生を味わいながら佇んでみるのはいかがだろうか。その思いの意味が実感できると，集合的無意識は新しい何かを伝えてくれるだろう。そして，あなたの意識は何かが変わるかもしれない。

5節 無意識的な意図と意識のメカニズム

1. 無意識的な意図は存在するのか？

　前節で述べた S. Freud と C. Jung の推奨するふと思い出す記憶・思考とのつきあい方は，統制 vs. 受容とでも表せるような対極性があるが，そこには共通点として「無意識的な意図の存在を認める」という態度が見出せる。しかし，D. Berntsen（1章参照）のように無意識的な記憶検索の意図を想定しない，つまり意識的な意図のみを「意図」と考える立場もある。意図とは意識的な心的過程に限定して考えるべきなのだろうか？

　この問題について，たとえばマインドワンダリングの研究では「この授業が終わったら何をしよう」というように無意図の思考に目的志向性があることが指摘されている（7章参照）。また，受動的意識仮説（前野, 2004）や見せかけの心的因果（apparent mental causation, 12章参照）のように意識の主体性（意識的な意図）そのものが錯覚であるという観点もある。思考の二重過程理論（dual process theory, Stanovich & West, 2000）でも意識的で合理的な理性的システムと意識的な意図が関与できない情動的な判断システムの存在が仮定されている。これらの研究や理論によると，無意識的な意図の存在が各方面から示唆されているように見える。したがって，意識的に感じることの難しい無意識的な意図が存在することを想定することは，大きく真実から離れていることではなさそうである。

2. 意識，無意識的な意図とは？

　では，無意識的な意図が存在するとして，それはどのようなものだろうか。無意識の解明は現代科学でも困難な課題だが，誤ったつきあい方をしないためには，少なくとも誤った理解をしない努力が必要だろう。

　力動論は独自の意識・無意識論を展開しているが，これらは独自の用語を用い，

反証可能性を考慮していないので科学的に検討しづらい。一方CBTは，行動療法では意識を論じることそのものを拒否し，認知療法の理論は実用モデル（対象者に心理教育可能なモデル）として簡素化されており，無意識への言及が少ない。したがって，心理療法の意識・無意識論は近年の意識の神経相関（neural correlates of consciousness）や心理学の科学的検討にはなじみにくいだろう。そこで，ここでは心理学研究や意識の神経相関研究に基づいて検討された現時点で信頼できるモデルをもとに，心理療法が想定している無意識的な意図と意識のメカニズムについて考えてみよう。

なお，理論は曖昧な概念を残してはならないが（10章参照），実務に活用する実用理論はその目的の範囲内で現象を説明・予測でき，さらに現場での実務家の認知資源の範囲内に収まるシンプルさを備えていなければならない。シンプルさと曖昧さは時に紙一重になるが，ここでは後者の立場で，意識のワーキングメモリ理論（以下WM理論，苧阪，2007）と意識のダマシオ説（Damasio, 1999, 2003, 2005, 2010）を中心に，マインドワンダリングの切り離し仮説（7章参照），グローバル・ワークスペース理論（以下GW理論，10章参照），IDA（Intelligent Distribution Agent, 10章参照），第二世代WMモデル（Baddeley, 2000）を参考にしながら図15-1に表したモデルを考え，そこから意識と無意識的な意図について考えてみた。なお，このモデルについて本章では無意識的な意図に関わる側面を中心に説明したので，その詳細は杉山（印刷中b）をご参照いただきたい。

3. 心の映画／皮質の劇場

まず，人間は感覚を脳で集約して知覚しているので，集約の場のメタファーとして「心の映画／皮質の劇場」(the movie in the brain)が想定される（ダマシオ説）。そして，フラッシュバック（flashback）という過去の出来事を極めて鮮明に意識上で再体験する現象があるように（12章参照），この劇場では感覚・知覚とコンベンショナルメモリ（conventional memory：意味記憶，エピソード記憶，自伝的記憶，展望的記憶など）の区別は曖昧になる可能性がある。

劇場ではGW理論が想定するような無意識のプロセッサが，何らかの刺激（外的，内的）に対応して，それぞれの演目を展開する。この劇場やプロセッサにはそれ以上の意図はなく，自動的に働いていると考えられるが，後述するように「自己」に影響しそうな事象が優先されるようである（図15-1のa）。

4. WMと延長意識

WMは私たちの意識の基盤と考えられており（WM理論，ダマシオ説），WM実

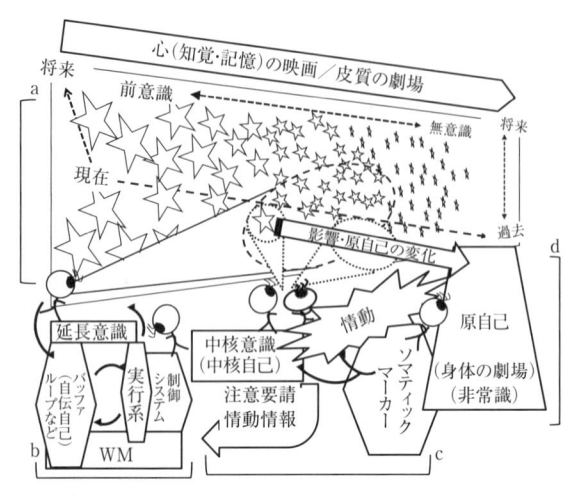

図 15-1 意識・無意識と意図，注意の暫定的な統合モデル

行系（注意のコントロールシステム）と，情報を時空間的にまとめるエピソード・バッファ（episodic buffer）との相互作用に，私たちが日常的に経験する意識体験が伴うと仮定されている（Baddeley, 2000）。エピソード・バッファへの感覚の入力は不明とされているが，長期記憶と実行系をつなぐと仮定されている（図 15-1 の b）。

この段階の意識をダマシオ説では延長意識（extended consciousness）または自伝自己（autobiographical self）としている。意識は自己と外界の関係を捉えるために獲得したと想定されるので，そのための無意識的な意図―ソマティック・マーカー（somatic marker：身体・内蔵系の反応・変化をもたらす刺激や状況についての自動化された信号，図 15-1 の c）に影響を受けていると考えられる（ダマシオ説）。知覚している外界や新しいエピソード（短期エピソード記憶）とエピソード記憶，展望的記憶，意味記憶とを比較して自己と外界の関係を確認し，必要な行為に導くために延長意識は自伝自己を伴う必要があるのだろう。良心などの規範意識や創造性も延長意識の働きと考えられており，精神分析や分析心理学が想定している意識的な社会適応に向けた意図との関連が考えられる。

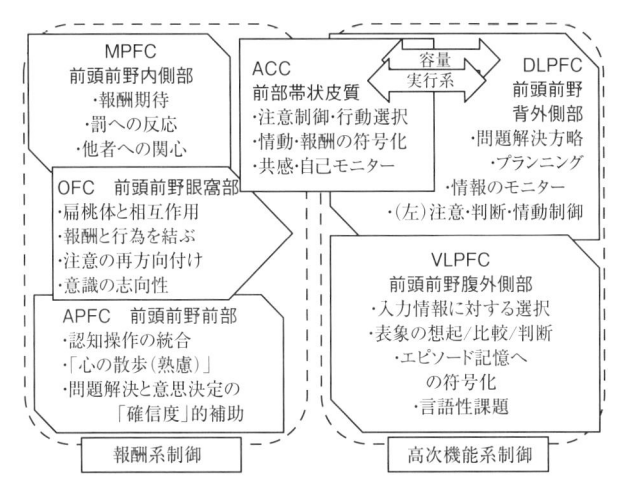

```
┌─────────────────────────────────────────────────────────┐
│  MPFC              ACC        ⇦容量⇨   DLPFC            │
│  前頭前野内側部     前部帯状皮質  実行系   前頭前野         │
│  ・報酬期待        ・注意制御・行動選択   背外側部         │
│  ・罰への反応      ・情動・報酬の符号化   ・問題解決方略    │
│  ・他者への関心    ・共感・自己モニター   ・プランニング    │
│                                         ・情報のモニター  │
│  OFC  前頭前野眼窩部                    ・(左)注意・判断・情動制御│
│  ・扁桃体と相互作用                                      │
│  ・報酬と行為を結ぶ                      VLPFC           │
│  ・注意の再方向付け                      前頭前野腹外側部  │
│  ・意識の志向性                          ・入力情報に対する選択│
│                                         ・表象の想起/比較/判断│
│  APFC   前頭前野前部                     ・エピソード記憶へ│
│  ・認知操作の統合                          の符号化      │
│  ・「心の散歩(熟慮)」                     ・言語性課題    │
│  ・問題解決と意思決定の                                  │
│    「確信度」的補助                                      │
│       報酬系制御                        高次機能系制御    │
└─────────────────────────────────────────────────────────┘
```

図15-2 WM実行系制御システムと各領域で想定される代表的な関与する機能(苧阪, 2007をもとに作成)。WM実行系は幾重にも厳重に制御され, 貴重な認知資源の分配が行われている。

5. WM実行系と制御システム

劇場では観客（WM実行系）と演者の関係は双方向型で, 観客は何らかの目的や意図を持って劇場を注意（IDAでいう注意プロセッサ）のスポットライト／サーチライトで照らし, 実行系が目的とする無意識的なプロセッサをトリガーするとされる。

一方で, WMの実行系は図15-2のように前頭前野の複数の部位がそれぞれの役割を持って制御している（WM理論, 苧阪, 2007）。認知的経済性を考えると, 実行系の制御システムを意識させる必要はないので, 制御プロセスそのものは意識から隠されているだろう（12章参照）。つまり, WMが目的を持つ過程は無意識的な（隠された）意図の一部と考えることができるだろう。

また, 注意が切り替わったことを意識できない現象（マインドワンダリング, 7章参照）があるように, 注意は必ずしもすべてが実行系の支配下にあるのではないらしい。WMの実行系の支配下にある注意と, 実行系の支配から（一時的にでも）外れる注意に分けて考えたほうが良いようである。ダマシオ説では後者の注意の一部は中核意識（core consciousness）に制御されていると考えられている（図15-1のc）。

6. 中核意識と情動の役割

中核意識は, 原自己（proto self：非意識的な身体イメージ, ダマシオ説参照, 図

15-1 の d) の変化から，自己に影響する事象に注目する意図を担うと考えられている。ソマティック・マーカーは原自己に影響しそうな「何か」を監視しているが，「何か」が現れると即時的に身体的反応を導き，扁桃体（amygdala）を中心とした情動で自己にとっての好都合 - 不都合を強調する（情動の皮質下経路）。中核意識は皮質の劇場に登場した「何か」を誇張して注意を強烈に集中させる。大脳皮質（cerebral cortex）からは情動に「何か」についての情報が届き，皮質下経路による反応を補正する（情動の皮質経路）。ここで，対象と自己の関係に注意を向ける中核意識の意図，不都合なものを排して，好都合なものに接近する情動の意図，以上 2 つの無意識的な意図の存在が示唆されるといえるだろう。なお，中核意識と情動は神経基盤の一部を共有していると考えられている（大久保・小川，2011）。

7. 中核意識と情動の性質

　中核意識と情動は，ともに外界や原自己の変化にタイムリーに反応するために，できるかぎりフリーで（さまよって）いたほうが良い。そこで注意や情動反応を持続させるには WM にその意図を引き継がなくてはならない。中核意識が誇張した注意が WM 実行系が支配する注意資源の一部であれば，ほぼ自動的に中核意識の意図は WM に引き継がれると考えられる。また，WM 実行系の制御システム（図 15-2）には前頭前野背外側部（dorsolateral prefrontal cortex）のように情動に抑制的に働く領域もあるが，報酬系（reward system）の制御は情動を参照しており，情動情報も引き継がれていると考えられる。ただし，引き継がれた情報は過程のどこかで WM 実行系制御システムの各領域で総合的に精査されて，認知資源を割く価値の有無が判断されると考えられるので，必ずしもすべての注意要請や情動情報が引き継がれているとは限らないだろう。

　注意が切り替わったことを意識できない現象は，少なくとも中核意識で誇張された注意要請を拒む仕組みを意識的な注意そのものは持たない可能性を示唆する。ただし，注意が切り替わったと同時にエピソード・バッファなど WM 内部のバッファや短期エピソード記憶などがすべて置き換わるとは考えにくい。また注意も，常にすべての注意資源が切り替わるとも考えにくい。「ふと」という体験は，中核意識の注意要請を引き継いだ注意資源とエピソード・バッファなどの作業中の情報内容や他の注意資源との並行による違和感が生じさせているものなのかもしれない。逆にいえば，注意が切り替わっても，それまでの作業内容と大きく違わない場合は，違和感が少なく，「ふと」という体験は生じないかもしれない。

8. 無意識の意図とはなにか？

　上述のようなメカニズムを想定すると，無意識的な意図とは次のようなものといえるだろう。まず，ソマティック・マーカーが原自己との関係から劇場の事象や対象の自分にとっての都合の良し悪しを判断する。中核意識が対象を誇張して注意を向ける。情動が都合の良し悪しをさらに強調する（自動的に反応できる場合は，ここに行為が伴う）。そして，WM 実行系制御システムが WM の資源を割り当てるべき注意要請と情動情報を判断する。これらの現象はあとから推測することで意識できるが，各過程が生じる段階で直接的に意識できるシステムはなく，意識はその結果を受け取るだけである。しかし，意識からのブロードキャストによって劇場で展開する事象や対象の表象はコントロールできる部分もある（第三世代 CBT の節で後述する）。

　この考えの中では S. Freud が想定した無意識的な意図，生存・生殖に向けた衝動はソマティック・マーカーと情動で説明できるだろう。また，中核意識はその衝動に関わりそうな対象や事象に注目して苦しまざるをえない背景を説明するといえるだろう。

　また，C. Jung が想定した無意識的な意図，集合的無意識と補償への動機づけについては，機能だけに注目すればダマシオ説におけるソマティック・マーカーと意識の WM 理論における実行系制御システムが該当すると考えられる。ソマティック・マーカーは後天的な獲得も想定されており（Damasio, 2005），実行系制御システムの発達も，必ずしも生得的なプログラムによるものとはいえない。そのため，先天性を強調する集合的無意識とは概念的に合致しにくい側面もあるが，無意識的に自己が必要としていることや嫌悪するべき事象を示唆して意識に影響するという機能は類似している。さらに検討する必要はあるが，C. Jung が想定した集合的無意識の機能の少なくとも一部はソマティック・マーカーと WM 実行系制御システムの機能に相当する可能性が高いといえるだろう。

6節　認知行動療法 (CBT) における無意識的な意図とのつきあい方

1. CBT の特徴と第二世代初期

　ここからは CBT が提案するふと浮かぶ記憶・思考とのつきあい方を紹介しよう。CBT は心の性質を理解し，最適な対処を探ることが特徴で，無意識的な意図への理解と対処を目指しているといえる。第一世代は狭い意味での行動療法で，行動変容の

法則だけを理解の対象として体系化したが，第二世代では意識外（無意図）の認知過程にどのようにして変わってもらうか，それが無理なら認知過程に対する対処をどう変えるか，というつきあい方を模索している。

CBT の第二世代では，まず，過去に獲得した外界との関わり方の方針（自動思考，スキーマ）を無意識的な意図として扱いはじめた。この方針は意図的に検索すれば意識化できるので，意識から隠された意図ではない。しかし，繰り返すうちに自動化されてしまい，特に意識化する意図がなければ無意識的なままなので，無意識的な意図の一種といえるだろう。GW 理論における学習された無意識的なプロセッサの連携が何らかの刺激で無意識的に作動しはじめる現象と，概念的に近いといえるだろう。なお，臨床的には，想起時に「ふと」という違和感が伴わないことが多く，それだけ強く自動化されていると考えられる。ワークで発見してはじめて「ふと」と体験されることが多い。

代表的なつきあい方は認知再構成法（cognitive restructuring）である。この方法では，状況のなかの何かに反応して無意図的に発生する自動思考（automatic thoughts）が様々な感情や行動の原因と考える。そして，感情や行動が不都合ならば，自動思考を意識的に発見して，自動思考とのつきあい方を探すというアプローチである。手続きとしては，自動思考・スキーマの発見に続いて，それが「本当である根拠」と「本当でない根拠」を探る。そして，その方針を使うことの損益を比較することなどを通じ，理解を深め，必要なら新しい方針や考え方の獲得も目指す。根拠探しはトップダウン的なので生成的検索（generative retrieval）になりがちだが，できる限り直接的検索（direct retrieval）で根拠になる出来事を具体的に探すことが重視されている（2章参照）。GW 理論の枠組みで述べれば，自動思考・スキーマについて意識がブロードキャストし，関連する事実に関する無意識のプロセッサをできる限り正確に，できる限り多く作動させて，プロセッサ間の連携を再構成する方法といえるだろう。

なお，CBT の態度は，日本では一部の力動論に親和性の高いセラピストには評判が悪いようだが，治療効果は最も広く確認されている。筆者の印象では，周囲とも自分の心ともうまくつきあって楽しくやっていたい人に特に効果が顕著なようだ。たとえば，あなたが，親しくしたい人を些細なことで不快にさせたと不安になったりして，結果的に人間関係を損ねるような言動を繰り返してしまっているとしよう。その背景に「自分の言動が相手を不快にさせた」という自動思考と「人は些細な失礼も見逃さず，自分を責め立てるものだ」というスキーマをもっていたとしたら，些細なことで不安になる原因はそこにあるはずだ。この考え方は過去には必要だったかもしれないので自動化させてしまったが，今のあなたには必要だろうか？　もっと適切な考え方を探してみるのも良いかもしれない。

2. CBT の第二世代後期

しかしながら，認知再構成法は強迫性障害（obsessive-compulsive disorder），パニック障害（panic disorder）などの不安障害の心理療法に関しては行き詰まってしまった。強迫観念などの侵入思考（intrusive thought）に対して再構成を行ってもうまくいかなかったのだ。ここでパラダイムチェンジが行われた。第二世代後期の CBT では，侵入思考は出来事（ストレッサー）の1つとして，侵入思考それ自体に対する信念やスキーマ，対処行動を最適化の対象とした。そしてこのことが効果を飛躍的に上げた。もし，あなたの意図に沿わない侵入思考（たとえば，自分は何かを忘れている，自分を陥れる計画が進行している），または同程度に不快な考えがふと浮かんできたら，そう思うのをやめようとせずに，それが本当になりそうな可能性を考えて見よう。そして，本当にそうなったときにどれくらい最悪なのかを検討しよう。その上で，自分がより優先すべきことは侵入思考への対応なのか他の事柄なのか考えてみる余裕を自分に与えてみるといいかもしれない。大事なことは侵入思考を真実と取り違えて，取り乱さないことである。

3. 第三世代 CBT

第二世代の CBT は自動化された無意識的な意図を変えることを図っていたが，自動思考やスキーマ，侵入思考に対する信念が間違いではなかったとしたら，どうすればいいのだろうか。第三世代 CBT では，「何かを為す」意図を手放して，ひたすら向きあう態度が推奨されている。すなわち，精神分析から分析心理学への展開で統制から受容へと態度が変わったように，CBT でも第二世代から第三世代にかけて統制（修正）から受容へと態度が変わったといえる。

代表的な方法は一瞬一瞬の体験に注意を向け続けるマインドフルネス（mindfulness）で，まず〈意図的に〉注意をふと浮かぶ感覚や感情，思考，記憶に向けて，それを「体験」する。そして，体験に対する推理・推論や価値判断などをせずに受容する（そのままにしておく）アクセプタンスという過程に入る。何も考えずに心（知覚・記憶）の劇場に注意を晒し続けて，「在るものは〈在る〉のだ。」という事実を実感しよう。そして，心の劇場が「私そのもの」ではなく，私の意識は心の劇場を自由に行き来できるという事実に気づこう。

これは意図的に注意資源を漂わせて，マインドワンダリングに近い状態を作り，また生成的検索を抑制して直接的検索（2章参照）に近い状態を作り出しているといえるだろう。そして，こうした直接的検索に近い状態のなかで，様々な体験の中から「自分」が最も喜ぶものを見つけたら，「何かを為す」意図を復活させよう。これは，主

体的に関わるコミットメントという過程である。第三世代CBTでは，こうして体験（環境）との関係の最適化を目指す。

　たとえば，あなたがどうにもならない現実のなかで，打ちひしがれているとしよう。この状況では，なんとかしようと考えれば考えるほど苦しくなるだろう。そんなときは，あえて注意資源を漂わせて，目を向けていなかった心の劇場に目を向けよう。その過程では激しい慟哭に襲われるかもしれないが，それも心の劇場の一部である。心の劇場にはあなたが心地よくなる何かがあるはずだ。あなたのソマティック・マーカーを頼りに，それを探してみるのもいいかもしれない。

7節 まとめ

　第三世代CBTはマインドワンダリングに近い，何かが「ふと浮かぶ」状態を意図的に作りだそうとしている。心にふと浮かぶものは，何らかの意味や必然性があるものなのだということが示唆されているといえるだろう。CBTでは意図的に直接検索ができることを推奨しているので，「心の探しもの」が見つかったと思っても，本当にそれだけなのか，ほかに何かないのか探しきってみる余裕があると良いだろう。また，精神分析，分析心理学，第二世代CBTでは無意識的な意図を扱っているが，それぞれに異なる側面が扱われている。ふと浮かぶ記憶・思考とのつきあい方として，様々な無意識的な意図の真意を知ることも重要だろう。

　なお，本章では暫定的に図15-1のモデルを無意識的な意図の理解に活用したが，科学的な検討を重ねてより信頼性のあるモデルを模索する努力が，今後，より適切な「つきあい方」を考える上での基盤になるだろう。

引用文献

1章

雨宮有里・高史明・関口貴裕（2011）．意図的および無意図的に想起された自伝的記憶の特定性の比較　心理学研究, 82, 270-276.
雨宮有里・関口貴裕（2006）．無意図的に想起された自伝的記憶の感情価に関する実験的検討　心理学研究, 77, 351-359.
Baars, B. J. (1988). *A cognitive theory of consciousness*. New York: Cambridge University Press.
Baars, B. J. (1997). *In the theater of consciousness: The workspace of the mind*. New York: Oxford University Press.
Ball, C. T., & Little, J. C. (2006). A comparison of involuntary autobiographical memory retrievals. *Applied Cognitive Psychology*, 20, 1167-1179.
Berntsen, D. (1996). Involuntary autobiographical memories. *Applied Cognitive Psychology*, 10, 435-454.
Berntsen, D. (1998). Voluntary and involuntary access to autobiographical memory. *Memory*, 6, 113-141.
Berntsen, D. (2001). Involuntary memories of emotional events: Do memories of traumas and extremely happy events differ? *Applied Cognitive Psychology*, 15, S135-S158.
Berntsen, D. (2009). *Involuntary autobiographical memories*. New York: Cambridge University Press.
Berntsen, D., & Hall, N. M. (2004). The episodic nature of involuntary autobiographical memories. *Memory & Cognition*, 32, 789-803.
Berntsen, D., & Rubin, D. C. (2002). Emotionally charged autobiographical memories across the life span: The recall of happy, sad, traumatic and involuntary memories. *Psychology and Aging*, 17, 636-652.
Berntsen, D., Staugaard, S. R., & Sørensen, L. M. (2013). Why am I remembering this now? Predicting the occurrence of involuntary (spontaneous) episodic memories. *Journal of Experimental Psychology: General*, 142, 426-444.
Bower, G. H. (2000). A brief history of memory research. In E. Tulving & F. I. M. Craik (Eds.) *The Oxford handbook of memory*. New York: Oxford University Press, pp.3-32.
Brewin, C. R. (1998). Intrusive autobiographical memories in depression and post-traumatic stress disorder. *Applied Cognitive Psychology*, 1, 359-370.
Cohen, G., & Conway, M. A. (Eds.) (2007). *Memory in the real world. 3rd ed*. New York: Psychology Press.
Ebbinghaus, H. (1885). *Über das Gedächtnis*. Leipzig: Duncker and Humbolt.
藤田哲也（2001）．潜在記憶と行為の記憶に関する研究　風間書房
Giambra, L. M. (1989). Task-unrelated thought frequency as a function of age: A laboratory study. *Psychology and Aging*, 4, 136-143.
Graf, P. & Schacter, D. L. (1985). Implicit and explicit memory for new associations in normal and amnesic subjects. *Journal of Experimental Psychology: Learning, Memory, and Cognition*, 11, 501-518.
今田　恵（1962）．心理学史　岩波書店
井上毅・佐藤浩一（2002）．日常認知の心理学　北大路書房
神谷俊次（2003）．不随意記憶の機能に関する考察――想起状況の分析を通じて――　心理学研究, 74, 444-451.
神谷俊次（2007）．不随意記憶の自己確認機能に関する研究　心理学研究, 78, 260-268.
小谷津孝明・鈴木栄幸・大村賢吾（1992）．無意図的想起と行為のし忘れ現象　安西祐一郎・石崎俊・大

津由紀雄・波多野誼余夫・溝口文雄(編)認知科学ハンドブック　共立出版　pp.225-237.
Kvavilashvili, L., & Mandler, G. (2004). Out of one's mind: A study of involuntary semantic memories. *Cognitive Psychology*, **48**, 47-94.
Mace, J. H. (2004). Involuntary autobiographical memories are highly dependent on abstract cuing: the Proustian view is incorrect. *Applied Cognitive Psychology*, **18**, 893-899.
Mace, J. H. (2005). Priming involuntary autobiographical memories. *Memory*, **13**, 874-884.
Mace, J. H. (Ed.)(2007). *Involuntary memory*. Malden, MA: Blackwell Publishing.
Mandler, G. (1994). Hypermnesia, incubation, and mind popping: On remembering without really trying. In C. Umilta, & M. Moscovitch (Eds.), *Attention and performance XV*, Cambridge, MA: The MIT Press. pp.3-33.
森田泰介(2012).展望的記憶の自発的想起と無意図的想起　風間書房
中島早苗・分部利紘・今井久登(2012).嗅覚刺激による自伝的記憶の無意図的想起：匂いの同定率・感情価・接触頻度の影響　認知心理学研究, **10**, 105-109.
Neisser, U. (1978). Memory: What are the important questions? In M. M. Gruneberg, P. E. Morris & R. N. Sykes (Eds.), *Practical aspects of memory*. London, UK: Academic Press. pp.3-24.
Neisser, U. (Ed.)(1982). *Memory observed: Remembering in natural context*. San Francisco, CA: Freeman & Company.
太田信夫(1991).直接プライミング　心理学研究, **62**, 119-135.
太田信夫(2011).記憶研究の歴史と現状　日本認知心理学会(監)太田信夫・厳島行雄(編)記憶と日常　北大路書房　pp.2-25.
Radvansky, G. A. (2011). *Human memory. 2nd ed.* Boston: Allyn & Bacon.
Schacter, D. L. (1987). Implicit memory: History and current status. *Journal of Experimental Psychology: Learning, Memory, and Cognition*, **13**, 501-518.
Schlagman, S., Schulz, J., & Kvavilashvili, L. (2006). A content analysis of involuntary autobiographical memories: Examining the positivity effect in old age. *Memory*, **14**, 161-175.
Smallwood, J., Ruby, F. J., & Singer, T. (2013). Letting go of the present: Mind-wandering is associated with reduced delay discounting. *Consciousness and cognition*, **22**, 1-7.
山本晃輔(2008).においによる自伝的記憶の無意図的想起の特性：プルースト現象の日誌法的検討　認知心理学研究, **6**, 65-73.
吉川幸次郎・三好達治(1952).新唐詩選　岩波書店

2章

雨宮有里(2011).ふと意識にのぼる記憶：無意図的想起研究の展望　埼玉大学紀要　教養学部, **47**(1), 1-15.
雨宮有里・関口貴裕(2004).自伝的記憶の無意図的な想起に関する実験的検討　東京学芸大学紀要　第1部門　教育科学, **55**, 93-99.
雨宮有里・高 史明・関口貴裕(2011).意図的および無意図的に想起された自伝的記憶の特定性の比較　心理学研究, **82**(3), 270-276.
雨宮有里・高 史明・関口貴裕(2012).想起意図が想起される出来事の特定性に与える影響　埼玉大学紀要　教養学部, **48**(1), 1-13.
Berntsen, D. (1996). Involuntary autobiographical memories. *Applied Cognitive Psychology*, **10**(5), 435-454.
Berntsen, D. (2009). *Involuntary autobiographical memories: An introduction to the unbidden past*. Cambridge University Press.
Berntsen, D., & Hall, N. M. (2004). The episodic nature of involuntary autobiographical memories. *Memory & cognition*, **32**(5), 789-803.
Berntsen, D., & Rubin, D. C. (2002). Emotionally charged autobiographical memories across the life span: The recall of happy, sad, traumatic, and involuntary memories. *Psychology and Aging*, **17**(4),

636-652.
Berntsen, D., & Rubin, D. C. (2008). The reappearance hypothesis revisited: Recurrent involuntary memories after traumatic events and in everyday life. *Memory & Cognition*, **36**(2), 449-460.
Berntsen, D., & Rubin, D. C. (2012). *Understanding autobiographical memory: Theories and approaches.* Cambridge University Press.
Breuer, J., & Freud, S. (1893-5). *Studies on histeria. The standard edition of the complete psychological work of Sigmund Freud, Vol II.* London: The Hogarth Press.
Conway, M. A. (2005). Memory and the self. *Journal of Memory and Language*, **53**(4), 594-628.
Conway, M. A., & Pleydell-Pearce, C. W. (2000). The construction of autobiographical memories in the self-memory system. *Psychological Review*, **107**(2), 261-288.
Ebbinghaus, H. (1885). *Über das Gedächtnis.* Leipzig: Duncker and Humbolt.
El Haj, M., Fasotti, L., & Allain, P. (2012). The involuntary nature of music-evoked autobiographical memories in Alzheimer's disease. *Consciousness and cognition*, **21**(1), 238-46.
Finnbogadóttir, H., & Berntsen, D. (2013). Involuntary future projections are as frequent as involuntary memories, but more positive. *Consciousness and Cognition*, **22**(1), 272-280.
Johannessen, K. B., & Berntsen, D. (2010). Current concerns in involuntary and voluntary autobiographical memories. *Consciousness and Cognition*, **19**(4), 847-860.
神谷俊次(2003).不随意記憶の機能に関する考察——想起状況の分析を通じて　心理学研究, **74**(5), 444-451.
神谷俊次(2007).不随意記憶の自己確認機能に関する研究　心理学研究, **78**(3), 260-268.
Kvavilashvili, L., & Mandler, G. (2004). Out of one's mind: A study of involuntary semantic memories. *Cognitive Psychology*, **48**(1), 47-94.
Morita, T., & Kawaguchi, J. (2010). Involuntary memory experience questionnaire: Examining the relationship between prospective memory and involuntary memory. *Poster presented at the 3rd International Conference on Prospective Memory*, Vancouver, Canada.
中島早苗・分部利紘・今井久登(2012).嗅覚刺激による自伝的記憶の無意図的想起：匂いの同定率・感情価・接触頻度の影響　認知心理学研究, **10**(1), 105-109.
Neisser, U. (1978). Memory: what are the important questions? In M.M. Gruneberg, P.E. Morris, & R.N. Sykes (Eds.), *Practical aspects of memory*, New York : Academic Press. pp.3-24.
Pillemer, D. B. (2003). Directive functions of autobiographical memory: The guiding power of the specific episode. *Memory*, **11**(2), 193-202.
Rubin, D. C., & Berntsen, D. (2009). The frequency of voluntary and involuntary autobiographical memories across the life span. *Memory & cognition*, **37**(5), 679-88.
Rubin, D. C., Boals, A., & Berntsen, D. (2008). Memory in Posttraumatic Stress Disorder: Properties of Voluntary and Involuntary, Traumatic and Nontraumatic Autobiographical Memories in People With and Without Posttraumatic Stress Disorder Symptoms. *Journal of Experimental Psychology: General*, **137**(4), 591-614.
Rubin, D. C., & Schulkind, M. D. (1997). The distribution of autobiographical memories across the lifespan. *Memory & Cognition*, **25**(6), 859-866.
Salaman, E. (1970). A collection of moments. In U. Neisser (Ed.), *Memory observed：Remembering in natural context.* San Francisco; Freeman. pp.49-63.
佐藤浩一(2008a).1章 自伝的記憶研究の方法と収束的妥当性　佐藤浩一・越智啓太・下島裕美(編)　自伝的記憶の心理学　北大路書房　pp.2-18.
佐藤浩一(2008b).5章 自伝的記憶の機能　佐藤浩一・越智啓太・下島裕美(編)　自伝的記憶の心理学　北大路書房　pp.60-75.
Schlagman, S., Kliegel, M., Schulz, J., & Kvavilashvili, L. (2009). Differential effects of age on involuntary and voluntary autobiographical memory. *Psychology and Aging*, **24**(2), 397-411.
Schlagman, S., & Kvavilashvili, L. (2008). Involuntary autobiographical memories in and outside the laboratory: How different are they from voluntary autobiographical memories? *Memory & Cogni-*

tion, **36**(5), 920-932.
Verwoerd, J., & Wessel, I. (2007). Distractibility and individual differences in the experience of involuntary memories. *Personality and Individual Differences*, **42**(2), 325-334.
Watson, L. A., Berntsen, D., Kuyken, W., & Watkins, E. R. (2013). Involuntary and voluntary autobiographical memory specificity as a function of depression. *Journal of Behavior Therapy and Experimental Psychiatry*, **44**(1), 7-13.

3章

Ball, C. T., & Little, J. C. (2006). A comparison of involuntary autobiographical memory retrievals. *Applied Cognitive Psychology*, **20**, 1167-1179.
Ball, C. T., Mace, J. H., & Corona, H. (2007). Cues to the gusts of memory. In J. H. Mace (Ed.), *Involuntary memory*. Malden, MA: Blackwell Publishing. pp.113-126.
Berntsen, D. (1996). Involuntary autobiographical memories. *Applied Cognitive Psychology*, **10**, 435-454.
Berntsen, D. (1998). Voluntary and involuntary access to autobiographical memory. *Memory*, **6**, 113-141.
Berntsen, D. (2001). Involuntary memories of emotional events: Do memories of traumas and extremely happy events differ? *Applied Cognitive Psychology*, **15**, 135-158.
Berntsen, D. (2009). *Involuntary autobiographical memories: An introduction to the unbidden past.* New York: Cambridge University Press.
Berntsen, D. (2012). Spontaneous recollections: Involuntary autobiographical memories are a basic mode of remembering. In D. Berntsen & D. C. Rubin (Eds.), *Understanding autobiographical memory: Theories and approaches*. New York: Cambridge University Press. pp.290-310.
Berntsen, D., & Hall, N. M. (2004). The episodic nature of involuntary autobiographical memories. *Memory & Cognition*, **32**, 789-803.
Berntsen, D., & Jacobsen, A. S. (2008). Involuntary (spontaneous) mental time travel into the past and future. *Consciousness and Cognition*, **17**, 1093-1104.
Berntsen, D., & Rubin, D. C. (2002). Emotionally charged autobiographical memories across the life span: The recall of happy, sad, traumatic and involuntary memories. *Psychology and Aging*, **17**, 636-652.
Berntsen, D., & Rubin, D. C. (2008). The reappearance hypothesis revisited: Recurrent involuntary memories after traumatic events and in everyday life. *Memory & Cognition*, **36**, 449-460.
Brewin, C. R., Christodoulides, J., & Hutchinson, G. (1996). Intrusive thoughts and intrusive memories in a nonclinical sample. *Cognition and Emotion*, **10**, 107-112.
Cornoldi, C., De Beni, R., & Helstrup, T. (2007). Memory sensitivity in autobiographical memory. In S. Magnussen, & T. Helstrup, (Eds.) *Everyday memory*. New York: Psychology Press. pp.183-199.
Finnbogadóttir, H., & Berntsen, D. (2011). Involuntary and voluntary mental time travel in high and low worriers. *Memory*, **19**, 625-640.
Finnbogadóttir, H., & Berntsen, D. (2013). Involuntary future projections are as frequent as involuntary memories, but more positive. *Consciousness and Cognition*, **22**, 272-280.
Holmes, A., & Conway, M. A. (1999). Generation identity and the reminiscence bump: Memory for public and private events. *Journal of Adult Development*, **6**, 21-34.
Johannessen, K. B., & Berntsen, D. (2010). Current concerns in involuntary and voluntary autobiographical memories. *Consciousness and Cognition*, **19**, 847-860.
神谷俊次 (2002). 感情とエピソード記憶　高橋雅延・谷口高士(編)感情と心理学　北大路書房　pp.100-121.
神谷俊次 (2003). 不随意記憶の機能に関する考察——想起状況の分析を通じて——　心理学研究, **74**, 444-451.

神谷俊次（2004）．不随意記憶の感情一致効果に関する研究　アカデミア（南山大学紀要）人文・社会科学編, **79**, 65-86.
神谷俊次（2007）．不随意記憶の自己確認機能に関する研究　心理学研究, **78**, 260-268.
神谷俊次（2008）．日誌法を用いた自伝的記憶研究　佐藤浩一・越智啓太・下島裕美（編）自伝的記憶の心理学　北大路書房　pp.33-46.
神谷俊次（2010）．想起契機からみた不随意記憶の機能に関する研究　アカデミア（南山大学紀要）自然科学・保健体育編, **15**, 1-16.
神谷俊次（2012）．不随意記憶の生起頻度の個人差　人間学研究（名城大学紀要）, **10**, 1-15.
Kamiya, S.（in press）. Relationship between frequency of involuntary autobiographical memories and cognitive failure. *Memory*.
Kane, M. J., Brown, L. H., McVay, J. C., Silvia, P. J., Myin-Germeys, I., & Kwapil, T. R.（2007）. For whom the mind wanders, and when: An experience-sampling study of working memory and executive control in daily life. *Psychological Science*, **18**, 614-621.
Kane, M. J., & McVay, J. C.（2012）. What mind wandering reveals about executive-control abilities and failures. *Current Directions in Psychological Science*, **21**, 348-354.
Kvavilashvili, L., & Mandler, G.（2004）. Out of one's mind: A study of involuntary semantic memories. *Cognitive Psychology*, **48**, 47-94.
Mace, J. H.（2004）. Involuntary autobiographical memories are highly dependent on abstract cuing: The Proustian view is incorrect. *Applied Cognitive Psychology*, **18**, 893-899.
Mace, J. H.（2005）. Priming involuntary autobiographical memories. *Memory*, **13**, 874-884.
Mace, J. H.（2006）. Episodic remembering creates access to involuntary conscious memory: Demonstrating involuntary recall on a voluntary recall task. *Memory*, **14**, 917-924.
Mace, J. H.（2007）. Involuntary memory: Concept and theory. In J. H. Mace（Ed.）, *Involuntary memory*. Malden, MA: Blackwell Publishing. pp.1-19.
Mace, J. H.（2010）. Involuntary remembering and voluntary remembering: How different are they? In J. H. Mace（Ed.）, *The act of remembering: Toward an understanding of how we recall the past*. Malden, MA: Wiley-Blackwell. pp.43-55.
Mace, J. H., & Atkinson, E.（2009）. Can we determine the functions of everyday involuntary autobiographical memories? In M. R. Kelley（Ed.）, *Applied memory*. New York: Nova Science Publishers. pp.199-212.
Mace, J. H., Atkinson, E., Moeckel, C. H., & Torres, V.（2011）. Accuracy and perspective in involuntary autobiographical memories. *Applied Cognitive Psychology*, **25**, 20-28.
Mace, J. H., Clevinger, A. M., & Bernas, R. S.（2013）. Involuntary memory chains: What do they tell us about autobiographical memory organisation? *Memory*, **21**, 324-335.
Rasmussen, A. S., & Berntsen, D.（2009a）. The possible functions of involuntary autobiographical memories. *Applied Cognitive Psychology*, **23**, 1137-1152.
Rasmussen, A. S., & Berntsen, D.（2009b）. Emotional valence and the functions of autobiographical memories: Positive and negative memories serve different functions. *Memory & Cognition*, **37**, 477-492.
Rasmussen, A. S., & Berntsen, D.（2011）. The unpredictable past: Spontaneous autobiographical memories outnumber autobiographical memories retrieved strategically. *Consciousness and Cognition*, **20**, 1842-1846.
Rubin, D. C., Boals, A., & Berntsen, D.（2008）. Memory in posttraumatic stress disorder: Properties of voluntary and involuntary, traumatic and non-traumatic autobiographical memories in people with and without PTSD symptoms. *Journal of Experimental Psychology: General*, **137**, 591-614.
Schlagman, S., Kliegel, M., Schulz, J., & Kvavilashvili, L.（2009）. Differential effects of age on involuntary and voluntary autobiographical memory. *Psychology and Aging*, **24**, 397-411.
Schlagman, S., & Kvavilashvili, L.（2008）. Involuntary autobiographical memories in and outside the laboratory: How different are they from voluntary autobiographical memories? *Memory &*

Cognition, **36**, 920-932.
Schlagman, S., Kvavilashvili, L., & Schulz, J. (2007). Effects of age on involuntary autobiographical memories. In J. H. Mace (Ed.), *Involuntary memory*. Malden, MA: Blackwell Publishing. pp.87-112.
Schlagman, S., Schulz, J., & Kvavilashvili, L. (2006). A content analysis of involuntary autobiographical memories: Examining the positivity effect in old age. *Memory*, **14**, 161-175.
Unsworth, N., Brewer, G. A., & Spillers, G. J. (2012). Variation in cognitive failures: An individual differences investigation of everyday attention and memory failures. *Journal of Memory and Language*, **67**, 1-16.
Watson, L. A., Berntsen, D., Kuyken, W., & Watkins, E. R. (2013). Involuntary and voluntary autobiographical memory specificity as a function of depression. *Journal of Behavior Therapy and Experimental Psychiatry*, **44**, 7-13.
Williams, J. M. G., Barnhofer, T., Crane, C., Hermans, D., Raes, F., Watkins, E., & Dalgleish, T. (2007). Autobiographical memory specificity and emotional disorder. *Psychological Bulletin*, **133**, 122-148.
山本晃輔 (2013). アイデンティティ確立の個人差が意図的および無意図的に想起された自伝的記憶に及ぼす影響　発達心理学研究, **24**, 202-210.

4章

Berntsen, D. (1996). Involuntary autobiographical memories. *Applied Cognitive Psychology*, **10**, 435-454.
Berntsen, D. (1998). Voluntary and involuntary access to autobiographical memory. *Memory*, **6**, 113-141.
Berntsen, D. (2001). Involuntary memories of emotional events: Do memories of traumas and extremely happy events differ? *Applied Cognitive Psychology*, **15**, 135-158.
Berntsen, D. (2009). *Involuntary autobiographical memories: An introduction to the unbidden past*. New York: Cambridge University Press.
Berntsen, D., & Hall, N, M. (2004). The episodic nature of involuntary autobiographical memories. *Memory & Cognition*, **32**, 789-803.
Bluck, S. (2003). Autobiographical memory: Exploring its functions in everyday life. *Memory*, **11**, 113-123.
Brewin, C. R., & Soni, M. (2011). Gender, personality, and involuntary autobiographical memory. *Memory*, **19**, 559-565.
Chu, S., & Downes, J. J. (2000). Long live Proust: The odour-cued autobiographical memory bump. *Cognition*, **75**, 41-50.
Chu, S., & Downes, J. J. (2002). Proust nose best: Odors are better cues of autobiographical memory. *Memory & Cognition*, **30**, 511-518.
Conway, M. A., & Pleydell-Pearce, C. W. (2000). The construction of autobiographical memories in the self-memory system. *Psychological Review*, **107**, 261-288.
Conway, M. A. (2005). Memory and the self. *Journal of Memory and Language*, **53**, 594-628.
Crovitz, H. F., & Schiffman, H. (1974). Frequency of episodic memories as a function of their age. *Bulletin of the Psychonomic Society*, **4**, 517-518.
Engen, T., Kusima, J. E., & Eimas, P. D. (1973). Short-term memory of odors. *Journal of Experimental Psychology*, **99**, 222-225.
Engen, T., & Ross, B. M. (1973). Long-term memory of odors with and without verbal descriptions. *Journal of Experimental Psychology*, **100**, 221-227.
Finnbogadóttir, H., & Berntsen, D. (2011). Involuntary and voluntary mental time travel in high and low worriers. *Memory*, **19**, 625-640.
Gilbert, A. N., Crouch, M., & Kemp, S. E. (1998). Olfactory and visual mental imagery. *Journal of*

Mental Imagery, **22**, 137-146.

Godden, D., & Baddeley, A. (1975). Context dependent memory in two natural environments: In land and under water. *British Journal of Psychology*, **79**, 99-104.

Herz, R. S. (2004). A naturalistic analysis of autobiographical memories triggered by olfactory visual and auditory stimuli. *Chemical Senses*, **29**, 217-224.

Herz, R. S., & Cupchik, G. C. (1992). An experimental characterization of odor-evoked memories in human. *Chemical Senses*, **17**, 519-528.

Herz, R. S., & Cupchik, G. C. (1995). The emotional distinctiveness of odor-evoked memories. *Chemical Senses*, **20**, 517-528.

Herz, R. S., & Schooler, J. M. (2002). A naturalistic study of autobiographical memories evoked by olfactory and visual cues: Testing the Proustian hypothesis. *American Journal of Psychology*, **115**, 21-32.

神谷俊次（2003）．不随意記憶の機能に関する考察――想起状況の分析を通じて――　心理学研究, **74**, 444-451.

神谷俊次（2007）．不随意記憶の自己確認機能に関する研究　心理学研究, **78**, 260-268.

神谷俊次（2010）．想起契機からみた不随意記憶の機能に関する研究　南山大学紀要『アカデミア』自然科学・保健体育編, **15**, 1-16.

神谷俊次・伊藤美奈子（2000）．自伝的記憶のパーソナリティ特性による分析　心理学研究, **71**, 96-104.

Kline, N. A., & Rausch, J. L. (1985). Olfactory precipitants of flashbacks in posttraumatic stress disorders: Case reports. *Journal of Clinical Psychiatry*, **46**, 383-384.

Kvavilashvili, L., & Mandler, G. (2004). Out of one's mind: A study of involuntary semantic memories. *Cognitive Psychology*, **48**, 47-94

Larsson, M., & Willander, J. (2009). Autobiographical odor memory. *Annals of the New York Academy of Sciences*, **1170**, 318-323.

Mace, J. H. (2004). Involuntary autobiographical memories are highly dependent on abstract cuing: The proustian view is incorrect. *Applied Cognitive Psychology*, **18**, 893-899.

Miles, A. N., & Berntsen, D. (2011). Odour-induced mental time travel into the past and future: Do odour cues retain a unique link to our distant past? *Memory*, **19**, 930-940.

森田健一（2010）．においによる記憶想起についての心理臨床学的考察――非言語的な無意識の動きに着目して　心理臨床学研究, **27**, 664-674.

中島早苗・分部利紘・今井久登（2012）．嗅覚刺激による自伝的記憶の無意図的想起：匂いの同定率・感情価・接触頻度の影響　認知心理学研究, **10**, 105-109.

Phillips, K., & Cupchik, G. C. (2004). Scented memories of literature. *Memory*, **12**, 366-375.

Proust, M. (1913). *À la recherche du temps perdu*, Paris: Bernard Grasset. 鈴木道彦（訳）（1996）．失われた時を求めて１第一篇スワン家の方へ　集英社

Rasmussen, A. S., & Berntsen, D. (2010). Personality traits and autobiographical memory: Openness is positively related to the experience and usage of recollection. *Memory*, **18**, 774-786.

Rubin, D. C., & Schulkind, M. D. (1997). The distribution of autobiographical memories across the lifespan. *Memory & Cognition*, **25**, 859-866.

佐藤浩一（2008）．自伝的記憶の構造と機能　風間書房

Schab, F. R. (1990). Odors and the remembrance of things past. *Journal of Experimental Psychology: Learning, Memory, and Cognition*, **16**, 648-655.

Schlagman, S., Kvavilashvili, L. & Schultz, J. (2007). Effects of age on involuntary autobiographical memories. In John H. Mace (ed.), *Involuntary Memory*. Malden, MA: Blackwell. pp.87-112.

山本晃輔（2008a）．におい手がかりが自伝的記憶検索過程に及ぼす影響　心理学研究, **79**, 159-165.

山本晃輔（2008b）．においによる自伝的記憶の無意図的想起の特性：プルースト現象の日誌法的検討　認知心理学研究, **6**, 65-73.

山本晃輔（2010a）．進化の観点から捉えたにおいの機能　平成19年度－21年度科学研究費補助金（基盤研究（C））研究成果報告書「想起抑制における意図－行為－表象の循環的機序に関する実証的研究」

（研究代表者　野村幸正），79-88.
山本晃輔（2010b）．自伝的記憶の観点から捉えたプルースト現象に関する研究の展望　*Aroma research*, **43**, 206-209.
山本晃輔（2013a）．アイデンティティ確立の個人差が意図的および無意図的に想起された自伝的記憶に及ぼす影響　発達心理学研究, **24**, 202-210.
山本晃輔（2013b）．匂いと記憶　嗅覚と匂い・香りの産業利用最前線　NTS　pp.111-119.
山本晃輔・森田泰介（2008）．におい手がかりによるマインドワンダリングに及ぼす想起意図の効果　日本認知心理学会第6回大会発表論文集, 62.
山本晃輔・野村幸正（2010）．におい手がかりの命名，感情喚起度，および快−不快度が自伝的記憶の想起に及ぼす影響　認知心理学研究, **7**, 127-135.
山本晃輔・須佐見憲史・猪股健太郎（2013）．日本語版嗅覚イメージ鮮明度質問紙の信頼性・妥当性の検討(1)　日本認知心理学会第13回大会発表論文集, 141.
山本晃輔・富高智成・猪股健太郎（2011）．におい手がかりによって無意図的に想起された自伝的記憶の機能(1)　日本心理学会第75回大会発表論文集, 831.
Yamamoto, K., & Toyota, H. (2013). Autobiographical remembering and individual differences in emotional intelligence. *Perceptual and Motor Skills*, **116**, 724-735.
Willander, J., & Larsson, M. (2006). Smell your way back to childhood: autobiographical memory. *Psychonomic Bulletin and Review*, **13**, 240-244.
Willander, J., & Larsson, M. (2007). Olfaction and emotion: The case of autobiographical memory. *Memory & Cogniton*, **35**, 1659-1663.
Willander, J., & Larsson, M. (2008). The mind's nose and autobiographical odor memory. *Chemosensory Perception*, **1**, 210-215.

5章

Berntsen, D. (2009). *Involuntary autobiographical memories.* New York: Cambridge University Press.
Berntsen, D., & Jacobsen, A. S. (2008). Involuntary (spontaneous) mental time travel into the past and future. *Consciousness and Cognition*, **17**, 1093-1104.
Brandimonte, M. A., & Passolunghi, M. C. (1994). The effect of cue familiality, cue distingctiveness, and rentention interval on prospective remembering. *Quarterly Journal of Experimental Psychology*, **47**, 565-587.
Brewer, G. A., Marsh, R. L., Clark-Foos, A., Meeks, J. T., Cook, G. I., & Hicks, J. L. (2010). A comparison of activity-based to event-based prospective memory. *Applied Cognitive Psychology*, **25**, 632-640.
Ceci, S. J., & Bronfenbrenner, U. (1985). "Don't forget to take the cupcakes out of the oven": Prospective memory, strategic time-monitoring, and context. *Child Development*, **56**, 152-164.
Craik, F.I.M. (1986). A functional account of age differences in memory. In F. Klix & H. Hagendorf (Eds.) *Human memory and cognitive capabilities: Mechanisms and performances.* North Holland: Elsevier Publishers. pp.409-422.
Dockree, P.M., & Ellis, J.A. (2001). Forming and canceling everyday intentions: Implications for prospective remembering. *Memory & Cognition*, **29**, 1139-1145.
Einstein, G.O., Holland, L. J., McDaniel, M. A., & Guynn, M. J. (1992). Age-related deficits in prospective memory: The influence of task complexity. *Psychology and Aging*, **7**, 471-478.
Einstein, G.O., & McDaniel, M.A. (1990). Normal aging and prospective memory. *Journal of Experimental Psychology: Learning, Memory, and Cognition*, **16**, 717-726.
Einstein, G.O., & McDaniel, M.A. (1996). Retrieval processes in prospective memory: Theoretical approaches and some new empirical findings. In M. Brandimonte, G.O. Einstein, & M.A. McDaniel (Eds.) *Prospective memory: Theory and applications.* Mahwah, NJ: Lawrence Erlbaum Associates. pp.115-141.

Einstein, G.O., McDaniel, M.A., Richardson, S.L., Guynn, M.J., & Cunfer, A.R. (1995). Aging and prospective memory: Examining the influences of self-initiated retrieval processes. *Journal of Experimental Psychology: Learning, Memory, and Cognition*, 21, 996-1007.

Einstein, G. O., Smith, R. E., McDaniel, M. A., & Shaw, P. (1997). Aging and prospective memory: The influence of increased task demands at encoding and retrieval. *Psychology and Aging*, 12, 479-488.

Ellis, J. A. (1996). Prospective memory or the realization of delayed intentions: A conceptual framework for research. In M. Brandimonte, G. O. Einstein, & M. A. McDaniel (Eds.) *Prospective memory: Theory and applications*. Mahwah, NJ: Lawrence Erlbaum Associates, pp.1-22.

Ellis, J. A., & Cohen, G. (2008). Memory for intentions, actions and plans. In: G. Cohen & M. A. Conway, M.A. (eds.) *Memory in the real world*. 3rd edition. Hove: Psychology Press, pp.141-172.

Ellis, J. A., & Freeman, J.E. (2008). Ten years on: Realizing delayed intentions. In M. Kliegel, M. A. McDaniel, & G. O. Einstein (Eds.) *Prospective memory: cognitive, neuroscience, developmental, and applied perspectives*. Hove: Psychology Press, pp.1-28.

Ellis, J. A., & Nimmo-Smith, I. (1993). Recollecting naturally-occurring intentions: A study of cognitive and affective factors. *Memory*, 1, 107-126.

Finnbogadóttir, H., & Berntsen, D. (2013). Involuntary future projections are as frequent as involuntary memories, but more positive. *Consciousness and Cognition*, 22, 272-280.

Freeman, J. E., & Ellis, J. A. (2003). The representation of delayed intentions: A prospective subject-performed task? *Journal of Experimental Psychology: Learning, Memory, and Cognition*, 29, 976-992.

Freud, S. (1901). *Zur Psychopathologie des Alltagslebens*. Berlin, Germany: Karger. 高田珠樹(訳) (2007). 日常生活の精神病理学に向けて　フロイト全集7　岩波書店

Goschke, T., & Kuhl, J. (1993). Representation of intentions: Persisting activation in memory. *Journal of Experimental Psychology: Learning, Memory, & Cognition*, 19, 1211-1226.

花村光貴 (2012). 展望的記憶の3表象モデルに関する実験的検討——意図存在表象と時機表象の連合強度が背景課題に与える影響　日本認知心理学会第10回大会発表論文集, 88.

Harris, J.E. (1984). Remembering to do things: A forgotten topic. In J.E. Harris, & P.E. Morris (Eds.) *Everyday memory: actions and absent-mindedness*. New York: Academic Press. pp.71-91.

Harris, J. E., & Wilkins, A .J. (1982). Remembering to do things: A theoretical framework and an illustrative experiment. *Human Learning*, 1, 126-136

Harrison, T. L., & Einstein, G. O. (2010). Prospective memory: Are preparatory attentional processes necessary for a single focal cue? *Memory & Cognition*, 38, 860-867.

Henry, J. D., MacLeod, M. S., Phillips, L. H., & Crawford, J. R. (2004). A meta-analytic review of prospective memory and aging. *Psychology and Aging*, 19, 27-39.

Henry, J. D., Rendell, P. G., Phillips, L. H., Dunlop, L., & Kliegel, M. (2012). Prospective memory reminders: a laboratory investigation of initiation source and age effects. *Quarterly Journal of Experimental Psychology*, 65, 1274-1287.

Kliegel, M., & Jäger, T. (2006). The influence of negative emotions on prospective memory: a review and new data. *International Journal of Computational Cognition*, 4, 1-17.

Kliegel, M., Jager, T., Phillips, L., Federspiel, E., Imfeld, A., Keller, M., & Zimprich, D. (2005). Effects of sad mood on timebased prospective memory. *Cognition and emotion*, 19, 1199-1213.

Kliegel, M., Martin, M., McDaniel, M. A., & Einstein, G. O. (2001). Varying the importance of a prospective memory task: Differential effects across time- and event-based prospective memory. *Memory*, 9, 1-11.

Kliegel, M., Martin, M., McDaniel, M. A., & Einstein, G. O. (2004). Importance effects on performance in event-based prospective memory tasks. *Memory*, 12, 553-561.

小林敬一 (1998). 展望的記憶システムの構造　風間書房

小谷津孝明・鈴木栄幸・大村賢吾 (1992). 無意図的想起と行為のし忘れ現象　安西祐一郎・石崎 俊・

大津由紀雄・波多野誼余夫・溝口文雄（編）認知科学ハンドブック　共立出版　pp.225-237.
Kvavilashvili, L. (1987). Remembering intention as a distinct form of memory. *British Journal of Psychology*, **78**, 507-518.
Kvavilashvili, L., & Ellis, J. (1996). Varieties of intention: Some distinctions and classifications. In M. Brandimonte, G. O. Einstein, & M. A. McDaniel (Eds.), *Prospective memory: Theory and applications*. Hillsdale, NJ: Erlbaum. pp.23-51.
Kvavilashvili, L., & Fisher, L. (2007). Is time-based prospective remembering mediated by self-initiated rehearsals? Role of incidental cues, ongoing activity, age, and motivation. *Journal of Experimental Psychology: General*, **136**, 112-132.
Marsh, R. L., & Hicks, J. L. (1998). Event-based prospective memory and executive control of working memory. *Journal of Experimental Psychology: Learning, Memory and Cognition*, **24**, 336-349.
Marsh, R. L., Hicks, J. L., & Bink, M. L. (1998). The activation of completed, uncompleted, and partially completed intentions. *Journal of Experimental Psychology: Learning, Memory, & Cognition*, **24**, 350-361.
Marsh, R. L., Hicks, J. L., & Bryan, E. (1999). The activation of unrelated and canceled intentions. *Memory & Cognition*, **27**, 320-327.
McBride, D. M., Beckner, J. K., & Abney, D. H. (2011). Effects of delay of prospective memory cues in an ongoing task on prospective memory task performance. *Memory & Cognition*, **39**, 1222-1231.
McDaniel, M. A., & Einstein, G. O. (2007). *Prospective memory*. Thousand oaks, CA: Sage.
McDaniel, M.A., Robinson-Riegler, B., & Einstein G.O. (1998). Prospective remembering: Perceptually driven or conceptually driven processes? *Memory & Cognition*, **26**, 121-134.
McGann, D., Ellis, J., & Milne, A. (2003). Conceptual and perceptual processing in prospective remembering. *European Journal of Cognitive Psychology*, **15**, 19-41.
森田泰介 (1998). 展望的記憶課題におけるタイムモニタリングの規定因　心理学研究, **69**, 137-142.
森田泰介 (2000). 展望的記憶課題における外的記憶補助の研究　心理学研究, **71**, 308-316.
森田泰介 (2012). 展望的記憶の自発的想起と無意図的想起　風間書房
Morita, T., & Kawaguchi, J. (2010). Involuntary memory experience questionnaire: Examining the relationship between prospective memory and involuntary memory. Poster presented at the 3rd International Conference on Prospective Memory, Vancouver, Canada.
Pereira, A., Ellis, J. and Freeman, J. (2012). Is prospective memory enhanced by cue-action semantic relatedness and enactment at encoding? *Consciousness and Cognition*, **21**. pp.1257-1266.
蓮花のぞみ (2008). 展望的記憶における年齢と関係したパラドックスに関する研究の動向　生老病死の行動科学, **13**, 63-73.
佐藤文紀・星野祐司 (2009). 展望的記憶の意図優位性効果における遂行意図を付与する教示の効果　認知心理学研究, **6**, 101-121.
Schacter, D. L. (2001). *The seven sins of memory: How the mind forgets and remembers*. New York: Houghton Mifflin.　春日井晶子（訳）(2002). なぜ、「あれ」が思い出せなくなるのか——記憶と脳の7つの謎　日本経済新聞社
Sellen, A. J., Louie, G., Harris, J. E., & Wilkins, A. J. (1997). What brings intentions to mind? An in situ study of prospective memory. *Memory*, **5**, 483-507.
Smith, R. (2003). The cost of remembering to remember in event-based prospective memory: Investigating the capacity demands of delayed intention performance. *Journal of Experimental Psychology: Learning, Memory, and Cognition*, **3**, 347-361.
梅田　聡 (2003). し忘れの脳内メカニズム　北大路書房
梅田　聡 (2007).「あっ忘れてた」はなぜ起こる——心理学と脳科学からせまる　岩波書店
梅田　聡 (2009). メタ記憶の神経科学的基盤　清水寛之（編）メタ記憶——記憶のモニタリングとコントロール　北大路書房　pp.201-215.
梅田　聡・小谷津孝明 (1998). 展望的記憶研究の理論的考察　心理学研究, **69**, 317-333.

宇根優子（2005）．日常場面における展望的記憶の意図優位性効果　人文社会科学研究, **45**, 151-163.
内海健太・齊藤　智・牧岡省吾（2012）．予定実行の順序に基づく展望的記憶の活性変化：意図優位性効果による検討　認知心理学研究, **9**, 95-105.
Uttl, B. (2011). Transparent meta-analysis: Does aging spare prospective meory with focal vs. non-focal cues? *PLoS ONE*, **6**, e16618.

6章

安達啓晃・清河幸子・松香敏彦（2013）．意識的処理が洞察問題解決に及ぼす影響　日本認知科学会第30回大会発表論文集, 350-354.
有賀敦紀（2013）．社会的比較に基づく洞察の促進・抑制　心理学研究, **83**, 576-581.
Ball, L. J., & Stevens, A. (2009). Evidence for a verbally-based analytic component to insight problem solving. *Proceedings of the 31st Annual Meeting of the Cognitive Science Society*, pp.1060-1065.
Bowden, E. M., Jung-Beeman, M., Fleck, J., & Kounios, J. (2005). New approaches to demystifying insight. *Trends in Cognitive Science*, **9**, 322-328.
Chronicle, E. P., Macgregor, J. N., & Ormerod, T. C. (2004). What makes insight problem? The roles of heuristics goal conception and solution recoding in knowledge-lean problems. *Journal of Experimental Psychology: Learning, Memory, and Cognition*, **30**, 14-27.
Fleck, J. I., & Weisberg, R. W. (2004). The use of verbal protocols as data: An analysis of insight in the candle problem. *Memory & Cognition*, **32**, 990-1006.
Hattori, M., Sloman, S. A., & Orita, R. (2013). Effects of subliminal hints on insight problem solving. *Psychonomic Bulletin & Review*, **20**, 790-797.
Helié, S., & Sun, R. (2010). Incubation, insight, and creative problem solving: A unified theory and a connectionist model. *Psychological Review*, **117**, 994-1024.
開　一夫・鈴木宏昭（1998）．表象変化の動的緩和理論：洞察メカニズムの解明に向けて　認知科学, **5**, 69-79.
Isaak, M. I., & Just, M. A. (1995). Constraints on thinking in insight and invention. In R. S. Sternberg & J. E. Davidson (Eds.) *The nature of insight*. The MIT Press. pp.281-325.
Isen, A. M., Daubman, K. A., & Nowicki, G. P. (1987). Positive affect facilitates creative problem solving. *Journal of Personality and Social Psychology*, **52**, 1122-1131.
伊藤　健・小島一晃・松居辰則（2008）．問題解決において目標を意識することの効果――洞察問題用いた検討――　日本認知科学会第25回大会発表論文集, 354-357.
清河幸子・伊澤太郎・植田一博（2007）．洞察問題解決に試行と他者観察の交替が及ぼす影響　教育心理学研究, **55**, 255-265.
清河幸子・桐原茉里子（2008）．思考の言語化が洞察問題解決に及ぼす影響の検討――言語化の方向づけに着目して――　日本認知科学会第25回大会発表論文集, 42-43.
Kiyokawa, S., & Nagayama, Y. (2007). Can verbalization improve insight problem solving? *Proceedings of the 29th Annual Conference of the Cognitive Science Society*, pp.1791.
Kiyokawa, S., & Nakazawa, M. (2006). Effects of reflective verbalization on insight problem solving. *Proceedings of the 5th International Conference on Cognitive Science*, pp.137-138.
Knoblich, G., Ohlsson, S., Haider, H., & Rhenius, D. (1999). Constraint relaxation and chunk decomposition in insight problem solving. *Journal of Experimental Psychology: Learning, Memory, & Cognition*, **5**, 1534-1556.
小寺礼香・清河幸子・足利　純・植田一博（2011）．協同問題解決における観察の効果とその意味：観察対象の動作主体に対する認識が洞察問題解決に及ぼす影響　認知科学, **18**, 114-126.
MacGregor, J. N., Ormerod, T. C., & Chronicle, E. P. (2001). Information processing and insight: A process model of performance on the nine-dot and related problems. *Journal of Experimental Psychology: Learning, Memory, and Cognition*, **27**, 176-201.
Mednick, S. A. (1962). The associative basis of the creative process. *Psychological Review*, **69**, 220-

232.
Metcalfe, J. (1986). Premonitions of insight predict impending error. *Journal of Experimental Psychology: Learning, Memory, and Cognition*, **12**, 623-634.
西村　友・鈴木宏昭（2004）．洞察問題解決の制約緩和における潜在的情報処理　日本認知科学会第21回大会発表論文集, 42-43.
Ormerod, T. C., MacGregor, J. N., & Chronicle, E. P. (2002). Dynamics and constraints in insight problem solving. *Journal of Experimental Psychology: Learning, Memory, and Cognition*, **28**, 791-799.
Sakaki, M., & Niki, K. (2011). Effects of the brief viewing of emotional stimuli on understanding of insight solutions. *Cognitive, Affective, & Behavioral Neuroscience*, **11**, 526-540.
Schooler, J. W., Ohlsson, S., & Brooks, K. (1993). Thoughts beyond words: When language overshadows insight. *Journal of Experimental Psychology: General*, **122**, 166-183.
Slepian, M. L., Weisbuch, M., Rutchick, A. M., Newman, L. S., & Ambad, N. (2010). Shedding light on insight: Priming bright ideas. *Journal of Experimental Social Psychology*, **46**, 696-700.
Sun, R., Slusarz, P., & Terry, C. (2005). The interaction of the explicit and the implicit in skill learning: A dual-process approach. *Psychological Review*, **112**, 159-192.
鈴木宏昭・福田玄明（2013）．洞察問題解決の無意識的性質：連続フラッシュ抑制による閾下プライミングを用いた検討　認知科学, **20**, 353-367.
鈴木宏昭・開　一夫（2003）．洞察問題解決への制約論的アプローチ　心理学評論, **46**, 211-232.
寺井　仁・三輪和久・浅見和亮（2013）．日本語版Remote Associates Testの作成と評価　心理学研究, **84**, 419-428.
寺井　仁・三輪和久・古賀一男（2005）．仮説空間とデータ空間の探索から見た洞察問題解決過程　認知科学, **12**, 74-88.
Wagner, U., Gais, S., Haider, H., Verleger, R., & Born, J. (2004). Sleep inspires insight. *Nature*, **427**, 352-355.
和嶋雄一郎・阿部慶賀・中川正宣（2008）．制約論を用いた洞察問題解決過程のカオスニューラルネットワークモデルの構築　認知科学, **15**, 644-659.
Wallas, G. (1926). *The art of thought*. New York: Harcourt Brace Jovanovich.
Weisberg, R. W. (1995). Prolegomena to theories of insight in problem solving: A taxonomy of problems. In R. S. Sternberg & J. E. Davidson (Eds.) *The nature of insight*. The MIT Press. pp.157-196.
Weisberg, R. W., & Alba, J. W. (1981). An examination of the alleged role of "fixation" in the solution of several "insight" problems. *Journal of Experimental Psychology: General*, **110**, 169-192.

7章

Baars, B. J. (2010). Spontaneous repetitive thoughts can be adaptive: Postscript on "mind wandering". *Psychological Bulletin*, **136**(2), 208-210.
Baird, B., Smallwood, J., Mrazek, M. D., Kam, J. W., Franklin, M. S., & Schooler, J. W. (2012). Inspired by distraction: Mind wandering facilitates creative incubation. *Psychological Science*, **23**(10), 1117-1122.
Baird, B., Smallwood, J., & Schooler, J. W. (2011). Back to the future: Autobiographical planning and the functionality of mind-wandering. *Consciousness and Cognition*, **20**(4), 1604-1611.
Braboszcz, C., & Delorme, A. (2011). Lost in thoughts: Neural markers of low alertness during mind wandering. *Neuroimage*, **54**(4), 3040-3047.
Cheyne, J. A., Carriere, J. S., & Smilek, D. (2006). Absent-mindedness: Lapses of conscious awareness and everyday cognitive failures. *Consciousness and Cognition*, **15**(3), 578-592.
Cheyne, J. A., Solman, G. J., Carriere, J. S., & Smilek, D. (2009). Anatomy of an error: A bidirectional state model of task engagement/disengagement and attention-related errors. *Cognition*, **111**(1),

98-113.

Christoff, K., Gordon, A. M., Smallwood, J., Smith, R., & Schooler, J. W. (2009). Experience sampling during fMRI reveals default network and executive system contributions to mind wandering. *Proceedings of the National Academy of Sciences of the United States of America*, **106**(21), 8719-8724.

D'Argembeau, A., Renaud, O., & Van der Linden, M. (2011). Frequency, characteristics and functions of future-oriented thoughts in daily life. *Applied Cognitive Psychology*, **25**(1), 96-103.

Daneman, M., & Merikle, P. M. (1996). Working memory and language comprehension: A meta-analysis. *Psychonomic Bulletin & Review*, **3**(4), 422-433.

Dixon, P., & Bortolussi, M. (2013). Construction, integration, and mind wandering in reading. *Canadian Journal of Experimental Psychology*, **67**(1), 1-10.

Foulsham, T., Farley, J., & Kingstone, A. (2013). Mind wandering in sentence reading: Decoupling the link between mind and eye. *Canadian Journal of Experimental Psychology*, **67**(1), 51-59.

Franklin, M. S., Smallwood, J., & Schooler, J. W. (2011). Catching the mind in flight: Using behavioral indices to detect mindless reading in real time. *Psychonomic Bulletin & Review*, **18**(5), 992-997.

Galera, C., Orriols, L., M'Bailara, K., Laborey, M., Contrand, B., Ribereau-Gayon, R., . . . Lagarde, E. (2012). Mind wandering and driving: responsibility case-control study. *Bmj*, **345**, e8105.

Giambra, L. M. (1995). A laboratory method for investigating influences on switching attention to task-unrelated imagery and thought. *Consciousness and Cognition*, **4**(1), 1-21.

Gruberger, M., Ben-Simon, E., Levkovitz, Y., Zangen, A., & Hendler, T. (2011). Towards a neuroscience of mind-wandering. *Frontiers in Human Neuroscience*, **5**, 56.

Hasenkamp, W., Wilson-Mendenhall, C. D., Duncan, E., & Barsalou, L. W. (2012). Mind wandering and attention during focused meditation: A fine-grained temporal analysis of fluctuating cognitive states. *Neuroimage*, **59**(1), 750-760.

He, J., Becic, E., Lee, Y. C., & McCarley, J. S. (2011). Mind wandering behind the wheel: Performance and oculomotor correlates. *Human Factors: The Journal of the Human Factors and Ergonomics Society*, **53**(1), 13-21.

Hu, N., He, S., & Xu, B. (2012). Different efficiencies of attentional orienting in different wandering minds. *Consciousness and Cognition*, **21**(1), 139-148.

Kam, J. W., Dao, E., Farley, J., Fitzpatrick, K., Smallwood, J., Schooler, J. W., & Handy, T. C. (2011). Slow fluctuations in attentional control of sensory cortex. *Journal of Cognitive Neuroscience*, **23**(2), 460-470.

Kane, M. J., Brown, L. H., McVay, J. C., Silvia, P. J., Myin-Germeys, I., & Kwapil, T. R. (2007). For whom the mind wanders, and when: An experience-sampling study of working memory and executive control in daily life. *Psychological Science*, **18**(7), 614-621.

Kane, M. J., & Engle, R. W. (2003). Working-memory capacity and the control of attention: The contributions of goal neglect, response competition, and task set to Stroop interference. *Journal of Experimental Psychology: General*, **132**(1), 47-70.

Killingsworth, M. A., & Gilbert, D. T. (2010). A wandering mind is an unhappy mind. *Science*, **330**(6006), 932.

Kintsch, W. (1994). Text comprehension, memory, and learning. *American Psychologist*, **49**(4), 294-303.

Klinger, E., Gregoire, K. C., & Barta, S. G. (1973). Physiological correlates of mental activity: Eye movements, alpha, and heart rate during imagining, suppression, concentration, search, and choice. *Psychophysiology*, **10**(5), 471-477.

Levinson, D. B., Smallwood, J., & Davidson, R. J. (2012). The persistence of thought: Evidence for a role of working memory in the maintenance of task-unrelated thinking. *Psychological Science*, **23**(4), 375-380.

Lindquist, S. I., & McLean, J. P. (2011). Daydreaming and its correlates in an educational environment. *Learning and Individual Differences,* **21**(2), 158-167.

Manly, T., Robertson, I. H., Galloway, M., & Hawkins, K. (1999). The absent mind: Further investigations of sustained attention to response. *Neuropsychologia,* **37**(6), 661-670.

Mason, M. F., Norton, M. I., Van Horn, J. D., Wegner, D. M., Grafton, S. T., & Macrae, C. N. (2007). Wandering minds: The default network and stimulus-independent thought. *Science,* **315**(5810), 393-395.

McVay, J. C., & Kane, M. J. (2009). Conducting the train of thought: Working memory capacity, goal neglect, and mind wandering in an executive-control task. *Journal of Experimental Psychology: Learning, Memory, and Cognition,* **35**(1), 196-204.

McVay, J. C., & Kane, M. J. (2010). Does mind wandering reflect executive function or executive failure? Comment on Smallwood and Schooler (2006) and Watkins (2008). *Psychological Bulletin,* **136**(2), 188-197.

McVay, J. C., & Kane, M. J. (2012). Why does working memory capacity predict variation in reading comprehension? On the influence of mind wandering and executive attention. *Journal of Experimental Psychology: General,* **141**(2), 302-320.

McVay, J. C., Kane, M. J., & Kwapil, T. R. (2009). Tracking the train of thought from the laboratory into everyday life: An experience-sampling study of mind wandering across controlled and ecological contexts. *Psychonomic Bulletin & Review,* **16**(5), 857-863.

McVay, J. C., Unsworth, N., McMillan, B. D., & Kane, M. J. (2013). Working memory capacity does not always support future-oriented mind-wandering. *Canadian Journal of Experimental Psychology,* **67**(1), 41-50.

Mooneyham, B. W., & Schooler, J. W. (2013). The costs and benefits of mind-wandering: A review. *Canadian Journal of Experimental Psychology,* **67**(1), 11-18.

Mrazek, M. D., Smallwood, J., & Schooler, J. W. (2012). Mindfulness and mind-wandering: Finding convergence through opposing constructs. *Emotion,* **12**(3), 442-448.

Nakano, T., Kato, M., Morito, Y., Itoi, S., & Kitazawa, S. (2013). Blink-related momentary activation of the default mode network while viewing videos. *Proceedings of the National Academy of Sciences of the United States of America,* **110**(2), 702-706.

Reichle, E. D., Reineberg, A. E., & Schooler, J. W. (2010). Eye movements during mindless reading. *Psychological Science,* **21**(9), 1300-1310.

Risko, E. F., Anderson, N., Sarwal, A., Engelhardt, M., & Kingstone, A. (2012). Everyday attention: Variation in mind wandering and memory in a lecture. *Applied Cognitive Psychology,* **26**(2), 234-242.

Robertson, I. H., Manly, T., Andrade, J., Baddeley, B. T., & Yiend, J. (1997). 'Oops!': Performance correlates of everyday attentional failures in traumatic brain injured and normal subjects. *Neuropsychologia,* **35**(6), 747-758.

Sayette, M. A., Reichle, E. D., & Schooler, J. W. (2009). Lost in the sauce: The effects of alcohol on mind wandering. *Psychological Science,* **20**(6), 747-752.

Schad, D. J., Nuthmann, A., & Engbert, R. (2012). Your mind wanders weakly, your mind wanders deeply: Objective measures reveal mindless reading at different levels. *Cognition,* **125**(2), 179-194.

Schooler, J. W. (2002). Re-representing consciousness: Dissociations between experience and meta-consciousness. *Trends in Cognitive Sciences,* **6**(8), 339-344.

Schooler, J. W., Reichle, E. D., & Halpern, D. V. (2004). Zoning out while reading: Evidence for dissociations between experience and metaconsciousness. In D. T. Levin (Ed.), *Thinking and seeing: Visual metacognition in adults and children.* Cambridge, MA US: MIT Press. pp.203-226.

Schooler, J. W., Smallwood, J., Christoff, K., Handy, T. C., Reichle, E. D., & Sayette, M. A. (2011). Meta-awareness, perceptual decoupling and the wandering mind. *Trends in Cognitive Sciences,* **15**(7), 319-326.

Shaw, G. A., & Giambra, L. (1993). Task-unrelated thoughts of college students diagnosed as hyperactive in childhood. *Developmental Neuropsychology*, **9**(1), 17-30.

Smallwood, J. (2010). Why the global availability of mind wandering necessitates resource competition: Reply to McVay and Kane (2010). *Psychological Bulletin*, **136**(2), 202-207.

Smallwood, J. (2013). Distinguishing how from why the mind wanders: A process-occurrence framework for self-generated mental activity. *Psychological Bulletin*, **139**(3), 519-535.

Smallwood, J., Baracaia, S. F., Lowe, M., & Obonsawin, M. (2003). Task unrelated thought whilst encoding information. *Consciousness and Cognition*, **12**(3), 452-484.

Smallwood, J., Beach, E., Schooler, J. W., & Handy, T. C. (2008). Going AWOL in the brain: Mind wandering reduces cortical analysis of external events. *Journal of Cognitive Neuroscience*, **20**(3), 458-469.

Smallwood, J., Brown, K. S., Tipper, C., Giesbrecht, B., Franklin, M. S., Mrazek, M. D., Murazek., Carlson, J. M., Schooler, J. W. (2011). Pupillometric evidence for the decoupling of attention from perceptual input during offline thought. *PLoS One*, **6**(3), e18298.

Smallwood, J., Davies, J. B., Heim, D., Finnigan, F., Sudberry, M., O'Connor, R., & Obonsawin, M. (2004). Subjective experience and the attentional lapse: Task engagement and disengagement during sustained attention. *Consciousness and Cognition*, **13**(4), 657-690.

Smallwood, J., Fishman, D. J., & Schooler, J. W. (2007). Counting the cost of an absent mind: Mind wandering as an underrecognized influence on educational performance. *Psychonomic Bulletin & Review*, **14**(2), 230-236.

Smallwood, J., Fitzgerald, A., Miles, L. K., & Phillips, L. H. (2009). Shifting moods, wandering minds: Negative moods lead the mind to wander. *Emotion*, **9**(2), 271-276.

Smallwood, J., McSpadden, M., & Schooler, J. W. (2008). When attention matters: The curious incident of the wandering mind. *Memory & Cognition*, **36**(6), 1144-1150.

Smallwood, J., Nind, L., & O'Connor, R. C. (2009). When is your head at? An exploration of the factors associated with the temporal focus of the wandering mind. *Consciousness and Cognition*, **18**(1), 118-125.

Smallwood, J., & O'Connor, R. C. (2011). Imprisoned by the past: Unhappy moods lead to a retrospective bias to mind wandering. *Cognition & Emotion*, **25**(8), 1481-1490.

Smallwood, J., O'Connor, R. C., Sudberry, M. V., Haskell, C., & Ballantyne, C. (2004). The consequences of encoding information on the maintenance of internally generated images and thoughts: The role of meaning complexes. *Consciousness and Cognition*, **13**(4), 789-820.

Smallwood, J., O'Connor, R. C., Sudbery, M. V., & Obonsawin, M. (2007). Mind-wandering and dysphoria. *Cognition & Emotion*, **21**(4), 816-842.

Smallwood, J., Obonsawin, M., & Heim, D. (2003). Task unrelated thought: The role of distributed processing. *Consciousness and Cognition*, **12**(2), 169-189.

Smallwood, J., & Schooler, J. W. (2006). The restless mind. *Psychological Bulletin*, **132**(6), 946-958.

Smallwood, J., Schooler, J. W., Turk, D. J., Cunningham, S. J., Burns, P., & Macrae, C. N. (2011). Self-reflection and the temporal focus of the wandering mind. *Consciousness and Cognition*, **20**(4), 1120-1126.

Smilek, D., Carriere, J. S., & Cheyne, J. A. (2010). Out of mind, out of sight: Eye blinking as indicator and embodiment of mind wandering. *Psychological Science*, **21**(6), 786-789.

Stawarczyk, D., Majerus, S., Maj, M., Van der Linden, M., & D'Argembeau, A. (2011). Mind-wandering: Phenomenology and function as assessed with a novel experience sampling method. *Acta Psychologica*, **136**(3), 370-381.

Stern, J. A., Walrath, L. C., & Goldstein, R. (1984). The Endogenous Eyeblink. *Psychophysiology*, **21**(1), 22-33.

Teasdale, J. D., Dritschel, B. H., Taylor, M. J., Proctor, L., Lloyd, C. A., Nimmo-Smith, I., & Baddeley, A. D. (1995). Stimulus-independent thought depends on central executive resources. *Memory &*

Cognition, **23**(5), 551-559.
Teasdale, J. D., Proctor, L., Lloyd, C. A., & Baddeley, A. D. (1993). Working memory and stimulus-independent thought: Effects of memory load and presentation rate. *European Journal of Cognitive Psychology,* **5**(4), 417-433.
Unsworth, N., & McMillan, B. D. (2013). Mind wandering and reading comprehension: Examining the roles of working memory capacity, interest, motivation, and topic experience. *Journal of Experimental Psychology: Learning, Memory, and Cognition,* **39**(3), 832-842.
Uzzaman, S., & Joordens, S. (2011). The eyes know what you are thinking: Eye movements as an objective measure of mind wandering. *Consciousness and Cognition,* **20**(4), 1882-1886.

8 章

Addis, D. R., Musicaro, R., Pan, L., & Schacter, D. L. (2010). Episodic simulation of past and future events in older adults: Evidence from an experimental recombination task. *Psychology and Aging,* **25**(2), 369-376.
Addis, D. R., Pan, L., Vu, M. A., Laiser, N., & Schacter, D. L. (2009). Constructive episodic simulation of the future and the past: Distinct subsystems of a core brain network mediate imagining and remembering. *Neuropsychologia,* **47**(11), 2222-2238.
Addis, D. R., & Schacter, D. L. (2008). Constructive episodic simulation: Temporal distance and detail of past and future events modulate hippocampal engagement. *Hippocampus,* **18**, 227-237.
Addis, D. R., Wong, A. T., & Schacter, D. L. (2007). Remembering the past and imagining the future: Common and distinct neural substrates during event construction and elaboration. *Neuropsychologia,* **45**(7), 1363-1377.
Addis, D. R., Wong, A. T., & Schacter, D. L. (2008). Age-related changes in the episodic simulation of future events. *Psychological Science,* **19**(1), 33-41.
Arnold, K. M., McDermott, K. B., & Szpunar, K. K. (2011). Imagining the near and far future: The role of location familiarity. *Memory & Cognition,* **39**(6), 954-967.
Atance, C. M., & O'Neill, D. K. (2001). Episodic future thinking. *Trends in Cognitive Sciences,* **5**(12), 533-539.
Baddeley, A. D., Allen, R. J., & Hitch, G. J. (2011). Binding in visual working memory: The role of the episodic buffer. *Neuropsychologia,* **49**(6), 1393-1400.
Bartlett, F. C., & Burt, C. (1933). Remembering: A study in experimental and social psychology. *British Journal of Educational Psychology,* **3**(2), 187-192.
Berntsen, D., & Jacobsen, A. S. (2008). Involuntary (spontaneous) mental time travel into the past and future. *Consciousness and Cognition,* **17**(4), 1093-1104.
Chasteen, A. L., Park, D. C., & Schwarz, N. (2001). Implementation intentions and facilitation of prospective memory. *Psychological Science,* **12**(6), 457-461.
D'Argembeau, A., & Mathy, A. (2011). Tracking the construction of episodic future thoughts. *Journal of Experimental Psychology: General,* **140**(2), 258-271.
D'Argembeau, A., Renaud, O., & Van der Linden, M. (2011). Frequency, characteristics and functions of future-oriented thoughts in daily life. *Applied Cognitive Psychology,* **25**(1), 96-103.
D'Argembeau, A., Stawarczyk, D., Majerus, S., Collette, F., Van der Linden, M., Feyers, D., Maquet, P., & Salmon, E. (2010). The neural basis of personal goal processing when envisioning future events. *Journal of Cognitive Neuroscience,* **22**(8), 1701-1713
D'Argembeau, A., & Van der Linden, M. (2004). Phenomenal characteristics associated with projecting oneself back into the past and forward into the future: Influence of valence and temporal distance. *Consciousness and Cognition,* **13**(4), 844-858.
Finnbogadóttir, H., & Berntsen, D. (2013). Involuntary future projections are as frequent as involuntary memories, but more positive. *Consciousness and Cognition,* **22**(1), 272-280.

Förster, J., Friedman, R. S., & Liberman, N. (2004). Temporal construal effects on abstract and concrete thinking: Consequences for insight and creative cognition. *Journal of Personality and Social Psychology*, **87**(2), 177-189.

Gaesser, B., Spreng, R. N., McLelland, V. C., Addis, D. R., & Schacter, D. L. (2013). Imagining the future: Evidence for a hippocampal contribution to constructive processing. *Hippocampus*

Granhag, P. A., & Knieps, M. (2011). Episodic future thought: Illuminating the trademarks of forming true and false intentions. *Applied Cognitive Psychology*, **25**(2), 274-280.

Hassabis, D., Kumaran, D., Vann, S. D., & Maguire, E. A. (2007). Patients with hippocampal amnesia cannot imagine new experiences. *Proceedings of the National Academy of Sciences of the United States of America*, **104**(5), 1726-1731.

Irish, M., Addis, D. R., Hodges, J. R., & Piguet, O. (2012a). Considering the role of semantic memory in episodic future thinking: Evidence from semantic dementia. *Brain*, **135**(7), 2178-2191.

Irish, M., Addis, D. R., Hodges, J. R., & Piguet, O. (2012b). Exploring the content and quality of episodic future simulations in semantic dementia. *Neuropsychologia*, **50**(14), 3488-3495.

Ito, Y., Ueno, T., Kitagami, S., & Kawaguchi, J. (2013). A computational exploration on the role of semantic memory in episodic future thinking. *Proceedings of the 35th Annual Conference of the Cognitive Science Society*, pp.2626-2631.

Klein, S. B., Loftus, J., & Kihlstrom, J. F. (2002). Memory and temporal experience: The effects of episodic memory loss on an amnesic patient's ability to remember the past and imagine the future. *Social Cognition*, **20**(5), 353-379.

Lind, S. E., & Bowler, D. M. (2010). Episodic memory and episodic future thinking in adults with autism. *Journal of Abnormal Psychology*, **119**(4), 896-905.

Naito, M., & Suzuki, T. (2011). "When did I learn and when shall I act?": The developmental relationship between episodic future thinking and memory. *Journal of Experimental Child Psychology*, **109**(4), 397-411.

太田信夫・多鹿秀継 (2000). 記憶研究の最前線　北大路書房

Okuda, J., Fujii, T., Ohtake, H., Tsukiura, T., Tanji, K., Suzuki, K., Kawashima, R., Fukuda, H., Itoh, M., Yamadori, A. (2003). Thinking of the future and past: The roles of the frontal pole and the medial temporal lobes. *NeuroImage*, **19**(4), 1369-1380.

Peters, J., & Büchel, C. (2010). Episodic future thinking reduces reward delay discounting through an enhancement of prefrontal-mediotemporal interactions. *Neuron*, **66**(1), 138-148.

Ranganath, C. (2010). Binding items and contexts: The cognitive neuroscience of episodic memory. *Current Directions in Psychological Science*, **19**(3), 131-137.

Schacter, D. L., Addis, D. R., & Buckner, R. L. (2008). Episodic simulation of future events: Concepts, data, and applications. *Annals of the New York Academy of Sciences*, **1124**, 39-60.

Schacter, D. L., & Addis, D. R. (2007). On the constructive episodic simulation of past and future events. *Behavioural and Brain Sciences*, **30**, 299-351.

Stawarczyk, D., Majerus, S., Maj, M., Van der Linden, M., & D'Argembeau, A. (2011). Mind-wandering: Phenomenology and function as assessed with a novel experience sampling method. *Acta Psychologica*, **136**(3), 370-381.

Storm, B. C., & Jobe, T. A. (2012). Remembering the past and imagining the future : Examining the consequences of mental time travel on memory. *Memory*, **20**(3), 224-235.

Suddendorf, T., Addis, D. R., & Corballis, M. C. (2009). Mental time travel and the shaping of the human mind. *Philosophical transactions of the Royal Society of London. Series B, Biological Sciences*, **364**(1521), 1317-1324.

Svoboda, E., McKinnon, M. C., & Levine, B. (2006). The functional neuroanatomy of autobiographical memory: A meta-analysis. *Neuropsychologia*, **44**(12), 2189-2208.

Szpunar, K. K. (2010). Episodic future thought: An emerging concept. *Perspectives on Psychological Science*, **5**(2), 142-162.

Szpunar, K. K., Chan, J. C. K., & McDermott, K. B. (2009). Contextual processing in episodic future thought. *Cerebral Cortex*, **19**(7), 1539-1548.

Szpunar, K. K., Watson, J. M., & McDermott, K. B. (2007). Neural substrates of envisioning the future. *Proceedings of the National Academy of Sciences of the United States of America*, **104**(2), 642-647.

Trope, Y., & Liberman, N. (2003). Temporal construal. *Psychological Review*, **110**(3), 403-421.

Trope, Y., & Liberman, N. (2010). Construal-level theory of psychological distance. *Psychological Review*, **117**(2), 440-463.

Tulving, E. (1985). Memory and consciousness. *Canadian psychologist*, *25*, 1-12.

Van Mulukom, V., Schacter, D. L., Corballis, M. C., & Addis, D. R. (2013). Re-imagining the future: Repetition decreases hippocampal involvement in future simulation. *PLoS One*, 8(7), e69596.

Visser, M., Jefferies, E., & Lambon Ralph, M. A. (2010). Semantic processing in the anterior temporal lobes: A meta-analysis of the functional neuroimaging literature. *Journal of Cognitive Neuroscience*, **22**(6), 1083-1094.

Weiler, J. A, Suchan, B., & Daum, I. (2010). When the future becomes the past: Differences in brain activation patterns for episodic memory and episodic future thinking. *Behavioural Brain Research*, **212**(2), 196-203.

9章

Abramowitz, J. S. (1996). Variants of exposure and response prevention in the treatment of obsessive-compulsive disorder. A meta-analysis. *Behavior Therapy*, **27**, 583-600.

Baumeister, R. F., Heatherton, T. F., & Tice, D. M. (1995). *Losing control*. San Diego, CA: Academic Press.

Brosschot, J. F., & Van der Doef, M. (2006). Daily worrying and somatic health complaints: Testing the effectiveness of a simple worry reduction intervention. *Psychology and Health*, **21**, 19-31.

Cloitre, M. (2009). Effective psychotherapies of PTSD: A review and critique. *CNS Spectrums*, **14**, 32-43.

Dane, E. (2011). Paying attention to mindfulness and its effects on task performance in the workplace. *Journal of Management*, **37**, 997-1018.

Erskine, J. A., Georgiou, G. J., & Kvavilashvili, L. (2010). I suppress, therefore I smoke: Effects of thought suppression on smoking behavior. *Psychological Science*, **21**, 1225-1230.

Freud S. (1936). *The ego and the mechanism of defense*. London: Hogarth. フロイト, S., 外林大作（訳）(1958). 自我と防衛　誠信書房

Grossman, P., Nieman, L., Schmidt, S., & Walach, H. (2004). Mindfulness-based stress reduction and health benefits: A meta-analysis. *Journal of psychosomatic Research*, **57**, 35-43.

Hayes, S. C., Wilson, K. G., Gifford, E. V., Follette, V. M., & Strosahl, K. (1996). Experiential avoidance and behavioral disorders: A functional dimensional approach to diagnosis and treatment. *Journal of Consulting and Clinical Psychology*, 64, 1152-1168.

Kabat-Zinn, J. (1990). *Full catastrophe living*. New York, NY: Delacorte Press.

木村　晴 (2003). 思考抑制の影響とメンタルコントロール方略　心理学評論, **46**, 584-596.

木村　晴 (2004a). 望まない思考の抑制と代替思考の効果　教育心理学研究, **52**, 115-126.

木村　晴 (2004b). 未完結な思考の抑制とその影響　教育心理学研究, **52**, 44-51.

木村　晴 (2005). 抑制スタイルが抑制の逆説的効果の生起に及ぼす影響　教育心理学研究, **53**, 230-240.

Marcks, B. A., & Woods, D. W. (2005). A comparison of thought suppression to an acceptance-based technique in the management of personal intrusive thoughts: A controlled evaluation. *Behaviour Research and Therapy*, **43**, 433-445.

Najmi, S., Riemann, B. C., & Wegner, D. M. (2009). Managing unwanted intrusive thoughts in obsessive-compulsive disorder: Relative effectiveness of suppression, focused distraction, and acceptance. *Behaviour Research and Therapy*, **47**, 494-503.

Najmi, S., & Wegner, D. M. (2008). Thought suppression and psychopathology. In A. J. Elliott (Ed.), *Handbook of approach and avoidance motivation*. Mahwah, NJ: Erlbaum. pp.447-459.
及川　晴(2011). 思考抑制の3要素モデル　風間書房
Oikawa, M., Aarts, H., & Oikawa, H. (2011). There is a fire burning in my heart: The role of causal attribution in affect transfer. *Cognition and Emotion*, 25, 156-163.
及川昌典・及川　晴(2012). 感情抑制が顕在ムードと潜在ムードに及ぼす影響　社会心理学研究, 28, 24-31.
及川昌典・及川　晴(2013). 抑制，表出，反芻傾向と感情プライミング効果の関係　社会心理学研究, 29, 40-46.
Pennebaker, J. W. (1997). *Opening up: The healing power of expressing emotion*. New York: Guilford.
Petrie, K. P., Booth, R. J., & Pennebaker, J. W. (1998). The immunological effects of thought suppression. *Journal of Personality and Social Psychology*, 75, 1264-1272.
Petrie, K. P., Fontanilla, I., Thomas, M. G., Booth, R. J., & Pennebaker, J. W. (2004). Effect of written emotional expression on immune function in patients with human immunodeficiency virus infection: A randomized trial. *Psychosomatic Medicine*, 66, 272-275.
Pronin, E., Jacobs, E., & Wegner, D. M. (2008). Psychological effects of thought acceleration. *Emotion*, 8, 597-612.
Robjant, K., & Fazel, M. (2010). The emerging evidence for narrative exposure therapy: A review. *Clinical Psychology Review*, 30, 1030-1039.
Sheese, B. E., Brown, E. L., & Graziano, W. B. (2004). Emotional expression in cyberspace: Searching for moderators of the Pennebaker disclosure effect via e-mail. *Health Psychology*, 23, 457-464.
Wenzlaff, R. M., & Wegner, D. M. (2000). Thought suppression. *Annual Review of Psychology*, 51,59-91.
Wenzlaff, R. M., Wegner, D. M., & Klein, S. B. (1991). The role of thought suppression in the bonding of thought and mood. *Journal of Personality and Social Psychology*, 60, 500-508.
Wegner, D. M. (1994). Ironic processes of mental control. *Psychological Review*, 101, 34-52.
Wegner, D. M. (2009). How to think, say, or do precisely the worst thing for any occasion. *Science*, 325, 48-50.
Wegner, D. M., Schneider, D. J., Carter, S., & White, T. (1987). Paradoxical effects of thought suppression. *Journal of Personality and Social Psychology*, 53, 5-13.
Wegner, D.M. & Zanakos, S. (1994). Chronic thought suppression. *Journal of Personality*, 62, 615-640.
Zeigarnik, B. (1935). On finished and unfinished tasks. In K. Lewin (Ed.) *A dynamic theory of personality*. New York: McGraw-Hill. pp.300-314.

10章

Anderson, J. R., & Bower, G. H. (1973). *Human associative memory*. Washington, DC: Winston & Sons.
Baars, B. J. (1988). *A cognitive theory of consciousness*. Cambridge: Cambridge University Press.
Baars, B. J. (1997). *In the theater of consciousness: The workspace of the mind*. Oxford University Press.
Baars, B. J., & Franklin, S. (2003). How conscious experience and working memory interact. *Trends in Cognitive Sciences*, 7, 166-172.
Baars, B. J., Ramamurthy, U., & Franklin, S. (2007). How deliberate, spontaneous, and unwanted memories emerge in a computational model of consciousness. In J. H. Mace (Ed.) *Involuntary memory*. Oxford: Wiley-Blackwell. pp.177-207.
Baird, B., Smallwood, J., & Schooler, J. W. (2011). Back to the future: Autobiographical planning and the functionality of mind-wandering. *Consciousness and Cognition*, 20, 1604-1611.
Franklin, S., & Baars, B. J. (2010). Spontaneous remembering is the norm: What integrative models tell us about human consciousness and memory. In J. H. Mace (Ed.) *The act of remembering:*

Toward an understanding of how we recall the past. Oxford: Wiley-Blackwell. pp.83-110.
Franklin, S., Baars, B. J., Ramamurthy, U., & Ventura, M. (2005). The role of consciousness in memory. *Brains, Minds and Media*, **1**, 1-38.
Hazy, T. E., Frank, M. J., & O'Reilly, R. C. (2006). Banishing the homunculus: Making working memory work. *Neuroscience*, **139**, 105-118.
Mace, J. H. (Ed.) (2007). *Involuntary memory*. Oxford: Wiley-Blackwell.
Mace, J. H. (Ed.) (2010). *The act of remembering: Toward an understanding of how we recall the past*. Oxford: Wiley-Blackwell.
Mandler, G. (1985). *Cognitive psychology: An essay in cognitive science*. Hillsdale, NJ: Erlbaum. マンドラー, G. 大村彰道・馬場久志・秋田喜代美(訳)(1991). 認知心理学の展望　紀伊國屋書店
Mandler, G. (2007). Involuntary memories: Variations on the unexpected. In J. H. Mace (Ed.), *Involuntary memory*. Oxford: Wiley-Blackwell. pp.208-223.
Minsky, M. (1985). *The society of mind*. New York: Simon & Schuster. ミンスキー, M. 安西祐一郎(訳)(1990). 心の社会　産業図書
森　博嗣 (2011). 科学的とはどういう意味か　幻冬舎
Rubin, D. C. (2006). The basic-systems model of episodic memory. *Perspectives on Psychological Science*, **1**, 277-311.
Smallwood, J., & Schooler, J. W. (2006). The restless mind. *Psychological Bulletin*, **132**, 946-958.
須藤　靖・伊勢田哲治 (2013). 科学を語るとはどういうことか――科学者，哲学者にモノ申す　河出書房新社
戸田正直 (1982). 理論心理学のすすめ　杉渓一言(編) 現代の心理学を考える　川島書店　pp.127-132.
月元　敬 (2007). 抑制に基づく記憶検索理論の構成　風間書房

11章

Addis, D. R., Wong, A. T., & Schacter, D. L. (2007). Remembering the past and imagining the future: Common and distinct neural substrates during event construction and elaboration. *Neuropsychologia*, **45**(7), 1363-1377.
雨宮有里・高　史明・関口貴裕 (2011). 意図的および無意図的に想起された自伝的記憶の特定性の比較. 心理学研究, **82**(3), 270-276.
Anderson, J. R., Anderson, J. F., Ferris, J. L., Fincham, J. M., & Jung, K. J. (2009). Lateral inferior prefrontal cortex and anterior cingulate cortex are engaged at different stages in the solution of insight problems. *Proceedings of the National Academy of Sciences of the United States of America*, **106**(26), 10799-10804.
Andrews-Hanna, J. R., Reidler, J. S., Huang, C., & Buckner, R. L. (2010). Evidence for the default network's role in spontaneous cognition. *Journal of Neurophysiology*, **104**(1), 322-335.
Aziz-Zadeh, L., Kaplan, J. T., & Iacoboni, M. (2009). "Aha!": The neural correlates of verbal insight solutions. *Human Brain Mapping*, **30**(3), 908-916.
Bowden, E. M., Jung-Beeman, M., Fleck, J., & Kounios, J. (2005). New approaches to demystifying insight. *Trends in Cognitive Sciences*, **9**(7), 322-328.
Buckner, R. L., Andrews-Hanna, J. R., & Schacter, D. L. (2008). The brain's default network: Anatomy, function, and relevance to disease. *Annals of the New York Academy of Sciences*, **1124**, 1-38.
Buckner, R. L., & Carroll, D. C. (2007). Self-projection and the brain. *Trends in Cognitive Sciences*, **11**(2), 49-57.
Bush, G., Luu, P., & Posner, M. I. (2000). Cognitive and emotional influences in anterior cingulate cortex. *Trends in Cognitive Sciences*, **4**(6), 215-222.
Cabeza, R. (2008). Role of parietal regions in episodic memory retrieval: The dual attentional processes hypothesis. *Neuropsychologia*, **46**(7), 1813-1827.

Cabeza, R., Rao, S. M., Wagner, A. D., Mayer, A. R., & Schacter, D. L. (2001). Can medial temporal lobe regions distinguish true from false? An event-related functional MRI study of veridical and illusory recognition memory. *Proceedings of the National Academy of Sciences of the United States of America, 98*(8), 4805-4810.

Cabeza, R., & St Jacques, P. (2007). Functional neuroimaging of autobiographical memory. *Trends in Cognitive Sciences, 11*(5), 219-227.

Christoff, K., Gordon, A. M., Smallwood, J., Smith, R., & Schooler, J. W. (2009). Experience sampling during fMRI reveals default network and executive system contributions to mind wandering. *Proceedings of the National Academy of Sciences of the United States of America, 106*(21), 8719-8724.

Conway, M. A. (2005). Memory and the self. *Journal of Memory and Language, 53*(4), 594-628.

Daselaar, S. M., Rice, H. J., Greenberg, D. L., Cabeza, R., LaBar, K. S., & Rubin, D. C. (2008). The spatiotemporal dynamics of autobiographical memory: Neural correlates of recall, emotional intensity, and reliving. *Cerebral Cortex, 18*(1), 217-229.

Dietrich, A., & Kanso, R. (2010). A review of EEG, ERP, and neuroimaging studies of creativity and insight. *Psychological Bulletin, 136*(5), 822-848.

Doucet, G., Naveau, M., Petit, L., Zago, L., Crivello, F., Jobard, G., Delcroix, N., Melle, E., Tzourio-Mazoyer, N., Joliot, M. (2012). Patterns of hemodynamic low-frequency oscillations in the brain are modulated by the nature of free thought during rest. *Neuroimage, 59*(4), 3194-3200.

Eldridge, L. L., Knowlton, B. J., Furmanski, C. S., Bookheimer, S. Y., & Engel, S. A. (2000). Remembering episodes: A selective role for the hippocampus during retrieval. *Nature Neuroscience, 3*(11), 1149-1152.

Fox, M. D., Snyder, A. Z., Vincent, J. L., Corbetta, M., Van Essen, D. C., & Raichle, M. E. (2005). The human brain is intrinsically organized into dynamic, anticorrelated functional networks. *Proceedings of the National Academy of Sciences of the United States of America, 102*(27), 9673-9678.

Gilboa, A. (2004). Autobiographical and episodic memory-one and the same? Evidence from prefrontal activation in neuroimaging studies. *Neuropsychologia, 42*(10), 1336-1349.

Gilboa, A., Winocur, G., Grady, C. L., Hevenor, S. J., & Moscovitch, M. (2004). Remembering our past: Functional neuroanatomy of recollection of recent and very remote personal events. *Cerebral Cortex, 14*(11), 1214-1225.

Greene, J. D., Sommerville, R. B., Nystrom, L. E., Darley, J. M., & Cohen, J. D. (2001). An fMRI investigation of emotional engagement in moral judgment. *Science, 293*(5537), 2105-2108.

Greicius, M. D., Krasnow, B., Reiss, A. L., & Menon, V. (2003). Functional connectivity in the resting brain: a network analysis of the default mode hypothesis. *Proceedings of the National Academy of Sciences of the United States of America, 100*(1), 253-258.

Hall, N. M., Gjedde, A., & Kupers, R. (2008). Neural mechanisms of voluntary and involuntary recall: A PET study. *Behavioural Brain Research, 186*(2), 261-272.

Hasenkamp, W., Wilson-Mendenhall, C. D., Duncan, E., & Barsalou, L. W. (2012). Mind wandering and attention during focused meditation: A fine-grained temporal analysis of fluctuating cognitive states. *Neuroimage, 59*(1), 750-760.

Herron, J. E., & Wilding, E. L. (2004). An electrophysiological dissociation of retrieval mode and retrieval orientation. *Neuroimage, 22*(4), 1554-1562.

Humphries, C., Willard, K., Buchsbaum, B., & Hickok, G. (2001). Role of anterior temporal cortex in auditory sentence comprehension: An fMRI study. *Neuroreport, 12*(8), 1749-1752.

Janata, P. (2009). The neural architecture of music-evoked autobiographical memories. *Cerebral Cortex, 19*(11), 2579-2594.

Jung-Beeman, M., Bowden, E. M., Haberman, J., Frymiare, J. L., Arambel-Liu, S., Greenblatt, R., . . . Kounios, J. (2004). Neural activity when people solve verbal problems with insight. *PLoS Biol-*

ogy, 2(4), E97.
Kompus, K., Eichele, T., Hugdahl, K., & Nyberg, L. (2011). Multimodal imaging of incidental retrieval: The low route to memory. *Journal of Cognitive Neuroscience, 23*(4), 947-960.
Kounios, J., Frymiare, J. L., Bowden, E. M., Fleck, J. I., Subramaniam, K., Parrish, T. B., & Jung-Beeman, M. (2006). The prepared mind: Neural activity prior to problem presentation predicts subsequent solution by sudden insight. *Psychological Science, 17*(10), 882-890.
Lepage, M., Ghaffar, O., Nyberg, L., & Tulving, E. (2000). Prefrontal cortex and episodic memory retrieval mode. *Proceedings of the National Academy of Sciences of the United States of America, 97*(1), 506-511.
LePort, A. K., Mattfeld, A. T., Dickinson-Anson, H., Fallon, J. H., Stark, C. E., Kruggel, F., . . . McGaugh, J. L. (2012). Behavioral and neuroanatomical investigation of Highly Superior Autobiographical Memory (HSAM). *Neurobiology of Learning and Memory, 98*(1), 78-92.
Luo, J., Niki, K., & Phillips, S. (2004). Neural correlates of the 'Aha! reaction'. *Neuroreport, 15*(13), 2013-2017.
Mai, X. Q., Luo, J., Wu, J. H., & Luo, Y. J. (2004). "Aha!" effects in a guessing riddle task: An event-related potential study. *Human Brain Mapping, 22*(4), 261-270.
Mason, M. F., Norton, M. I., Van Horn, J. D., Wegner, D. M., Grafton, S. T., & Macrae, C. N. (2007). Wandering minds: The default network and stimulus-independent thought. *Science, 315*(5810), 393-395.
McKiernan, K. A., D'Angelo, B. R., Kaufman, J. N., & Binder, J. R. (2006). Interrupting the "stream of consciousness": An fMRI investigation. *Neuroimage, 29*(4), 1185-1191.
Nadel, L., & Moscovitch, M. (1997). Memory consolidation, retrograde amnesia and the hippocampal complex. *Current Opinion in Neurobiology 7*(2), 217-227.
二木宏明 (1989). 脳と記憶——その心理学と生理学 共立出版
Northoff, G., Heinzel, A., de Greck, M., Bermpohl, F., Dobrowolny, H., & Panksepp, J. (2006). Self-referential processing in our brain–a meta-analysis of imaging studies on the self. *Neuroimage, 31*(1), 440-457.
Parker, E. S., Cahill, L., & McGaugh, J. L. (2006). A case of unusual autobiographical remembering. *Neurocase, 12*(1), 35-49.
Petrides, M. (2005). Lateral prefrontal cortex: Architectonic and functional organization. *Philosophical Transactions of the Royal Society B: Biological Sciences, 360*(1456), 781-795.
Plailly, J., Tillmann, B., & Royet, J. P. (2007). The feeling of familiarity of music and odors: The same neural signature? *Cerebral Cortex, 17*(11), 2650-2658.
Price, J., & Davis, B. (2008). *The woman who can't forget: The extraordinary story of living with the most remarkable memory known to science-A memoir.* New York City, NY: Freee Press. 橋本碩也(訳)(2009). 忘れられない脳——記憶の檻に閉じ込められた私 ランダムハウスジャパン
Qin, J., Perdoni, C., & He, B. (2011). Dissociation of subjectively reported and behaviorally indexed mind wandering by EEG rhythmic activity. *PLoS One, 6*(9), e23124.
Qiu, J., Li, H., Jou, J., Liu, J., Luo, Y., Feng, T., . . . Zhang, Q. (2010). Neural correlates of the "Aha" experiences: Evidence from an fMRI study of insight problem solving. *Cortex, 46*(3), 397-403.
Raichle, M. E., MacLeod, A. M., Snyder, A. Z., Powers, W. J., Gusnard, D. A., & Shulman, G. L. (2001). A default mode of brain function. *Proceedings of the National Academy of Sciences of the United States of America, 98*(2), 676-682.
Reverberi, C., Toraldo, A., D'Agostini, S., & Skrap, M. (2005). Better without (lateral) frontal cortex? Insight problems solved by frontal patients. *Brain, 128*(Pt 12), 2882-2890.
Rugg, M. D., & Wilding, E. L. (2000). Retrieval processing and episodic memory. *Trends in Cognitive Sciences, 4*(3), 108-115.
Saxe, R., & Kanwisher, N. (2003). People thinking about thinking people: The role of the temporo-parietal junction in "theory of mind". *NeuroImage, 19*(4), 1835-1842.

Schott, B. H., Niklas, C., Kaufmann, J., Bodammer, N. C., Machts, J., Schutze, H., & Duzel, E. (2011). Fiber density between rhinal cortex and activated ventrolateral prefrontal regions predicts episodic memory performance in humans. *Proceedings of the National Academy of Sciences of the United States of America*, **108**(13), 5408-5413.

Smallwood, J., & Schooler, J. W. (2006). The restless mind. *Psychological Bulletin*, **132**(6), 946-958.

Spreng, R. N., Stevens, W. D., Chamberlain, J. P., Gilmore, A. W., & Schacter, D. L. (2010). Default network activity, coupled with the frontoparietal control network, supports goal-directed cognition. *Neuroimage*, **53**(1), 303-317.

Squire, L. R. (1992). Memory and the hippocampus: A synthesis from findings with rats, monkeys, and humans. *Psychological Review*, **99**(2), 195-231.

Stawarczyk, D., Majerus, S., Maquet, P., & D'Argembeau, A. (2011). Neural correlates of ongoing conscious experience: Both task-unrelatedness and stimulus-independence are related to default network activity. *PLoS One*, **6**(2), e16997.

St Jacques, P. L. (2012). Functional neuroimaging of autobiographical memory. In D. Berntsen & D. C. Rubin (Eds.), *Understanding autobiographical memory: Theory and approaches*. Cambridge, UK: Cambridge University Press. pp.114-138.

Subramaniam, K., Kounios, J., Parrish, T. B., & Jung-Beeman, M. (2009). A brain mechanism for facilitation of insight by positive affect. *Journal of Cognitive Neuroscience*, **21**(3), 415-432.

Svoboda, E., McKinnon, M. C., & Levine, B. (2006). The functional neuroanatomy of autobiographical memory: A meta-analysis. *Neuropsychologia*, **44**(12), 2189-2208.

Takeuchi, H., Taki, Y., Hashizume, H., Sassa, Y., Nagase, T., Nouchi, R., & Kawashima, R. (2012). The association between resting functional connectivity and creativity. *Cerebral Cortex*, **22**(12), 2921-2929.

Tulving, E. (1983). *Elements of Episodic Memory*. Oxford, UK: Oxford University Press.

Vincent, J. L., Kahn, I., Snyder, A. Z., Raichle, M. E., & Buckner, R. L. (2008). Evidence for a frontoparietal control system revealed by intrinsic functional connectivity. *Journal of Neurophysiology*, **100**(6), 3328-3342.

Wagner, A. D., Shannon, B. J., Kahn, I., & Buckner, R. L. (2005). Parietal lobe contributions to episodic memory retrieval. *Trends in Cognitive Sciences*, **9**(9), 445-453.

12章

Aarts, H., Oikawa, M., & Oikawa, H. (2010). Cultural and universal routes to authorship ascription: Effects of outcome priming on experienced self-agency in the Netherlands and Japan. *Journal of Cross-Cultural Psychology*, **41**, 87-98.

Alloy, L. B., & Abramson, L. Y. (1979). Judgment of contingency in depressed and nondepressed students: Sadder but wiser? *Journal of Experimental Psychology: General*, **108**, 441-485.

Brasil-Neto, J.P., Pascual-Leone, A., Valls-Sol, J., Cohen, L. G., & Hallett, M. (1992). Focal transcranial magnetic stimulation and response bias in a forced-choice task. *Journal of Neurology, Neurosurgery, and Psychiatry*, **55**, 964-966.

Custers, R., Aarts, H., Oikawa, M., & Elliot, A. (2009). The nonconscious road to perceptions of performance: Achievement priming augments outcome expectancies and experienced self-agency. *Journal of Experimental Social Psychology*, **45**, 1200-1208.

Damasio, A. R. (1994). *Descartes' error: Emotion, reason, and the human brain*. New York: Avon.

Gibson, L. & Wegner, D. M. (2003). Believing we've done what we were thinking: An Illusion of authorship. *Paper presented at the Society for Personality and Social Psychology*. Los Angeles, CA.

Hoffmann, R. E. (1986). Verbal hallucinations and language production processes in schizophrenia. *Behavioral and Brain Sciences*, **9**, 503-548.

Langer, E. J., & Roth, J. (1975). Heads I win, tails it's chance: The illusion of control as a function of the sequence of outcomes in a purely chance task. *Journal of Personality and Social Psychology*, **32**, 951-955.
Libet, B. (1985). Unconscious cerebral initiative and the role of conscious will in voluntary action. *Behavioral and Brain Sciences*, **8**, 529-566.
Markus, H. R., & Kitayama, S. (1991). Culture and the self: Implications for cognition, emotion, and motivation. *Psychological Review*, **98**, 224-253.
McDermott, D. V. (2002). *Mind and mechanism*. Cambridge, MA: MIT Press.
Milgram, S. (1974). *Obedience to authority*. New York: Harper & Row.
Nisbett, R. E., & Wilson, D. (1977). Telling more than we can know: Verbal reports on mental processes. *Psychological Review*, **84**, 231-259.
Norretranders, T., J. (1999). *The user illusion: Cutting consciousness down to size*. New York: Penguin Books.
Penfield, W. (1975). *The mystery of mind*. Princeton, NJ: Princeton University Press.
Wegner, D. M., Fuller, V. A., & Sparrow, B. (2003). Clever hands: Uncontrolled intelligence in facilitated communication. *Journal of Personality and Social Psychology*, **85**, 5-19.
Wegner, D. M., & Wheatley, T. P. (1999). Apparent mental causation: Sources of the experience of will. *American Psychologist*, **54**, 480-492.

13章

Aldao, A., Nolen-Hoeksema, S., & Schweizer, S. (2010). Emotion-regulation strategies across psychopathology: A meta-analytic review. *Clinical Psychology Review*, **30**, 217-237.
Arnow, B., Spangler, D., Klein, D., & Burns, D. (2004). Rumination and distraction among chronic depressives in treatment: A structural equation analysis. *Cognitive Therapy and Research*, **28**, 67-83.
Bagby, R. M., & Parker, J. D. A. (2001). Relation of rumination and distraction with neuroticism and extraversion in a sample of patients with major depression. *Cognitive Therapy and Research*, **25**, 91-102.
Beck, A. T., Steer, R. A., & Brown, G. K. (1996). *Beck depression inventory second edition manual*. San Antonio, TX: The Psychological Corporation.
Beck, A. T., Ward, C. H., Mendelson, M., Mock, J., & Erbaugh, J. (1961). An inventory for measuring depression. *Archives of General Psychiatry*, **4**, 561-571.
Berntsen, D. (1998). Voluntary and involuntary access to autobiographical memory. *Memory*, **6**, 113-141.
Brewin, C. R., Reynolds, M., & Tata, P. (1999). Autobiographical memory processes and the course of depression. *Journal of Abnormal Psychology*, **108**, 511-517.
Brewin, C. R., Hunter, E., & Carroll, F. (1996). Intrusive memories in depression: An index of schema activation? *Psychological Medicine*, **26**, 1271-1276.
Ciesla, J., & Roberts, J. (2007). Rumination, negative cognition, and their interactive effects on depressed mood. *Emotion*, **7**, 555-565.
Cox, B. J., Enns, M. W., & Larsen, D. K. (2001). The continuity of depression symptoms: Use of cluster analysis for profile identification in patient and student samples. *Journal of Affective Disorders*, **66**, 67-73.
Dalgleish, T., & Yiend, J. (2006). The effects of suppressing a negative autobiographical memory on concurrent intrusions and subsequent autobiographical recall in dysphoria. *Journal of Abnormal Psychology*, **115**, 467-473.
Donaldson, C., Lam, D., & Mathews, A. (2007). Rumination and attention in major depression. *Behaviour Research and Therapy*, **45**, 2664-2678.

Ehlers, A., Hackmann, A., Steil, R., Clohessy, S., Wenninger, K., & Winter, H. (2002). The nature of intrusive memories after trauma: The warning signal hypothesis. *Behaviour Research and Therapy*, **40**, 995-1002.

Erber, R., & Wegner, D. M. (1996). Ruminations on the rebound. In R. S. Wyer, Jr. (Ed.) *Ruminative thoughts*. Advances in social cognition. Mahwah, NJ: Erlbaum. pp.73-79.

Erskine, J. K., Kvavilashvili, L., & Kornbrot, D. E. (2007). The predictors of thought suppression in young and old adults: Effects of rumination, anxiety, and other variables. *Personality and Individual Differences*, **42**, 1047-1057.

Flavell, J. H. (1979). Metacognition and cognitive monitoring: A new area of cognitive-developmental inquiry. *American Psychologist*, **34**, 906 - 911.

Gross, J. J. (1998). Antecedent - and response-focused emotion regulation Divergent consequences for experience, expression, and physiology. *Journal of Personality and Social Psychology*, **74**, 224-237.

Hasegawa, A. (2013). Translation and initial validation of the Japanese version of the Ruminative Responses Scale. *Psychological Reports*, **112**, 716-726.

長谷川 晃・根建金男（2011）. 抑うつ的反すうとネガティブな反すうが抑うつに及ぼす影響の比較 パーソナリティ研究, **19**, 270-273.

Hattori, Y., & Kawaguchi, J. (2010). Decreased effectiveness of a focused-distraction strategy in dysphoric individuals. *Applied Cognitive Psychology*, **24**, 376-386.

Hawksley, J., & Davey, G. (2010). Mood-as-input and depressive rumination. *Behaviour Research and Therapy*, **48**, 134-140.

Johannessen, K. B., & Berntsen, D. (2010). Current concerns in involuntary and voluntary autobiographical memories. *Consciousness and Cognition*, **19**(4), 847-860.

Joormann, J. (2010). Cognitive inhibition and emotion regulation in depression. *Current Directions in Psychological Science*, **19**, 161-166.

Joormann, J., & D'Avanzato, C. (2010). Emotion regulation in depression: Examining the role of cognitive processes. *Cognition & Emotion*, **24**, 913-939.

Joormann, J., & Gotlib, I. H. (2008). Updating the contents of working memory in depression: Interference from irrelevant negative material. *Journal of Abnormal Psychology*, **117**, 182-192.

Joormann, J., Hertel, P. T., Brozovich, F., & Gotlib, I. H. (2005). Remembering the good, forgetting the bad: Intentional forgetting of emotional material in depression. *Journal of Abnormal Psychology*, **114**, 640-648.

Joormann, J., Hertel, P. T., Lemoult, J., & Gotlib, I. H. (2009). Training forgetting of negative material in depression. *Journal of Abnormal Psychology*, **118**, 34-43.

Joormann, J., & Siemer, M. (2004). Memory accessibility, mood regulation, and dysphoria: Difficulties in repairing sad mood with happy memories? *Journal of Abnormal Psychology*, **113**, 179-188.

Julien, D., O'Connor, K. P., & Aardema, F. (2007). Intrusive thoughts, obsessions, and appraisals in obsessive-compulsive disorder: A critical review. *Clinical Psychology Review*, **27**, 366-383.

木村 晴（2004）. 望まない思考の抑制と代替思考の効果 教育心理学研究, **52**, 115-126.

Kuyken, W., & Brewin, C. R. (1994). Intrusive memories of childhood abuse during depressive episodes. *Behaviour Research and Therapy*, **32**, 525-528.

Lyubomirsky, S., & Nolen-Hoeksema, S. (1993). Self-perpetuating properties of dysphoric rumination. *Journal of Personality and Social Psychology*, **65**, 339-349.

Lyubomirsky, S., Caldwell, N. D., & Nolen-hoeksema, S. (1998). Effects of ruminative and distracting responses to depressed mood on retrieval of autobiographical memories. *Journal of Personality and Social Psychology*, **75**, 166-177.

Magee, J. C., Harden, K. P., & Teachman, B. A. (2012). Psychopathology and thought suppression: A quantitative review. *Clinical Psychology Review*, **32**, 189-201.

Marchetti, I., Koster, E. H. W., & De Raedt, R. (2012). Mindwandering heightens the accessibility of negative relative to positive thought. *Consciousness and Cognition*, **21**, 1517-1525.

Martin, L. L., & Tesser, A. (1996). Some ruminative thoughts. In R. S. Wyer (Ed.) *Advances in social cognition, Volume IX: Ruminative thoughts*. Mahwah, NJ: Erlbaum.

松本　昇・望月　聡 (2013). 抑うつと自伝的記憶の概括化――レビューと今後の展望――　心理学評論, **55**, 459-483.

Meiser-Stedman, R., Dalgleish, T., Yule, W., & Smith, P. (2012). Intrusive memories and depression following recent non-traumatic negative life events in adolescents. *Journal of Affective Disorders*, **137**, 70-78.

Moulds, M. L., Yap, C. S. L., Kerr, E., Williams, A. D., & Kandris, E. (2010). Metacognitive beliefs increase vulnerability to rumination. *Applied Cognitive Psychology*, **24**, 351-364.

村山恭朗 (2013). 女子大学生を対象とした思考抑制とストレッサーがもたらすネガティブな反すうへの影響　パーソナリティ研究, **22**, 61-72.

Nolan, S. A., Roberts, J. E., & Gotlib, I. H. (1998). Neuroticism and ruminative response style as predictors of change in depressive symptomatology. *Cognitive Therapy and Research*, **22**, 445-455.

Nolen-Hoeksema, S. (1987). Sex differences in unipolar depression: Evidence and theory. *Psychological Bulletin*, **101**, 259-282.

Nolen-Hoeksema, S. (1991). Responses to depression and their effects on the duration of depressive episodes. *Journal of Abnormal Psychology*, **100**, 569-582.

Nolen-Hoeksema, S. (2000). The role of rumination in depressive disorders and mixed anxiety/depressive symptoms. *Journal of Abnormal Psychology*, **109**, 504-511.

Nolen-Hoeksema, S., & Morrow, J. (1991). A prospective study of depression and posttraumatic stress symptoms after a natural disaster: The 1989 Loma Prieta earthquake. *Journal of Personality and Social Psychology*, **61**, 115-121.

Nolen-Hoeksema, S., & Morrow, J. (1993). Effects of rumination and distraction on naturally occurring depressed mood. *Cognition & Emotion*, **7**, 561-570.

Nolen-Hoeksema, S., Wisco, B. E., & Lyubomirsky, S. (2008). Rethinking Rumination. *Perspectives on Psychological Science*, **3**, 400-424.

及川　恵 (2002). 気晴らし方略の有効性を高める要因――プロセスの視点からの検討――　教育心理学研究, **50**, 185-192.

Okumura, T., Sakamoto, S., Tomoda, T., & Kijima, N. (2009). Latent structure of self-reported depression in undergraduates: Using taxometric procedures and information-theoretic latent variable modeling. *Personality and Individual Differences*, **46**, 166-171.

Owens, M., & Derakshan, N. (2013). The effects of dysphoria and rumination on cognitive flexibility and task selection. *Acta Psychologica*, 142, 323-331.

Papageorgiou, C., & Wells, A. (2001). Positive beliefs about depressive rumination: Development and preliminary validation of a self-report scale. *Behavior Therapy*, **32**, 13-26.

Park, R. J., Goodyer, I. M., & Teasdale, J. D. (2004). Effects of induced rumination and distraction on mood and overgeneral autobiographical memory in adolescent major depressive disorder and controls. *Journal of Child Psychology and Psychiatry*, **45**, 996-1006.

Pe, M., Raes, F., & Kuppens, P. (2013). The cognitive building blocks of emotion regulation: Ability to update working memory moderates the efficacy of rumination and reappraisal on emotion. *PLoS ONE*, **8**, 1-12.

Purdon, C. (2001). Appraisal of obsessional thought recurrences: Impact on anxiety and mood state. *Behavior Therapy*, **32**, 47-64.

Radloff, L. S. (1977). The CES-D scale: A self-report depression scale for research in the general population. *Applied Psychological Measurement*, **1**, 385-401.

Roelofs, J., Papageorgiou, C., Gerber, R. D., Huibers, M., Peeters, F., & Arntz, A. (2007). On the links between self-discrepancies, rumination, metacognitions, and symptoms of depression in undergraduates. *Behaviour Research and Therapy*, **45**, 1295-1305.

Sakamoto, S., Kambara, M., & Tanno, Y. (2001). Response styles and cognitive and affective symptoms of depression. *Personality and Individual Differences*, **31**, 1053-1065.
坂本真士・丹野義彦・大野　裕 (2005). 抑うつの臨床心理学　東京大学出版会
Sarin, S., Abela, J., & Auerbach, R. (2005). The response styles theory of depression: A test of specificity and causal mediation. *Cognition & Emotion*, **19**, 751-761.
Siegle, G., Ghinassi, F., & Thase, M. (2007). Neurobehavioral therapies in the 21st century: Summary of an emerging field and an extended example of cognitive control training for depression. *Cognitive Therapy and Research*, **31**, 235-262.
Siegle, G., Moore, P., & Thase, M. (2004). Rumination: One construct, many features in healthy individuals, depressed individuals, and individuals with lupus. *Cognitive Therapy and Research*, **28**, 645-668.
Smallwood, J., & Schooler, J. W. (2006). The restless mind. *Psychological Bulletin*, **132**, 946-958.
Smallwood, J., Baracaia, S. F., Lowe, M., & Obonsawin, M. C. (2003). Task-unrelated-thought whilst encoding information. *Consciousness and Cognition*, **12**, 452-484.
Smallwood, J., Obonsawin, M. C., Baracaia, S. F., Reid, H., O'Connor, R. C., & Heim, S. D. (2003). The relationship between rumination, dysphoria and self-referent thinking: Some preliminary findings. *Imagination, Cognition and Personality*, **4**, 315-317.
Smallwood, J., O'Connor, R. C., Sudberry, M. V., & Obonsawin, M. C. (2007). Mind-wandering and dysphoria. *Cognition & Emotion*, **21**, 816-842.
Smith, J. M., & Alloy, L. B. (2009). A roadmap to rumination: a review of the definition, assessment, and conceptualization of this multifaceted construct. *Clinical Psychology Review*, **29**, 116-128.
Starr, S., & Moulds, M. L. (2006). The role of negative interpretations of intrusive memories in depression. *Journal of Affective Disorders*, **93**, 125-132.
杉浦義典 (2009). アナログ研究の方法　新曜社
高野慶輔・坂本真士・丹野義彦 (2012). 機能的・非機能的自己注目と自己受容, 自己開示　パーソナリティ研究, **21**, 12-21.
高野慶輔・丹野義彦 (2008). Rumination-Reflection Questionnaire 日本語版作成の試み　パーソナリティ研究, **16**, 259-261.
Thomsen, K. D. (2006). The association between rumination and negative affect: A review. *Cognition & Emotion*, **20**, 1216-1235.
Trapnell, P. D., & Campbell, J. D. (1999). Private self-consciousness and the five-factor model of personality: Distinguishing rumination from reflection. *Journal of Personality and Social Psychology*, **76**, 284-304.
Treynor, W., Gonzalez, R., & Nolen-Hoeksema, S. (2003). Rumination reconsidered: A psychometric analysis. *Cognitive Therapy and Research*, **27**, 247-259.
Watkins, E. R., & Moulds, M. (2005). Positive beliefs about rumination in depression: A replication and extension. *Personality and Individual Differences*, **39**, 73-82
Watson, L. A. Berntsen, D., Kuyken, W., & Watkins, E. R. (2013). Involuntary and voluntary autobiographical memory specificity as a function of depression. *Journal of Behavior Therapy and Experimental Psychiatry*, **44**, 7-13.
Wegner, D. M. (1994). Ironic Processes of Mental Control. *Psychological Review*, **101**, 34-52.
Wells, A. (1995). Meta-cognition and worry: A cognitive model of generalized anxiety disorder. *Behavioural and Cognitive Psychotherapy*, **23**, 301-320.
Wells, A. (2000). Emotional disorders and metacognition innovative Cognitive Therapy. New York: Wiley.
Wells, A. (2009). *Metacognitive therapy for anxiety and depression*. New York: Guilford Press.
Wells, A., & King, P. (2006). Metacognitive therapy for generalized anxiety disorder: An open trial. *Journal of Behavior Therapy and Experimental Psychiatry*, **37**, 206-212.
Wells, A., & Matthews, G. (1994). *Attention and emotion: A clinical perspective*　箱田裕司・津田 彰・

丹野義彦(監訳)(2002). 心理臨床の認知心理学——感情障害の認知モデル—— 培風館
Wells, A., & Matthews, G. (1996). Modeling cognition in emotional disorders: The S-REF model. *Behaviour Research and Therapy*, **34**, 881-888.
Wells, A., Welford, M., King, P., Papageorgiou, C., Wisely, J., & Mendel, E. (2010). A pilot randomized trial of metacognitive therapy vs applied relaxation in the treatment of adults with generalized anxiety disorder. *Behaviour Research and Therapy*, **48**, 429-434.
Wenzlaff, R. M., & Wegner, D. M. (2000). Thought suppression. *Annual Review of Psychology*, **51**, 59-91.
Wenzlaff, R. M., & Luxton, D. D. (2003). The role of thought suppression in depressive rumination. *Cognitive Therapy and Research*, **27**, 293-308.
Williams, A. D., & Moulds, M. L. (2007). Investigation of the indulgence cycles hypothesis of suppression on experimentally induced visual intrusions in dysphoria. *Behaviour Research and Therapy*, **45**, 2780-2788.
Williams, J. M. G., Barnhofer, T., Crane, C., Hermans, D., Raes, F., Watkins, E., & Dalgleish, T. (2007). Autobiographical memory specificity and emotional disorder. *Psychological Bulletin*, **133**, 122-148.
Zetsche, U., & Joormann, J. (2011). Components of interference control predict depressive symptoms and rumination cross-sectionally and at six months follow-up. *Journal of Behavior Therapy and Experimental Psychiatry*, **42**, 65-73.
Zung, W. W. (1965). A self-rating depression scale. *Archives of General Psychiatry*, **12**, 63-70.

14章

Archibald, H., & Tuddenham, R. (1965). Persistent stress reactions after combat. *Archives of General Psychiatry*, **12**, 475-481.
Baker-Ward, L., Gordon, B. N., Ornstein, P. A., Larus, D. M., & Clubb, P. A. (1993). Young children's long-term retention of a pediatric examination. *Child Development*, **64**, 1519-1533.
Brown, R. & Kulik, J. (1977). Flashbulb memories. *Cognition*, **5**, 73-99.
Breuer, J. & Freud, S. (1895). *Studien über Hysterie*. Franz Deuticke ブロイアー, J.・フロイト, S. (著)・金関　猛 (訳)(2013). ヒステリー研究 (初版) 中公クラシックス
Freud, S. (1916). Vorlesungen zur Einführung in die Psychoanalyse. フロイト, S. (著)・鷲田清一 (監訳)(2012). 精神分析入門講義 (フロイト全集第15巻) 岩波書店
Grunert, B. K., Devine, C. A., Matloub, H. S., Sanger, J. R., & Yousif, H. J. (1988). Flashbacks after traumatic hand injuries: Prognostic indicators. *Journal of Hand Surgery*, **13**a, 125-127.
Hamann, S. (2001). Cognitive and neural mechanisms of emotional memory. *Trends in Cognitive Sciences*, **5**, 394-400.
Lemogne, C., Bergouignan, L., Piolino, P., Jouvent, R., Allilaire, J., & Fossati, P. (2009). Cognitive avoidance of intrusive memories and autographical memory: Specificity, autonoetic consciousness, and self-perspective. *Memory*, **17**, 1-7.
Malloy, P. F., Fairbank, J. A., & Keane, T. M. (1983). Validation of a multimethod assessment of post-traumatic stress disorders in Vietnam veterans. *Journal of Counseling and Clinical Psychology*, **51**, 4-21.
Merckelbach, H., Muris, P., Horselenberg, R., & Rassin, E. (1998). Traumatic intrusions as 'worse case scenario's'. *Behavioral Research and Therapy*, **36**, 1075-1079.
Neisser, U., & Harsch, N. (1992). Phantom flashbulbs: false recollections of hearing the news about Challenger. In E. Winograd & U. Neisser(Eds.) *Affect and accuracy in recall*: studies of 'flashbulb' memories. Cambridge University Press. pp.9-31.
越智啓太・及川　晴 (2008). 想起禁止教示による侵入想起の増加と忘却の抑制　法政大学文学部紀要, **56**, 61-67.

越智啓太・相良陽一郎 (2003). フラッシュバルブメモリーの忘却と変容　認知科学テクニカルリポート, TR-48.
Rainey, J. M., Aleem, A., Ortiz, A., Yaragani, V., Pohl, R., & Berchow, R. (1987). Laboratory procedure for the inducement of flashbacks. *American Journal of Psychiatry*, **144**, 1317-1319.
Rubin, D. C., & Kozin, M. (1984). Vivid memories. *Cognition*, **16**, 81-95.
Tollestrup, P. A., Turtle, J. W., & Yuille, J. C. (1994). Actual victims and witnesses to robbery and fraud: An archival analysis. In D.F.Ross, J.D.Read, & M.P.Toglia (Eds.) *Adult eyewitness testimony: Current trends and developments*. Cambridge University Press.
Terr, L. (1990). *Too scared to cry: Psychic trauma in childhood*. Harpercollins.
Van der Kolk, A. (1987). *Psychological Trauma*. American Psychiatric Publishing.
Van der Kolk, A., & Fisler, R. (1995). Dissociation and the fragmentary nature of traumatic memories: Overview and exploratory study. *Journal of Traumatic Stress*, **8**, 505-525.
Wegner, D. M. (1994). Ironic processes of mental control. *Psychological Review*, **101**; 34-52.

15章

Baddeley, A. D. (2000). The episodic buffer: A new component of working memory? *Trends in Cognitive Sciences*, **4**(11), 417-423.
Bremner, J. D. (2004). *Does stress damage the brain? Understanding trauma-related disorders from a mind-body perspective*. New York, NY: W. W. Norton & Company.
Cooper, M. (2008). *Essential research findings in counseling and psychotherapy: The facts are friendly*. Thousand Oaks, CA: Sage Publications.
Cloninger, C. R. (1997). 人格と精神病理の精神生物学モデル──臨床使用のための基本的な知見　心身医学, **37**(2), 91-102.
Damasio, A. (1999). *The feeling of what happens: Body and emotion in the making of consciousness*. New York, NY: Harcourt Brace & Company.
Damasio, A. (2003). *Looking for Spinoza: Joy, sorrow, and the feeling brain*. Orlando, FL: Harcourt.
Damasio, A. (2005). *Descartes' error: Emotion, reason, and the human brain*. New York, NY: G. P. Putnum's Sons.
Damasio, A. (2010). *Self comes to mind: Constructing the conscious brain*. New York, NY: Pantheon Books.
Derryberry, D., & Reed, M. A. (1994). Temperament and attention: Orienting toward and away from positive and negative signals. *Journal of Personality Social Psychology*, **66**(6), 1128-1139.
Forgas, J. P., & Ciarrochi, J. V. (2002). On managing moods: evidence for the role of homeostatic cognitive strategies in affect regulation. *Personality and Social Psychology Bulletin*, **28**(3), 336-345.
前野隆司 (2004). 脳はなぜ「心」を作ったのか──「私」の謎を解く受動意識仮説　筑摩書房
杉山　崇 (印刷中a). 心理療法における記憶生成と変容の過程──うつ病の事例から──　杉山　崇・丹藤克也・越智啓太 (編)　記憶心理学と臨床心理学のコラボレーション：抑うつとPTSDの理解と対応 (仮)　北大路書房
杉山　崇 (印刷中b). 意識と無意識はどこまで明らかになったのか？ 意識のワーキング・メモリ仮説とA. Damasio説からの心理療法統合への提案　神奈川大学人間科学部年報, **8**.
杉山　崇・前田泰宏・坂本真士 (編) (2007). これからの心理臨床. ナカニシヤ出版
杉山　崇・巣黒慎太郎・大島郁葉・佐々木純 (2012). 認知療法と治療関係　東斉彰 (編) 『統合的方法としての認知療法──実践と研究の展望』 岩崎学術出版 pp.144-170.
大久保智紗・小川俊樹 (2011). 不快情動体験過程に関する神経心理学的研究の動向　筑波大学心理学研究, **41**, 69-82.
Oei, N.Y., Everaerd, W. T., Elzinga, B. M., van Well, S., & Bermond, B. (2006). Psychosocial stress impairs working memory at high loads: An association with cortisol levels and memory retrieval.

Stress, **9**(3), 133-141.

苧阪直行 (2007). 意識と前頭葉――ワーキング・メモリからのアプローチ―― 心理学研究, **77**(6), 553-566.

Sedikides, C. (1994). Incongruent effects of sad mood on self-conception valence: It's a matter of time. *European Journal of Social Psychology*, **24**, 161-172.

Smith, S. M., & Petty, R. E. (1995). Personality moderators of mood congruency effects on cognition: The role of self-esteem and negative mood regulation. *Journal of Personality and Social Psychology*, **68**(6), 1092-1107.

Stanovich, K. E., & West, R. F. (2000). Individual difference in reasoning: Implications for the rationality debate? *Behavioural and Brain Sciences*, **23**(5), 645-726.

Wachtel, P. (1997). *Psychoanalysis, behavior therapy, and the relational world*. Washington DC: American Psychological Association.

人名索引

● A
Aarts, H.　155
安達啓晃　70
Addis, D. R.　97, 100, 102
雨宮有里　19, 23
Anderson, J. R.　120
Archibald, H.　173
有賀敦紀　76
Atkinson, E.　35

● B
Baars, B. J.　121, 124, 125, 128
Baird, B.　91, 92, 93
Ball, L. J.　78
Bartlett, F. C.　99
Beck, A. T.　159
Berntsen, D.　3, 4, 5, 6, 13, 15, 16, 22, 26, 28, 30, 31, 32, 35, 37, 41, 47, 50, 60, 190
Bowden, E. M.　70
Bower, G. H.　120
Braboszcz, C.　84
Brewin, C. R.　160
Bronfenbrenner, U.　59
Brown, R.　179

● C
Ceci, S. J.　59
Christoff, K.　141, 143,
Chronicle, E. P.　71
Cloninger, C. R.　189
Conway, M. A.　20, 22, 23, 39, 44, 45, 48, 134
Cupchik, G. C.　43
Custers, R.　153

● D
D'Argembeau, A.　92, 95, 105, 107
D'Avanzato, C.　169
Damasio, A. R.　156, 191
Delorme, A.　84
Doucet, G.　143

● E
Ebbinghaus, H.　4, 5, 6, 7, 24
Einstein, G. O.　55, 57, 58
Ellis, J. A.　55, 60, 63,

Engen, T.　42

● F
Finnbogadóttir, H.　37
Fisher, L.　62, 63
Förster, J.　106
Franklin, S.　127
Freud, S.　183, 185, 187, 190, 195
福田玄明　71

● G
Gilbert, D. T.　85
Goschke, T.　59
Grunert, B. K.　181

● H
Hall, N. M.　22, 31, 135
Harsch, N.　180
Hasenkamp, W.　142
Hattori, Y.　71
Hayes, S. C.　115
Helié, S.　72
Herz, R. S.　43
開　一夫　69, 70, 72

● I
伊勢田哲治　119
Isen, A. M.　75
伊藤　健　71

● J
Janata, P.　138
Joormann, J.　167, 169
Jung, C.　185, 188, 189, 190, 195
Jung-Beeman, M.　145

● K
神谷俊次　17, 26, 27, 28, 31, 32, 33, 36, 41
Kane, M. J.　83, 85, 87, 89
Kawaguchi, J.　63
Killingsworth, M. A.　85
清河幸子　75, 77
Kompus, K.　136
小寺礼香　76
Kounios, J.　146

229

小谷津孝明　6
Kuhl, J.　59
Kulik, J.　179
Kuyken, W.　160
Kvavilashvili, L.　18, 23, 55, 62, 63

● L

Larsson, M.　51
LePort, A.　139
Levinson, D. B.　87
Libet, B.　150
Luo, J.　144
Luxton, D. D.　167
Lyubomirsky, S.　168

● M

Mace, J. H.　3, 6, 26, 35, 38, 41
Magee, J. C.　160
Mandler, G.　121
Mason, M. F.　141
McDaniel, M. A.　55, 57, 58
McVay, J. C.　83, 87, 89, 92
Mednick, S. A.　70
Meiser-Stedman, R.　161
Merckelbach, H.　181
Metcalfe, J.　70
Miles, A. N.　50
Milgram, S.　154
Minsky, M.　123
森田泰介　50, 63
Moulds, M. L.　168
村山恭朗　167

● N

Nakano, T.　84
Nakazawa, M.　77
Neisser, U.　5, 24, 180
Niki, K.　75
Nimmo-Smith, I.　60
西村　友　71
Nolen-Hoeksema, S.　165, 166, 168
野村幸正　45

● O

越智啓太　180
Ormerod, T. C.　71

● P

Papageorgiou, C.　168

Parker, E. S.　138
Pennebaker, J. W.　115
Pillemer, D. B.　12
Pleydell-Pearce, C. W.　39, 48

● Q

Qin, J.　143
Qiu, J.　145

● R

Rasmussen, A. S.　34
Ross, B. M.　42
Rubin, D. C.　15

● S

相良陽一郎　180
Sakaki, M.　75
Salaman, E.　14
Schab, F. R.　42
Schacter, D. L.　5, 102
Schlagman, S.　18, 23, 26, 29
Schooler, J. W.　77, 79, 140
Schott, B. H.　139
Siegle, G.　169
Slepian, M. L.　74
Smallwood, J.　79, 86, 88, 140
Smilek, D.　84
Smith, R.　59
Stawarczyk, D.　81
Stevens, A.　78
Subramaniam, K.　146
須藤　靖　119
杉山　崇　185, 188, 191
Sun, R.　72
鈴木宏昭　69, 70, 71, 72
Szpunar, K. K.　105

● T

寺井　仁　70
Terr, L.　179, 181
Thomsen, K. D.　165
戸田正直　120
Tuddenham, R.　173
Tulving, E.　97, 136

● U

梅田　聡　56
Unsworth, N.　37

●V
Van der Kolk, A.　179

●W
Wagner, U.　73
和嶋雄一郎　72
Wallas, G.　67, 68, 73
Watson, L. A.　37
Wegner, D. M.　109, 110, 153, 160, 177
Weiler, J. A.　102
Well, S.　168
Wenzlaff, R. M.　167
Wheatley, T. P.　153
Willander, J.　51
Williams, J.　37

●Y
山本晃輔　45, 46, 48, 50, 51

●Z
Zetsche, U.　167

事項索引

●あ

IDA　127, 191
アクセプタンス・アンド・コミットメント・セラピー　115
あたため　67
アハ体験　70, 122, 144
意志　155
意識　121
意識経験　80, 123
意識性　2
意識のダマシオ説　191
意識の神経相関　191
意図　122
意図的想起　13, 121, 134
意図優位性効果　59
エピソード記憶　4, 11, 97
エピソード的未来思考　86, 95
エピソード・バッファ　192
fMRI　133
FOK　130
遠隔連想テスト　70, 145
延長意識　192
オペラント条件づけ　176

●か

概括エピソード　22, 30
開示　115
解釈水準理論　106
回想　128, 135
回想的記憶　54
外的記憶補助　57
外的手がかり　27, 40
外的な手がかり　62
海馬　98, 135
回避　174
解離　176
課題関連干渉　81
課題無関連思考　81
カタルシス　188
葛藤・力動　187
加齢研究　97
感覚知覚的手がかり　41
眼球運動　83
監視過程　110
感情強度バイアス　31

気晴らし　162
気分一致効果　32, 186
気分不一致効果　186
逆相関　142
急性ストレス障害　173
急性PTSD　173
9点問題　68
強迫神経症　111
強迫性障害　160
恐怖条件づけ　175
切り離し仮説　90, 126, 143, 191
極めて優れた自伝的記憶の能力　138
グローバル・ワークスペース理論　123, 191
経頭蓋磁気刺激　154
楔前部　135
楔部　135
元型　189
言語化　77
顕在―潜在相互作用理論　72
顕在記憶　5
現在の関心事　89
検索の成功　137
検索モード　136
原自己　193
健忘　184
健忘症患者　97
鉤状束　139
後帯状皮質　105, 140
構築的エピソードシミュレーション仮説　99
行動療法　195
コピー仮説　179
コルチゾール　166
コントロール感　152

●さ

SART　82
サーベイ法　15
再体験症状　160
再体験　174
作動自己　22, 134
C-U-C型問題解決　125
自己・記憶システム　20, 39
思考サンプリング法　80
思考の二重過程理論　190
思考抑制　109, 160, 167, 176

思考抑制の皮肉過程理論　110
思考抑制の逆説的な効果　177
自己参照処理　105
自己超越性　189
自己洞察　148
自己捕捉法　80
実験的方法　18
実験の再結合課題　100
実行機能　103, 167
実行制御　89, 126, 142
実証的心理療法研究　188
自伝自己　192
自伝的記憶　4, 11, 25, 39, 133
自伝的記憶知識ベース　20, 134
自伝的記憶の概括化　161
自伝的記憶の機能　12, 32, 49
自伝的記憶の生起時期　44
自伝的記憶の特定性　22, 30
自動思考　196
自発的想起　56
社会的比較　76
自由意志　148
集合的無意識　188
省察　163
事例研究法　14
進行モニタリング　71
心的外傷後ストレス障害　13, 112, 121, 160, 173
心的因果　149
侵入思考　109, 160, 197
侵入想起　16, 174
心理療法　185
スキーマ　196
ストレス　113
精神分析　183, 185
生成的検索　22, 45, 196
制約の動的緩和理論　72
潜在記憶　3
前帯状皮質背側部　144
前頭・頭頂制御ネットワーク　142
前頭前野外側部　134, 136, 145
前頭前野背外側部　92, 143, 194
前頭前野内側部　98, 135, 140
前頭前野腹内側部　105
想起意識　3, 60
想起意図　4, 60
創造的思考　93, 146
即時の増幅効果　109
側頭葉外側部　102
側頭葉内側部　98, 137

ソマティック・マーカー　156, 192
存在想起　56

●た
大うつ病性障害　164
代替思考　112, 170
代理状態　154
高い覚醒状態　174
短期エピソード記憶　128
知覚の記憶　128
知覚の切り離し　88
中核意識　193
直接的検索　22, 45, 196
通常記憶仮説　180
T パズル　69
定速聴覚連続加算課題　169
デフォルトモード・ネットワーク　140
デフォルメ化現象　181
展望的記憶　54, 96
展望的記憶課題　54
統合失調症　153
洞察　67, 122, 144, 187
洞察課題　68
洞察問題解決　68, 144
洞察理論　106
統制されたフィールドインタビュー法　28
特定エピソード　22, 30, 48
トラウマ体験　112, 173
遁走　184

●な
内省報告　147
内的手がかり　40, 62
内容想起　56
ナウ・プリント仮説　179
ナラティブセラピー　116
匂い手がかり　43
匂いの記憶　41
日常生活における様々な失敗　37
日誌法　6, 16, 25, 40, 60
人間性アプローチ　186
認知行動療法　195
認知サイクル　128
認知再構成法　196
認知の再評価　170
脳機能画像研究　98
脳機能画像法　133
脳波　84
脳梁膨大後部皮質　98, 135

●は
背側注意ネットワーク　142
暴露　114
発症遅延型 PTSD　173
反すう　162
反省的熟考　163
反応スタイル理論　162
反復エラー　56
バンプ現象　15
PTSD　51, 173
非機能的態度　164
筆記開示　115
皮肉過程　177
ひらめき　67
ファシリティテッド・コミュニケーション　154
不安　111
フォールストラウマ記憶　181
複雑性 PTSD　173
不随意記憶　3, 13, 25
ふと浮かぶ記憶　2, 7
ふと浮かぶ思考　159
フラッシュバック　13, 51, 161, 174
フラッシュバルブメモリー　179
プランニング　63, 92, 96
プルースト現象　39
プローブ捕捉法　80
ブロードキャスト　124
文脈依存記憶　42
分析心理学　185
Beck Depression Inventory　159
扁桃体　135, 194
包括的モデル　119
報酬系　194
ポジティビティ・バイアス　96
補償　189
ホムンクルス　148

●ま
マインドフルネス　93, 115, 197
マインドワンダリング　8, 36, 49, 79, 95, 125, 140, 161, 190
瞬目　84
麻痺　174
見せかけの心的因果　151, 190
未来に関する思考　95
無意図性　2
無意図的想起　4, 13, 25, 39, 60, 121, 133, 161
無意図的想起の機能　33

無意図的想起の検索過程　22
無意図的未来予想　60
メタ覚知　81
メタ認知的信念　168
メタ認知療法　170

●よ
抑圧仮説　182
抑うつ　8, 37, 93, 111, 152, 159
予定の記憶　53

●ら
ライフストーリー　20, 37
力動論　187
リバウンド効果　110, 167
Rumination-Reflection Questionnaire（RRQ）　163
Ruminative Responses Scale　162
ろうそく問題　69

●わ
ワーキングメモリ　37, 87, 167, 191
ワーキングメモリ理論　191

●執筆者一覧　　（執筆順）

森田泰介（東京理科大学・理学部第二部・講師）	第1章，第5章
雨宮有里（東京女学館大学・国際教養学部・講師）	第2章
神谷俊次（名城大学・人間学部・教授）	第3章
山本晃輔（大阪産業大学・人間環境学部・講師）	第4章
清河幸子（名古屋大学・教育学部・准教授）	第6章
関口貴裕（東京学芸大学・教育学部・准教授）	第7章，第11章
伊藤友一（名古屋大学・日本学術振興会特別研究員）	第8章
及川　晴（同志社大学・WEST研究センター・研究員）	第9章
月元　敬（岐阜大学・教育学部・准教授）	第10章
及川昌典（同志社大学・心理学部・准教授）	第12章
服部陽介（東京大学・日本学術振興会特別研究員）	第13章
越智啓太（法政大学・文学部・教授）	第14章
杉山　崇（神奈川大学・人間科学部・教授）	第15章

◆編著者紹介◆

関口貴裕（せきぐち・たかひろ）
　1971 年　群馬県に生まれる
　2000 年　大阪大学大学院人間科学研究科　博士後期課程　修了
　現在　東京学芸大学教育学部　准教授　博士（人間科学）
主著・論文
・脳とこころの視点から探る心理学入門.（分担執筆）, 培風館, 2011 年
・Individual differences in face memory and eye fixation patterns during face learning. （単著）*Acta Psychologica*, **137**, 1-9, 2011 年
・The long-term effect of perspective change on the emotional intensity of autobiographical memories.（共著）*Cognition & Emotion*, 2013 年

森田泰介（もりた・たいすけ）
　1973 年　奈良県に生まれる
　2002 年　関西大学大学院文学研究科　博士後期課程　単位取得退学
　現在　東京理科大学理学部第二部　専任講師　博士（文学）
主著・論文
・図説教養心理学.（共編著）ナカニシヤ出版, 2011 年
・展望的記憶の自発的想起と無意図的想起.（単著）風間書房, 2012 年
・認知心理学の冒険.（分担執筆）ナカニシヤ出版, 2013 年

雨宮有里（あめみや・ゆり）
　1977 年　山梨県に生まれる
　2008 年　東京大学大学院人文社会系研究科　博士後期課程　単位取得退学
　現在　東京女学館大学国際教養学部　専任講師
主著・論文
・無意図的に想起された自伝的記憶の感情価に関する実験的検討.（共著）心理学研究, **77**, 351-359, 2006 年
・意図的および無意図的想起された出来事の特定性の比較.（共著）心理学研究, **82**, 270-276, 2011 年
・子どもの頃の記憶は本物か——記憶に裏切られるとき.（共訳）化学同人社, 2011 年

ふと浮かぶ記憶と思考の心理学
――無意図的な心的活動の基礎と臨床――

2014年3月10日　初版第1刷印刷　　　定価はカバーに表示
2014年3月20日　初版第1刷発行　　　してあります。

編　著　者	関　口　貴　裕
	森　田　泰　介
	雨　宮　有　里
発　行　所	㈱北大路書房

〒603-8303　京都市北区紫野十二坊町12-8
　　　　　　電　話（075）431-0361㈹
　　　　　　FAX（075）431-9393
　　　　　　振　替　01050-4-2083

©2014　　　　製作／見聞社　　印刷・製本／亜細亜印刷㈱
　　　　　検印省略　落丁・乱丁本はお取り替えいたします。
　　　　ISBN978-4-7628-2849-2　　　　　Printed in Japan

・ JCOPY 〈㈳出版者著作権管理機構 委託出版物〉
本書の無断複写は著作権法上での例外を除き禁じられています。
複写される場合は，そのつど事前に，㈳出版者著作権管理機構
（電話 03-3513-6969,FAX 03-3513-6979,e-mail: info@jcopy.or.jp）
の許諾を得てください。